"十二五"国家重点图书出版规划项目

数字出版理论、技术和实践

数字出版元数据基础

孙广芝　邢立强　张保玉　编著

電子工業出版社
Publishing House of Electronics Industry
北京 · BEIJING

内 容 简 介

数字出版产业的发展，需要规模化的数字出版内容资源。作为内容组织和管理的有效工具，元数据对于出版内容资源整合及出版产业的可持续发展具有重要意义，按照元数据标准的要求对内容资源进行规范化描述，可以有效地促进内容资源的处理、交换、共享和开发利用。

本书首先介绍了数字出版元数据的基本概念、作用及其在国内外的发展状况，然后针对数字出版全流程所涉及的元数据标准的内容、功能和特点给出了详细的介绍和分析，包括用于出版物及其内容资源标识的 ISBN、ISSN 和 DOI 等标准，以及用于出版物及其内容资源描述的 DC 元数据、机读目录格式和图书 ONIX 等标准，并给出一些元数据标准的应用示例。本书还对不同元数据的转换技术进行了介绍。

本书对数字出版元数据进行了系统、全面的论述，可以帮助读者快速了解数字出版元数据的全貌，适合对元数据、数字出版等感兴趣的技术人员阅读。

图书在版编目（CIP）数据

数字出版元数据基础 / 孙广芝，邢立强，张保玉编著. —北京：电子工业出版社，2013.9
（数字出版理论、技术和实践）
ISBN 978-7-121-21472-1

I. ①数… II. ①孙… ②邢… ③张… III. ①电子出版物－出版工作－研究 IV. ①G237.6

中国版本图书馆 CIP 数据核字（2013）第 215141 号

策划编辑：李 弘
责任编辑：张 峻
印 刷：北京天来印务有限公司
装 订：北京天来印务有限公司
出版发行：电子工业出版社
北京市海淀区万寿路 173 信箱 邮编：100036
开 本：720×1 000 1/16 印张：21.25 字数：410 千字
印 次：2013 年 9 月第 1 次印刷
印 数：2 000 册 定价：72.00 元

凡所购买电子工业出版社图书有缺损问题，请向购买书店调换。若书店售缺，请与本社发行部联系，联系及邮购电话：（010）88254888。

质量投诉请发邮件至 zlts@phei.com.cn，盗版侵权举报请发邮件至 dbqq@phei.com.cn。

服务热线：（010）88258888。

指导委员会

编辑委员会

序
Introduction

数字出版方兴未艾。作为新闻出版业的重要发展方向和战略性新兴产业，数字出版近年来发展迅速，已经成为当前我国新闻出版业转型发展的助推器和新的经济增长点。基于互联网、移动通信网、有线电视网、卫星直投等传播渠道，并以 PC 机、平板电脑、智能手机、电视、iPad 等阅读终端为接收载体的全新数字出版读物，已成为人民群众精神文化生活不可或缺的组成部分。

从毕升的活字印刷到王选的激光照排系统问世，技术元素始终是出版业发展壮大的重要源动力。进入 21 世纪，信息通信技术（ICT）的飞速发展成为新经济发展的主要引擎，使得以思想传播、知识普及、文化传承、科学交流和信息发布为主要功能的出版业可以持续、广泛地提升其影响力，同时大大地缩短了信息交流的时滞，拓展了人类交流的空间。计算机芯片技术、XML 及相关标记语言技术、元数据技术、语义技术、语音识别和合成技术、移动互联技术、网络通信技术、云计算技术、数字排版及印刷技术、多媒体技术、数字权利管理技术等一大批数字技术的广泛应用，不但提升了传统出版产业的技术应用水平，同时极大地扩展了新闻出版的产业边界。

如同传统出版业促进了信息、文化交流和科技发展一样，数字出版的多业态发展也为 20 世纪末期开始的信息爆炸转变为满足个性化需求的知识文化服务提供了技术上的可能。1971 年，联合国教科文组织（UNESCO）和国际科学联盟理事会（ICSU）便提出了 UNISIST 科学交流模型，将出版业所代表的正式交流渠道置于现代科学交流体系的中心位置。进入 21 世纪，理论界又预见到，网络出版等数字出版新业态的出现正在模糊正式交流和非正式交流的界限，更可能导致非正式交流渠道地位的提升。随着以读者（网络用户）为中心的信息交流模式，比如博客、微博、微信和即时通信工具等新型数字出版形态的不断涌现，理论构想正在逐渐变为现实。

通过不断应用新技术，数字出版具备了与传统出版不同的产品形式和组织特征。由于数字出版载体的不断丰富、信息的组织形式多样化以及由于网络带来的不受时空限制的传播空间的迅速扩展，使得数字出版正在成为出版业的方向和未来。包括手机彩铃、手机游戏、网络游戏、网络期刊、电子书、数字报纸、在线音乐、网络动漫、互联网广告等在内的数字出版新业态不断涌现，产业规模不断扩大。据统计，在 2006 年，我国广义的数字出版产业整体收入仅为 260 亿元，而到了 2012 年我国数字出版产业总收入已高达 1935.49 亿元，其中，位居前三位的互联网广告、网络游戏、手机出版，总产出达 1800 亿元。而与传统出版紧密相关的其他数字出版业务收入也达到 130 亿元，增长速度惊人，发展势头强劲。

党的十七届六中全会为建设新时期的社会主义先进文化做出战略部署，明确要求发展健康向上的网络文化、构建现代传播体系并积极推进文化科技创新，将推动数字出版确定为国家战略，为数字出版产业的大发展开创了广阔的前景。作为我国图书出版产业的领军者之一，电子工业出版社依托近年来实施的一批数字出版项目及多年从事 ICT 领域出版所积累的专家和学术资源，策划出版了这套“数字出版理论、技术和实践”系列图书。该系列图书集中关注和研究了数字出版的基础理论、技术条件、实践应用和政策环境，认真总结了我国近年发展数字出版产业的成功经验，对数字出版产业的未来发展进行了前瞻性研究，为我国加快数字出版产业发展提供了理论支持和技术支撑。该系列图书的编辑出版适逢其时，顺应了产业的发展，满足了行业的需求。

毋庸讳言，“数字出版理论、技术和实践”系列图书的编写，在材料选取，国内外研究成果综合分析等方面肯定会存在不足，出版者在图书出版过程中的组织工作亦可更加完美。但瑕不掩瑜，“数字出版理论、技术和实践”系列图书的出版为进一步推动我国数字出版理论研究，为各界进一步关注和探索数字出版产业的发展，提供了经验借鉴。

期望新闻出版全行业以“数字出版理论、技术和实践”系列图书的出版为契机，更多地关注数字出版理论研究，加强数字出版技术推广，投身数字出版应用实践。通过全社会的努力，共同推动我国数字出版产业迈上新台阶。

孙寿山

2013 年 8 月

前 言

Preface

数字出版作为出版业的一种新兴业态，自问世以来，发展非常迅猛。随着全球信息化进程的推进以及数字技术向各个领域的不断延伸，我国数字出版产业规模迅速扩大，收入逐年大幅度递增，技术不断创新，产业形态日益完备，产业链趋于整合，数字出版已经成为我国出版业新的增长点。

在转型过程中，出版业积累和产生了大量高价值的出版内容资源，并以各种不同的形式存在。作为内容组织和管理的有效工具，元数据对出版内容资源整合及出版产业的可持续发展具有重要意义，按照元数据标准的要求对内容资源进行唯一标识和规范化描述，能够有效促进内容资源的处理、交换、共享及开发利用。为了满足数字出版不同业务环节针对不同类型资源的标识与描述需求，数字出版领域已出现并应用了多种元数据标准。随着数字出版产业规模的日益扩大，数字出版的技术人员更需要对相关的元数据标准具备完整的了解，本书的写作正是基于这一需求。

本书第 1 章首先介绍了数字出版元数据的基本概念、作用及其在国内外的发展状况，然后在后续章节针对数字出版全流程所涉及的元数据标准的内容、功能和特点给出了详细的介绍和分析。第 2 章对用于出版物及内容资源标识的 ISBN、ISSN、DOI 等标准进行了介绍与对比分析。第 3～8 章分别介绍了用于出版物或内容资源属性描述的图书在版编目数据、中文图书标识规则、图书流通信息交换规则、中文机读目录格式、DC 元数据和图书 ONIX 等标准，并给出这些元数据标准的应用示例及分析。第 9 章重点针对元数据互操作问题给出了元数据转换的技术途径。第 10 章对数字出版元数据的趋势和未来进行展望。

本书由孙广芝统稿，邢立强、杨秀丹审校。本书的第 1～3 章由孙广芝编写，第 4 章由杨玲、陈立娜编写，第 5 章由张保玉编写，第 6 章由杨秀丹、戚菲、汤艳莉编写，第 7 章由邢立强、杨建军编写，第 8 章由孙广芝、孙文峰编写，第 9 章由孙广芝、刘彦东编写，第 10 章由邢立强编写。

本书对数字出版元数据进行了系统、全面的论述，通过对数字出版涉及的各项元数据标准及相关技术的分析对比和应用介绍，可以帮助读者快速了解数字出版元数据的全貌，并根据需求选择对某一项技术和标准继续深入了解，适合对元数据、数字出版相关标准感兴趣的技术人员阅读。本书编写中引用了大量的专著文献，读者可以此作为研究数字出版元数据的参考资料，更加深入地了解各项技术和标准。希望本书能对那些想了解、学习和研究数字出版元数据标准和技术的人员有所启发，并吸引更多的人关注数字出版及元数据的研究与应用。

目　录
Contents

第 1 章

Chapter 1

数字出版元数据概述

数字出版作为出版业的一种新兴业态，自问世以来，发展非常迅猛。随着全球信息化进程的推进及数字技术向各个领域的不断延伸，我国数字出版产业规模迅速扩大，收入逐年大幅度递增，技术不断创新，产业形态日益完备，产业链趋于整合，数字出版已经成为我国出版业新的增长点。

在此背景下，数字出版领域的元数据标准越来越显示出其重要性和实用性。作为内容组织和管理的有效手段，数字出版元数据的应用既能实现出版物的唯一标识，也有助于对各类出版物从多方面进行准确规范统一的描述，能有效促进数字内容资源的处理、交换、共享及开发利用。

1.1 数字出版概况和发展

1.1.1 什么是数字出版

数字出版的含义是伴随着技术的不断进步而逐渐深化的。

《2005—2006中国数字出版产业年度报告》指出："数字出版就是用数字化（二进制）的技术手段从事的出版活动。"[1] 该定义认为，传统出版与数字出版的区别并不在于出版介质，而在于出版技术，只要采用了数字化的出版技术，无论最终的出版物是传统出版物还是电子出版物，该出版活动都属于数字出版。

学者张立在《数字技术与数字出版》一文中指出："从广义上说，只要是用二进制这种技术手段对出版的任何环节进行的操作，都是数字出版的一部分。它包括：原创作品的数字化、编辑加工的数字化、印刷复制的数字化、发行销售的数字化和阅读消费的数字化。"[2] 该定义不但强调数字技术是数字出版的本质特征，还进一步明确了数字出版的业务范围。

《2007—2008中国数字出版产业年度报告》在进一步阐释了数字出版概念的同时，还指出，"它包括传统出版业数字化的全部过程和结果，同时也包括新兴的数字媒体[3]"，该报告不但划定了数字出版的边界，还指出了传统出版业的数字化和新兴的数字媒体产业已开始出现相互渗透、相互融合的趋势。

新闻出版总署《关于加快我国数字出版产业发展的若干意见（新出政发[2010]7号）》指出："数字出版是指利用数字技术进行内容编辑加工，并通过网络传播数字内容产品的一种新型出版方式，其主要特征为内容生产数字化、管理过程数字化、产品形态数字化和传播渠道网络化。目前数字出版产品形态主要包括电子图书、数字报纸、数字期刊、网络原创文学、网络教育出版物、网络地图、数字音乐、网络动漫、网络游戏、数据库出版物、手机出版物（彩信、彩铃、手机报纸、手机期刊、手机小说、手机游戏）等。数字出版产品的传播途径主要包括有线互联网、无线通信网和卫星网络等。"[4] 这一结论针对数字出版发展的实际状况，对数字出版的内涵及外延都做了相关界定，使得范围更加明晰，概念更加清楚。

---

[1] 郝振省．2005—2006中国数字出版产业年度报告［M］．北京：中国书籍出版社，2007.

[2] 张立，陈含章．数字技术与数字出版［J］．编辑学刊，2006（3）：4-9.

[3] 郝振省．2007—2008中国数字出版产业年度报告［M］．北京：中国书籍出版社，2008.

[4] 新出政发［2010］7号：关于加快我国数字出版产业发展的若干意见［EB/OL］．http://www.gapp.gov.cn/cms/cms/website/zhrmghgxwcbzsww/layout3/index.jsp?channelId=2975&siteId=21&infoId=706056.

1.1.2　数字出版在我国的发展

虽然以纸质媒介为代表的传统图书仍在当今的出版业中占据主导地位，但随着数字化技术在出版领域的逐步深入，数字出版在我国出版产业中的比重越来越大。

“十一五”期间，中国数字出版的产业形态基本显现，产业规模不断壮大，从2006年至今，数字出版产业总体收入情况如下：2006年为213亿元，2007年为362.42亿元，2008年为556.56亿元，2009年为799.4亿元，2010年为1051.79亿元[1]，2011年为1377.88亿元[2]。2011年我国数字出版总收入比2010年增长31%，增长势头强劲。

数字出版的迅猛发展可以从技术、需求、市场和政策等几个方面来理解。

1. 技术推动

技术在人类社会的发展过程中发挥着至关重要的作用，出版产业也不例外。传统的印刷出版技术限制了出版物的形式，纸质出版物长期以来一直作为出版产业最主要的产品。从20世纪90年代初期开始，数字化技术逐步开始在我国的出版产业得到广泛应用，出版流程中的创作、编辑、发布、出版等都能够利用数字化技术，出版单位能够为用户提供的出版物形式也从单一的纸质出版物增加到光盘、CD、电子书等各种形式，用户不但可以获得纸质出版物，还可以通过计算机、电子书阅读器、手机等设备获取数字化出版物。数字出版不但利用数字技术改变了出版的生产过程，更改变了出版物本身，对出版产业带来深远的影响。数字技术的广泛应用，催生了以数字多媒体为表现形态的电子出版产业，特别是一大批传统书刊出版单位，利用电子出版物这一载体，实现了传统纸质媒体向数字媒体的延伸。

从技术推动力的角度看，数字出版是建立在计算机技术、通信技术、网络技术、流媒体技术、存储技术、显示技术等高新技术基础上，融合并超越了传统出版内容而发展起来的新兴出版产业。近年来，我国在数字出版技术方面的研究日渐深入，跨平台阅读技术、结构化版式技术、MPR技术、数字版权保护技术、内容结构加工技术、云出版服务技术等数字出版关键技术均取得突破性进展，卫星数字发行技术、移动网络技术等重要领域都在进行研究，这些新的数字技术的发展是推动数字出版迅猛发展的技术基础，对数字出版产业升级起到了强有力的推动作用。

2. 需求引导

出版业要获得持续快速的发展，还需要不断满足读者多样化的阅读需求。近

---

［1］郝振省. 2010—2011年中国数字出版年度报告（摘要）［J］. 出版参考，2011（21）：9-10.

［2］中国数字出版产业年度报告课题组. 2011—2012年中国数字出版年度报告摘要［R/OL］. http://www.chinaxwcb.com/2012-07/26/content_247895.htm.

年来，在全球范围内，手持阅读器、平板电脑、智能手机等数字阅读终端销量均呈现大幅增长的态势，中国大陆地区的销量更是超过全球平均增幅，一个庞大的新兴数字出版消费市场正在形成。由于出版形态的多元化，出版媒介越来越多样化，信息来源越来越丰富，读者的选择空间也越来越大。具体来说，越来越多的读者希望及时获取海量的、便于检索的、交互式的信息服务。据统计，截至 2011 年年底，中国网民总数达到 5.13 亿人，手机网民总数达到 3.56 亿人[1]。网民规模的不断增长，带来网络在线阅读、手机阅读和电子阅读器阅读等数字阅读消费需求的日益旺盛，数字化阅读方式渐成主流，中国新闻出版研究院《第九次国民阅读调查》的相关数据显示，2011 年我国 18～70 周岁的公民对包括书报刊和数字出版物在内的各种媒介的综合阅读率为 77.6%，其中，数字化阅读方式（网络在线阅读、手机阅读、电子阅读器阅读、光盘阅读、PDA/MP4/MP5 阅读等）接触率为 38.6%[2]，数字阅读方式趋向多元。除了基于互联网的各种电子图书、数字报刊、网游动漫等之外，还有基于以手机和各种移动终端为载体的数字出版物，大大丰富了人们多样化的阅读体验和个性化的阅读需求。

为了满足不同读者在不同时间空间、不同阅读终端、不间断阅读的需求，出版传媒企业、技术提供商、平台运营商等多方合力，促进了基于互联网、移动通信网、有线电视网和直播卫星网等多网覆盖、技术先进、传输快捷的数字出版产业的迅速发展。

3. 市场竞争

数字出版不但能大量降低有形生产成本，而且还能简化传统出版流程，实现一种选题资源多种出版形态。出版单位可以充分利用多年积累的大量内容资源，有效地规避风险，实现利润的最大化。目前，大部分出版业务流程已经完全数字化了，按需印刷的成本也已经降低到可以接受的范围。为了在市场竞争中取得优势，许多出版单位将数字出版作为其改革的重点，加快向数字化转型的力度。总的来说，我国大多数以图书、报纸、期刊出版为主的传统出版企业基本完成了出版流程的数字化改造，电子音像出版单位基本完成了生产流程的技术升级，部分印刷企业引进先进的数字印刷设备开展按需印刷业务，出版物分销机构也实现了销售流程的数字化。不少出版企业还加大了与技术开发商、渠道运营商等的合作力度，共同开展数字出版业务[3]。

---

［1］中国互联网络信息中心. 第 29 次中国互联网络发展状况统计报告［R/OL］. http://www.cnnic.cn/ research/bgxz/tjbg/201201/P020120116330880247967.pdf.

［2］第九次全国国民阅读调查：图书阅读率为 53.9%［EB/OL］. http://book.sina.com.cn/2012-09-26/ 1530339289.shtml.

［3］深入合作共谋数字出版产业发展——柳斌杰在中英数字出版论坛上的讲话（2012 年 4 月 17 日）［EB/OL］. http://www.gapp.gov.cn/cms/html/21/367/201204/742080.html.

在数字出版市场上，数字化技术企业也是一支不可忽视的力量。数字化技术企业在发展的初期，主要依靠其技术优势在出版业数字化转型中发挥引领作用，靠提供数字化技术来获取市场份额，但这些企业已经不再满足于仅仅提供数字化技术，而是逐步涉足内容产业，不断提升在数字出版产业中的地位。

此外，在数字出版时代，信息资源规模庞大，读者多样化的阅读需求对数字内容产品提出了更多更高的要求，数字出版需要对内容资源进行实质性再造，做进一步加工处理，此时内容加工管理显得尤为重要。内容加工是一项非常复杂而艰巨的工作，除了出版企业自身建立内容管理系统，以及搭建内容管理平台外，专业化的数字出版加工企业也在市场中应运而生，成为数字出版产业市场的重要参与者。

上述各主要参与方的激烈市场竞争也是促进数字出版产业发展的重要因素。

4. 政策支持

除了行业自身的努力外，我国数字出版业的高速发展还得益于政府部门的大力支持。2006 年，国家先后公布了《中华人民共和国国民经济和社会发展第十一个五年规划纲要》、《国家中长期科学和技术发展规划纲要》、《国家“十一五”时期文化发展规划纲要》，这三个重要的规划都把数字出版技术，数字化出版、印刷和复制，以及发展新媒体列为科技创新的重点[1]。2009—2011 年，政府又出台了《文化产业振兴规划》、《关于加快我国数字出版产业发展的若干意见》等一系列促进数字出版发展的政策和措施。这些都充分体现了党和国家对互联网文化产业的重视，同时也说明了数字出版业的发展是大势所趋。

为加快推动数字出版产业发展，2011 年新闻出版总署正式发布了《新闻出版业“十二五”时期发展规划》和《数字出版“十二五”时期发展规划》，在规划中提出：到“十二五”期末，力争实现数字出版总产值达到新闻出版产业总产值的 25%，整体规模居于世界领先水平。在全国形成 10 家左右各具特色、年产值超百亿的国家数字出版基地或国家数字出版产业园区，建成 5～8 家集书报刊和音像电子出版物于一体的海量数字内容投送平台，形成 20 家左右年主营业务收入超过 10 亿元的具有国际竞争力的数字出版骨干企业[2]。并提出加快在数字出版领域组织一批重大工程、实施一批重大项目、研发一批重大技术、开发一批重点产品、培育一批龙头企业、打造一批知名品牌的重点任务，带动和提升新闻出版业整体实力进一步增长[3]。

---

[1] 童之磊．书界观察：驶向数字出版“新大陆”[N]．人民日报，2010-03-02．

[2] 新闻出版业“十二五”时期发展规划 [EB/OL]．http://www.gapp.gov.cn/cms/cms/website/zhrmghgxwcbzsww/eighteen/article-wl.jsp?channelId=4005&siteId=21&infoId=765363．

[3] 深入合作共谋数字出版产业发展——柳斌杰在中英数字出版论坛上的讲话（2012-04-17）[EB/OL]．http://www.gapp.gov.cn/cms/html/21/367/201204/742080.html．

总的来说，近年来数字出版产业正越来越受到政府部门、出版单位及社会各界的重视，出版业正在以加速度的方式向数字化转型，数字出版正在成为出版业未来的发展方向。

1.2 元数据及元数据标准概况

1.2.1 什么是元数据

元数据是对信息资源进行描述、解释、定位或使信息资源更易于被检索、利用及管理的结构化信息。元数据经常被称作数据的数据（data about data）或信息的信息（information about information）[1]。

元数据的含义是逐渐发展的。最初的元数据主要指网络资源的描述数据，用于网络信息资源的组织；其后，逐步扩大到以电子形式存在的各种信息资源的描述数据。目前，元数据所描述对象的范围已经扩展到各种类型的信息资源。

1.2.2 什么是元数据标准

要理解元数据标准，首先要了解与之相关的几个概念。

（1）元数据方案（metadata schemes）。

元数据方案是为特定用途（如描述某个特定类型的信息资源）而设计的元数据元素集[2]。所谓元数据元素，指的是用于对信息资源进行描述的数据单元，如题名、作者、出版单位、出版地等。

（2）元数据规范（metadata specifications）。

在特定的领域或者行业，可能存在多个元数据方案被业内组织采用的情况，如果其中某一个或某几个元数据方案的内容保持相对稳定并被该领域或者行业广泛采用，那么该元数据方案就可称为元数据规范。

（3）元数据标准（metadata standards）。

如果某个元数据规范得到标准化机构的认可和批准，则成为元数据标准。

对于出版领域的元数据方案、元数据规范和元数据标准的关系，如图 1-1 所示。

［1，2］NISO. Understanding metadata［EB/OL］. http://www.niso.org/publications/press/UnderstandingMetadata.pdf.

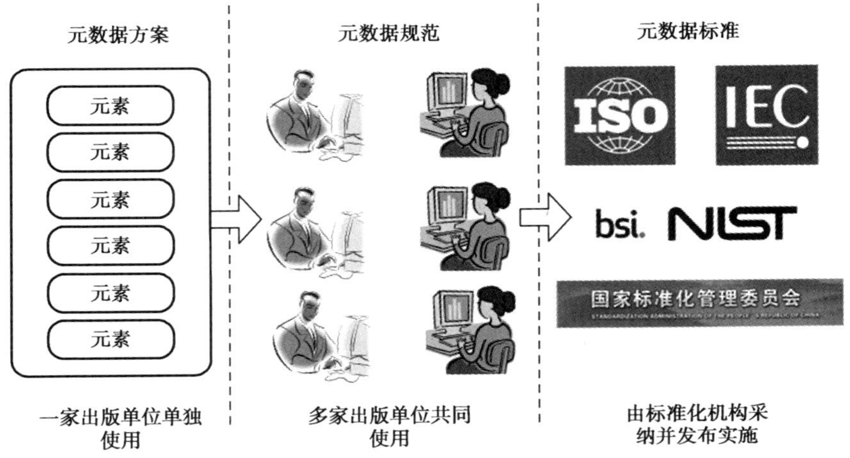

图 1-1　元数据标准的演化过程[1]

仅在一个出版单位内部使用的特定的元数据元素的集合称为元数据方案，如果该元数据方案被很多出版单位共同使用，则该元数据方案可以称为元数据规范，更进一步地说，如果该元数据规范被国际标准化组织（International Organization for standardization，ISO）、中国国家标准化管理委员会等标准化机构认可并发布实施，则成为元数据标准。

1.2.3　元数据标准在数字出版中的作用

作为内容组织和管理的有效手段，元数据在计算机技术的支撑下获得了快速发展，在很多领域得到广泛应用。按照元数据标准的要求对内容资源进行规范化描述，能够有效促进内容资源的处理、交换、共享和开发利用。元数据标准在数字出版中的作用主要体现在以下几个方面。

1. 准确唯一地标识出版物

大多数的元数据标准中都包含用于对出版物进行唯一标识的元数据元素，比如 ISBN 号、ISSN 号、DOI 等。使用这些具有标识功能的元数据元素，可以准确、唯一地指向元数据所描述的作品或对象。在数字化出版环境中，图书或电子出版物的订货、销售、交易和管理都离不开唯一标识。唯一标识保证了用户在越来越多的内容产品中快速准确地找到所需的内容产品。

2. 方便查询、促进交易

使用元数据对资源进行描述使得用户能够查询到资源，从而可以促进出版物

[1] 修改自：Nikos Palavitsinis，Hannes Ebner，Nikos Manouselis. Why metadata for my resources? [EB/OL] http://www.slideshare.net/nikospala/intro-to-metadata.

的交易。元数据的这一功能不但使出版单位获益，也更加方便了读者和研究人员。例如，很多出版单位在出版物刚上市的时候会进行市场推广活动，但推广期过后，读者就很难再获得相关的信息，图书的销量也会受到很大影响；利用元数据对图书进行描述并长期提供在线书目，可以明显促进出版物销量的增长，而用户通过在线书目不仅能够方便地找到各种图书，而且可以在多个出版单位提供的图书中进行搜索并进行购买。在数字出版时代以前，消费者在购书时可能会向店员或图书馆工作人员征求意见，但现在，更多的消费者选择上网查询相关信息。据调查，61%的顾客在购买电子书之前会进行研究和浏览，而在实体书店，只有 37%的顾客会这样做。那么消费者在网上查询浏览的是什么呢？是元数据[1]。也就是说，元数据使得出版信息更容易被分发、检索，从而促进了出版物的销售。

对于销售商而言，他们不仅要面对大量的出版单位，出版物的形式也各式各样，包括书、报、刊，以及电子、音像出版物等多种媒体类型。通过采用统一的出版元数据标准对所有的出版物类型进行统一描述，销售商就能很方便地对各个出版单位提供的书目数据统一处理使用，提高市场效率。

3. 促进数据交换与处理

对于数字出版产业的各参与方，包括出版单位、销售商、图书馆、移动终端提供商、内容集成商等机构而言，使用元数据标准对出版物进行描述能够促进各方的数据交换。

设想一下，如果出版单位在对出版物进行描述的时候无据可依，不采用一定的元数据标准进行规范，那就难免会出现不同部门的人员为了不同的目的重复录入本应相同却不一致的描述信息的情况。例如某作者要出版一部作品，当作者与出版单位签订出版合同时，出版单位可能需要录入该作品的一些基本信息，包括作品名称、作者姓名等；等作者完成初稿交由出版单位进行编辑的时候，出版单位可能又要录入一些相关的信息，此时前面签订合同时录入的信息有可能被重复录入，带来很多的重复劳动，并且增加了出错的概率。如果出版单位按照一定的元数据标准对作品进行描述，并使用工具对作品的元数据进行管理维护，作品的所有信息就可以一次录入多次使用，并且当数据更新的时候，所有用到该数据的应用都会实时更新。更进一步说，如果出版单位能将元数据的管理、更新、维护和使用作为整个出版流程的组成部分，出版单位就能创建结构化的元数据并将关于出版物的统一一致的信息提供给供应链的各参与方，元数据就此成为出版单位对出版物进行市场营销的工具。

4. 提高电子资源管理及开发利用的效率

出版单位的电子资源既包括完整的出版物，也包括各类数字对象，这些数字

---

[1] Laura Dawson. Your metadata is more important than your books [EB/OL]. http://www.ecpa.org/news/54960/Your-Metadata-is-More-Important-Than-Your-Books.htm.

对象可能是完整出版物的一部分，也可能是独立制作的文字、表格、公式、图像等内容。这些电子资源是出版单位的宝贵资源，如果不采取适当的方式去共享和利用，必然形成资源的重复性开发，导致人力、物力的浪费。出版单位可以通过元数据对资源进行标引，并在内容管理系统中对这些资源进行管理和开发利用，从而满足新的数字出版产品生产和商业模式的需要，提高数字资源的利用率，体现深度开发、整合传播、增值利用的数字出版理念。

5. 方便资源的长期保存

数字出版产业中的很多资源具备长期的使用价值，但是当存储介质、硬件和软件技术变更的时候，这些资源存在难以利用的风险。利用元数据可以支持资源的长期保存，元数据中的数据元素除了可以对资源进行描述和确认外，还可以包括详细的格式信息、制作信息、保护条件、数据迁移方式、保存责任等。用于保存的元数据一般包括支持和证明数字保存过程的信息，包括：创建清晰的来源记录；详细描述真实状态；记录数字对象经历的技术处理；对数字对象的技术细节进行描述；描述数字对象的起源环境；指定权限管理信息。保存元数据还要提供长期维护资源的信息，即支持数字资源长期保存过程中的可生存能力（对象的比特流是完整的）、可还原能力（可以将对象转化成能够阅读或利用的格式）与可理解能力（还原的内容能被解释和理解）[1]的必要信息。利用这些规范的元数据描述，可以实现数字出版内容资源的长期保存，为数据的拥有者、管理者提供足够的知识，以便采取适当的措施来长期维护数字对象，并且不管将来存取技术发生什么变化，都能保证存档对象的内容可以正确解析和呈现。

1.3 数字出版元数据标准概要

数字出版领域中的元数据标准涉及出版单位、销售商、图书馆、读者等所有参与方，贯穿出版业的整个流程，描述的资源对象包括纸质出版物、音像出版物和电子出版物等各种形式，描述信息资源的粒度既要能够描述一个资源集合，也要能够描述一个单一资源或者资源的内部组成部分（如一篇文章中的图片）。为了满足上述不同业务环节针对不同类型资源的描述需求，数字出版领域已出现多种元数据标准，目前我国数字出版行业相关的元数据标准按其功能可划分为标识类标准和描述型元数据标准两大类。

[1] 程变爱，郑小惠，童庆钧，姜爱蓉．国际数字图书馆长期保存元数据标准规范应用指南[EB/OL]. http://www.nlc.gov.cn/newstgc/gjsztsggc/bzgf/201101/W020120412526555524627.pdf.

1.3.1 标识类标准

标识类标准的主要功能是为出版物或者内容资源提供唯一的标识，如国际标准书号、国际标准连续出版物号、国际标准音像制品编码等。在网络和数字化时代，标识类标准的作用日益突出，它可以为信息资源分配唯一的识别符号，并使用附带的描述性元数据来描述信息资源，还能够为信息资源的组织、管理、存储、获取、利用等提供有效的技术支持。

自 20 世纪 70 年代以来，为了实现信息资源标识的全球性和唯一性，国际标准化组织 ISO /TC46 /SC9 文献与信息标委会识别与描述分技术委员会制定了一系列关于信息资源标识的国际标准，如 ISBN、ISTC、ISSN 等，从信息资源的不同粒度，对特定类型的信息资源进行标识，以达到不同的应用目的和需求，基本情况见表 1-1。

表 1-1 标识类标准基本情况表

标识符	标识对象	简介	国际标准最新版	我国国家标准最新版	应用领域
ISBN	图书出版物	国际标准书号（International Standard Book Number），是国际通用的图书或独立的出版物（除定期出版的期刊）代码	ISO 2108: 2005	GB/T 5795—2006	出版业、图书贸易等
ISSN	连续出版物及连续性资源	国际标准连续出版物号（International Standard Serial Number），又称国际标准刊号，是为连续性资源（包括报纸、杂志、电子期刊、动态指南、年报等）信息控制、交换、检索而建立的唯一识别代码	ISO 3297: 2007	GB/T 9999—2001	出版单位、供应商、图书馆、文摘服务或其他内容提供者等之间的信息交换
ISTC	由词语组合构成的抽象的智力或艺术创作	国际标准文本编码（International Standard Text Code），是对文本作品进行唯一的、国际标识的数字系统	ISO 21047:2009	GB/T 23732—2009	文本作品的身份辨别、信息检索、信息交换、信息管理以及权属管理等
ISWC	音乐作品	国际标准音乐作品编码(International Standard Musical Work Code），是用于音乐作品标识的唯一、永久和国际性的编码系统。它只对作品进行标识，而不对作品的表现形式、载体等（如出版物）进行标识，也不标识唱片、活页乐谱和与演奏有关的其他形式	ISO 15707:2001	GB/T 23733—2009	版权协会、出版商、录制公司和其他相关团体识别音乐作品

续表

标识符	标识对象	简介	国际标准最新版	我国国家标准最新版	应用领域
ISRC	录音作品	国际标准音像制品编码（International Standard Recording Code），是对音像制品进行标识的编码系统	ISO 3901: 2001	GB/T 13396—2009	录音作品的出版发行、版权保护、信息交换和市场管理
ISMN	乐谱出版物	国际标准音乐编号（International Standard Music Number），是对以印刷形态存在的音乐作品进行标识的编码系统	ISO 10957:2009	暂无	标识出售、租赁、赠送或仅为版权目的的各类乐谱出版物
ISAN	视听作品	国际标准视听作品号（International Standard Audiovisual Number），是每一个音像作品唯一的、国际化注册的、永久参考的编码	ISO 15706-1:2002 ISO 15706-2: 2007	GB/T 23730.1—2009 GB/T 23730.2—2009	电影、电视剧、广播录音
DOI	任何载体形式的信息资源	数字对象标识符（Digital Object Identifier），可分配给任何资源对象，无论其范围大小或是否可拆分，包括但不限于：文本文件、数据集、声频文件、图书、照片、连续出版物、视听作品、软件、艺术作品、抽象作品等	ISO 26324:2012	暂无	网络环境下资源对象的定位和获取，促进网络信息的商业和非商业事务活动

本书将在第 2 章详细介绍上述标识类标准。

1.3.2　描述型元数据标准

在数字出版领域中，除了对出版物或内容资源进行唯一标识外，对这些资源的各方面属性进行描述也很重要。关于出版物的元数据标准，最传统的是 MARC 标准，近年来，针对数字资源的都柏林核心元数据也有非常广泛的应用，为了规范出版领域数据的描述，我国还制定实施了图书在版编目数据、中文图书标识规则、图书流通信息交换规则等标准，此外，面向出版全流程的 ONIX 标准在国外应用广泛，我国也开始将该标准转化为国家标准并应用到实际出版工作中。本节对这几项元数据标准进行简要介绍，详细内容见第 3～8 章。

1. MARC 标准

1977 年，国际图书馆协会联合会（International Federation of Library Associations and Instiotutions，IFLA）为解决机读书目数据和内容标识符不统一、无法在国际

范围内交换书目数据的问题，主持制定了《国际机读目录格式》（Universal MARC Format，UNIMARC）。UNIMARC 是在 USMARC 的基础上研制出来的，用于国家书目机构之间机读书目数据的交换。UNIMARC 作为一种国际通用格式，要求各国建立专门的机构，按本国标准编制 MARC 供本国使用，然后将这种 MARC 转换成 UNIMARC，从而实现国际机读目录数据的共享。

为了推进我国书目数据规范与统一，加速文献信息网络的建设，实现国内各单位之间，以及国内与国外之间书目信息的交换与共享，1996 年 2 月 6 日，中华人民共和国文化部发布《中国机读目录格式》（China MARC Format，CNMARC）行业标准，规定全国公共图书馆自 1996 年 7 月起均需采用 CNMARC 进行文献编目，CNMARC 在我国获得很大的发展，成为出版领域重要的元数据标准。

2. 都柏林核心元数据

用于描述网络资源最常用的元数据标准为 ISO 15836:2003《信息与文献 都柏林核心元数据元素集》。该标准是由都柏林核心元数据计划组织（Dublin Core Metadata Initiative，DCMI）制定的。

2010 年，我国对该国际标准修改采用后发布实施了 GB/T 25100—2010《信息与文献　都柏林核心元数据元素集》，在图书馆和出版领域等得到采用和推广。

3. CIP 图书在版编目数据

图书在版编目（Cataloguing In Publication，CIP）是依据一定标准，为出版过程中的图书编制的书目数据。1990 年 7 月 31 日，国家技术监督局批准颁布 GB 12451—1990 图书在版编目数据，该标准从 1991 年 3 月 1 日起正式实行。图书在版编目工作对于图书馆实现书目数据标准化规范化管理、提高编目质量、实现文献资料的网络化管理和书目资源共享具有重要意义。

4. 中文图书标识规则

CY/T 62—2009《中文图书标识规则》规定了图书产品需要标识的数据内容和相应的标识规范。本标准适用于依法经国家新闻出版行政管理部门批准设立的出版者在图书生产过程中对数据元素的标识，目的在于推进编辑出版工作的标准化，在图书生产过程中，创建适应不同需求的图书元数据，以满足出版、发行、收藏利用、信息服务等机构对中文图书标识数据的制作和管理需要，实现图书生产、流通和使用环节对图书元数据的共享。

5. 图书流通信息交换规则

CY/T 39—2006《图书流通信息交换规则》规定了中国的图书流通信息交换的内容、类型和格式，目的在于促进中国图书出版发行供应链之间的信息交换，通过完整定义图书商品信息以及图书商品在流通环节中的信息交换内容和规则，规范图书出版发行供应链中各企业信息系统的数据接口，使企业间数据库能以标准格式相互提供所需数据，以达到整个出版发行供应链、信息链异构系统的数据传输简单化。每个数据库拥有者只需将自己数据库的内部格式和标准格式进行转化，就可使供应链中的各企业信息互联。

本标准适用于出版机构、发行企业、网上书店、图书馆等单位对获取、交换和共享图书流通信息的需要。

6. 在线信息交换标准

《图书在线信息交换标准》（ONIX for Books，图书 ONIX）是欧洲电子数据交换组织 EDItEUR（Electronic Data Interchange to Europe）归口管理的在线信息交换标准的组成部分。该标准旨在向图书批发商、零售商、网络书商以及产业链的所有参与者提供统一的图书产品信息格式，解决行业各机构间多种数据格式并存给信息交换带来的困扰，以在线信息交换的方式满足和丰富图书出版发行行业在互联网时代的需要。ONIX 针对产品形式的不同特点，开发了面向不同类型出版物的信息交换标准，能够较好地满足图书出版发行等电子商务领域的用户需求，目前在世界范围内得到了广泛应用。

1.3.3 元数据的互操作

虽然元数据标准的目标都是对资源或数据进行统一准确的描述，但不同元数据标准的制定者和应用范围与对象各有不同，因此在使用不同元数据标准描述的资源体系之间进行资源检索、描述和利用时，必须解决元数据的互操作性问题。

元数据互操作本身涉及元数据各个结构层面的互操作，通常包括交换格式的互操作、标记格式的互操作、元素内容结构的互操作、元素语义的互操作、编码规则的互操作和数据内容的互操作等。数字出版元数据互操作的主要方法是元数据转换。本书将在第 9 章介绍数字出版元数据的转换技术。

第2章

Chapter 2

标识类标准

标识类标准的主要功能是为出版物或者内容资源提供唯一的标识，如国际标准书号、国际标准连续出版物号、国际标准音像制品编码等。标识类标准的标识对象既包括传统的纸质出版物，也包括以磁带、光盘、网络存储等各种形式存在的电子出版物，还包括各种数字资源和对象。在网络和数字化时代，标识类标准的作用日益突出，为信息资源分配唯一的识别符号，并使用附带的描述性元数据来描述信息资源，能够为信息资源的组织、管理、存储、获取、利用等提供有效的技术支持。

2.1 ISBN 及其在中国

国际标准书号（International Standard Book Number，ISBN），是国际通用的图书或独立的出版物（除定期出版的期刊）代码。一个国际标准书号只有一个或一份相应的出版物与之对应。国际标准书号可以准确标识所有非期刊类书籍，在出版领域用途极为广泛。中国标准书号是国际标准书号在中国的具体应用。

2.1.1 国际标准书号的起源及发展

1. 起源

20 世纪 60 年代，伦敦经济学院和大不列颠出版联合会提出了制定一个清晰的国际统一的书籍编号的想法。1966 年 11 月，在柏林举行的第三届国际图书市场研究与图书贸易合理化会议（International Conference on Book Market Research and Rationalization in the Book Trade）上，首次讨论了制定一种国际通用的图书编号系统，为每一种出版物编制一个唯一的、简单的、国际通用的识别码的必要性与可行性问题[1]。1969 年 4 月，国际标准化组织信息与文献工作技术委员会（ISO/TC46）为此专门成立了一个工作组并研究起草国际标准书号方案。1970 年，ISO 2108:1970 国际标准书号正式颁布，该标准于 1971 实施。与此同时，还建立了由国际 ISBN 中心、国家和地区 ISBN 中心以及出版者进行三级管理的国际标准书号管理系统。

国际标准书号以 10 位数字代替了冗长的图书描述记录，节省了时间和人力，并减少了输入和复制该记录时的错误。国际标准书号是机读的编码，一种专题出版物在制作、销售和发行过程中只能有一个国际标准书号，该书号从图书的生产到发行、销售过程中始终保持不变，出版者运用国际标准书号编辑、更新书目信息和图书数据库，为客户了解图书信息提供便利；发行单位利用国际标准书号进行图书订购、发行以及统计图书销售数据，实现对不同生产形式和不同版次的出版物统计，以及通过对不同领域甚至不同出版者之间的数据比较和分析，为出版物经营管理提供可靠的基础管理信息。国际标准书号的引入还使图书的订购、库存控制、账目和输出过程等程序简化，对图书馆和文献中心的订购、采选、编目和流通程序都有促进作用，还有许多国家在版权管理中利用国际标准书号进行著作者、作品的著作权登记和建立作品数据库，为版权保护提供基础信息服务。

---

[1] 新闻出版总署条码中心（中国 ISBN 中心）．《中国标准书号》修订说明 [N]．中国新闻出版报，2006-12-20（4）．

国际标准书号问世后，很快在全世界得到了广泛应用，成为全球范围内图书出版业和图书贸易的标识系统，为世界出版业的信息化发展做出了重大贡献。

2. 修订

随着信息化技术的迅猛发展，出版业进入了信息和数字化时代，图书和类似的出版物开始以新媒体形式出现，更多的新型出版物需要用国际标准书号标识。为适应这一新形势，自 2001 年以来，国际 ISBN 机构、出版者、图书销售商、图书馆和系统生产商等由国际标准化组织指定的代表组成了工作组，对国际标准书号进行了广泛的修订。

通过这次修订，国际标准书号编码系统与国际物品编码系统（EAN • UCC）进行了融合，国际标准书号的结构和长度首次发生了重大变化，由 10 位升为 13 位，扩充了国际标准书号系统的编号能力。同时制定了国际标准书号系统的管理和控制规则，规定了出版物元数据报送内容。2005 年 6 月 1 日，国际标准化组织正式颁布了 ISO 2108:2005 国际标准书号。新的 13 位国际标准书号以全新的形式继续为全世界的出版者和其所出版的出版物进行标识，为各种出版物的信息检索、查询和使用提供服务。

3. 国际标准书号的构成

自 2007 年 1 月 1 日起，国际标准书号由标识符“ISBN”和 13 位数字组成。其中 13 位数字分为以下五部分：

- EAN • UCC 前缀；
- 组区号；
- 出版者号；
- 出版序号；
- 校验码。

书写或印刷国际标准书号时，标识符“ISBN”使用大写英文字母，其后留 1 个字符空格，数字的各部分应以半字线隔开，如图 2-1 所示。

ISBN EAN • UCC 前缀-组区号-出版者号-出版序号-校验码

图 2-1 国际标准书号的构成

以“ISBN 978-7-5064-2595-7”为例，其中“978”为 EAN • UCC 前缀；“7”为组区号；“5064”为出版者号，“2595”为出版序号，最后一位的“7”为校验码。

2.1.2 ISBN 在中国的引入及发展

中国标准书号是国际标准书号在中国的具体应用。我国于 1982 年加入国际 ISBN 组织，并成立中国 ISBN 中心。1986 年颁布了国家标准 GB/T 5797 中国标准书号，1987 年 1 月 1 日该标准正式实施。

2002 年，我国对 GB/T 5797 中国标准书号国家标准进行了第一次修订。

2005 年 10 月，为使 GB/T 5797 中国标准书号与 ISO 2108:2005 国际标准书号相适应，新闻出版总署条码中心（中国 ISBN 中心）提出并组织国内出版、发行和图书馆等方面的专家对 GB/T 5797－2002 进行了修订。修订原则包括[1]：

（1）修改采用国际标准，对国际标准中的技术标准部分等同采用，即 ISBN 的结构。

（2）根据我国的国情，既考虑与国际标准的接轨，又不违背国家有关出版的法律、法规、方针、政策及现行的出版管理制度。

（3）要考虑我国出版行业未来的发展，有利于促进对外文化交流与出版贸易交流，具有前瞻性。

（4）在用语、用词上符合我国的语言习惯。

（5）与我国出版行业的其他标准相协调。

（6）针对当前中国标准书号实施中出现的问题，通过制定标准进行规范。

（7）在实践中已经成熟的条款和细则，明确写入标准；对尚未成熟及新扩展的范围（如在互联网上的出版物），则留出发展空间，经调研后提出具体方案；对不适合国情及与现行管理方式有冲突的方面进行修改。

（8）新版《国际标准书号》中明确说明条码是书号的机读形式，因此在修订《中国标准书号》国家标准时一并考虑条码问题。

（9）删除国际标准中关于 ISBN 收费的相关规定。

2006 年，我国发布了 GB/T 5795—2006，该标准于 2007 年 1 月 1 日实施。这一版的国家标准增加和修改的主要内容及技术关键包括[2]：

（1）中国标准书号的结构发生技术变化。

中国标准书号编码结构等同采用国际标准，位数由 10 位升为 13 位。在现 10 位编码前增加 3 位 EAN • UCC 前缀，其结构由五部分组成，即：EAN • UCC 前缀、组区号、出版者号、出版序号、校验码，其中校验码采用模数 10 算法得出。升位后书号编码和条码编码完全一致。这是本次修订的技术关键。

（2）增加中国标准书号显示方式和印刷位置的规定。

等同采用国际标准，同时明确中国标准书号与书号条码是一个编码的两种识读形式。在标准中明确规定中国标准书号在出版物上表示为机读条码，并对显示方式和印刷位置作了明确说明。

［1, 2］新闻出版总署条码中心（中国 ISBN 中心）．《中国标准书号》修订说明．中国新闻出版报［N］，2006-12-20（4）．

（3）将中国标准书号的分配和使用原则直接列入标准。

1986 年颁布第一版《中国标准书号》国家标准时，中国标准书号的分配和使用原则并未直接写入标准正文，而是以文件的形式放在《中国标准书号使用手册》中下发，实施近 20 年来已被业界认可。本次修订采用《国际标准书号》的表述方式，将分配和使用原则纳入标准，并结合我国的使用习惯做了部分修改，其中特别强调了中国标准书号的唯一性和专用性。

（4）扩大中国标准书号的使用范围。

在保留上一版中国标准书号使用范围的基础上，采用国际标准规定，增加电子出版物等非印刷出版物，特别是互联网出版物。但考虑到目前我国互联网出版物发展尚不成熟，因此本次修订只作原则规定，待进行专题调研后另行制订实施方案。

（5）增加出版者提供出版物元数据的要求。

出版者应向中国 ISBN 管理机构提供使用中国标准书号的出版物元数据。标准明确规定提供出版物元数据是出版单位的责任之一。

（6）增加中国标准书号系统管理方面的内容。

《国际标准书号》和《中国标准书号》确立了 ISBN 系统的管理结构。ISBN 系统既是科学的编码系统，又是层次和职责分明的数据管理系统。国际 ISBN 中心在 2005 年改革后，即与各会员国和地区签订了国际 ISBN 合同。合同对 ISBN 系统的三级管理模式作了明确规定。经新闻出版总署批准，2006 年 2 月，中国 ISBN 中心已与国际 ISBN 中心正式签订“ISBN 合同”。《中国标准书号》第 7 章“ISBN 系统的管理”及附录 B，均属国际 ISBN 合同规定应履行的内容。

新版《中国标准书号》根据《国际标准书号》对系统管理的要求，将出版单位规范使用中国标准书号、确保书号的唯一性和不得将专用出版者号段转让给他人等责任列入标准，增加了出版单位管理和使用书号的责任和义务。

2.1.3 现行中国标准书号的构成

中国标准书号采用国际标准书号（ISBN）的 13 位数字结构，由 EAN • UCC 前缀、组区号、出版者号、出版序号和校验码构成。

中国标准书号以人可识读的格式显示时，应采用连字符分隔各部分。连字符的使用仅用于提高可读性。例如，“ISBN 978-7-5076-0334-7”。

中国标准书号的首尾两部分位数是固定的，第二部分（组区号）由国际 ISBN 中心管理和分配，第三和第四部分（出版者号、出版序号）分别由中国 ISBN 管理机构和出版者管理和分配。组区号和出版者号的长度与组区或者出版者的计划出版量有关。

1. EAN · UCC 前缀

EAN · UCC 前缀是中国标准书号的第一部分。它是由国际 EAN · UCC 物品编码系统提供的 3 位数字，由国际 ISBN 中心向国际 EAN 组织申请获得。这组编码是国际 ISBN 系统的组成部分。国际 EAN 已经提供的 EAN · UCC 前缀为“978”和“979”，目前使用的前缀是“978”。使用前缀“979”的时间由国际 ISBN 中心决定。

2. 组区号

组区号是中国标准书号的第二部分。组区号由国际 ISBN 中心分配。

国际 ISBN 中心为中国分配的组区号为“7”，该组区号内的允许出版量为 100 000 000。

3. 出版者号

出版者号是中国标准书号的第三部分，代表组区内具体的出版者。出版者号的最小长度是 2 位，最大长度是 7 位，由出版者预期出版量决定。在组区号不变的情况下，设置出版者号后，即可推导出所含有的出版量，具体见表 2-1。

表 2-1 出版者号的取值范围和出版量

EAN · UCC 前缀-组区号	出版者号设置范围	每一出版者号含有的出版量
978-7	00～09	1 000 000
	100～499	100 000
	5000～7999	10 000
	80000～89999	1 000
	900000～989999	100
	9900000～9999999	10

预期出版量较大的出版者将被分配给较短的出版者号，通常是 2 或 3 位数字。相反，预期出版量较少的出版者将被分配给位数较长的出版者号。

EAN · UCC 前缀、组区号和出版者号三部分组成出版者前缀。

示例：人民出版社的出版者前缀为“ISBN 978-7-01”。

出版者号由中国 ISBN 管理机构分配。当一个出版者号所容出版量用完之后，出版者可以向中国 ISBN 管理机构申请新的出版者号。

4. 出版序号

出版序号是中国标准书号的第四部分，它代表一个具体出版者出版的具体出版物。出版序号的长度与出版者计划出版量直接相关，最长由 6 位数字组成。最大预期出版量的出版者得到的出版序号长度最长，反之亦然。中国标准书号的总位数是 13 位。为了确保维持其正确长度，出版序号位数不满时，用零来代替前面的空格。例如，“ISBN 978-7-01-009733-6”。

出版序号由出版者管理和分配，每个出版者所支配的出版序号长度的位数是恒定的。在出版者号位数确定之后，中国标准书号的出版序号位数也就是 8 与出版者号位数之差。出版者可以在所支配的出版序号的范围内，按出版的先后顺序给自己的出版物分配出版序号。

出版序号的使用应从“0”开始。出版者所能够获得的最小出版序号是 0 到 9，最多为 10 个中国标准书号。最大出版序号是 000000～999999，最多为 1 000 000 个中国标准书号。出版序号的长度每增加一位，可分配的中国标准书号的数量就增加 10 倍。

5. 校验码

校验码是中国标准书号的最后一位，它采用模数 10 加权算法计算得出。

以 ISBN 978-7-5064-2595-7 为例，计算校验码的数学算式为：

校验码＝mod 10{10－[mod 10(中国标准书号前 12 位数字的加权乘积之和)]}

＝mod 10{10－[mod 10(123)]}

＝7

其计算方法见表 2-2。

表 2-2 由 13 位数字组成的中国标准书号校验码计算示例

		EAN·UCC 前缀			组区号	出版者号				出版序号				校验码
1	取 ISBN 前 12 位数字	9	7	8	7	5	0	6	4	2	5	9	5	?
2	取各位数字所对应的加权值	1	3	1	3	1	3	1	3	1	3	1	3	—
3	将各位数字与其相对应的加权值依次相乘	9	21	8	21	5	0	6	12	2	15	9	15	—
4	将乘积相加，得出和数	123												
5	用和数除以模数 10，得出余数	123÷10＝12 余 3												
6	模数 10 减余数，所得差即为校验码	10－3＝7												
7	将所得校验码放在构成中国标准书号的基本数字的末端	978-7-5064-2595-7												

2.1.4 中国标准书号的实际应用

中国标准书号作为出版物的身份标识，是出版物发行和流通的国际通行证，也是出版单位之间、出版业与社会文化、科技等其他领域之间信息沟通的桥梁。

1. 适用范围

按照 GB/T 5795—2006 附录 A 的规定，中国标准书号适用于以下出版物：

（1）印刷的图书和小册子（以及此类出版物的不同产品形式）。

注：根据联合国教科文组织规定，小册子指：不计算封皮在内，页数最少 5 页、最多 48 页的不定期出版的出版物。

（2）盲文出版物。

（3）出版者无计划定期更新或无限期连续的出版物。

注：无限期连续出版物，通常以连续出版或整合形式出版，一般都有期号或年月标识。

连续出版物如报纸、期刊等；整合资源如不断更新的活页出版物和网页。其中可分别使用的个别文章或期号满足专题出版物条件的，可通过 ISBN 进行标识。

（4）教育或教学用影片、录像制品和幻灯片。

（5）磁带和 CD 或 DVD 形式的有声读物。

（6）电子出版物的实物载体形式（机读磁带、光盘、CD-ROMs）或是在互联网上出版的电子出版物。

（7）印刷出版物的电子版。

（8）缩微出版物。

（9）教育或教学软件。

（10）混合媒体出版物（内容是以文字材料为主的）。

（11）地图及教学制图、图示类出版物。

此外，《音像电子出版物专用书号管理办法》中规定，全国所有正式出版、发行的音像制品或电子出版物，均应使用中国标准书号（ISBN）作为出版物标识。用于音像制品的，为音像制品专用书号；用于电子出版物的，为电子出版物专用书号。在音像制品、电子出版物载体或包装的显著位置须标识 ISBN[1]。

中国标准书号不适用于以下种类的出版物：

（1）连续性资源，如报纸、刊物等。

（2）暂时性印刷材料，如广告、台历、年历、明信片等。

（3）印刷的活页乐谱和无书名页的活页文选。

---

[1] 新出政发［2011］19 号：关于下发《〈中国标准录音制品编码〉国家标准实施办法》和《音像电子出版物专用书号管理办法》的通知［EB/OL］. http://www.gapp.gov.cn/cms/html/21/508/201201/730953.html.

（4）无书名页和正文的美术印刷品及美术折页印张，如年画、海报等。

（5）个人文件。

（6）贺卡。

（7）音乐录音制品。

（8）用于教育或教学目的之外的软件，如操作系统、数据库等。

（9）电子公告板。

（10）电子邮件和其他电子函件。

2. 分配原则

在以下情况下应分配唯一的中国标准书号：

（1）使用不同语种出版的出版物。

（2）出版物的不同产品形式（如精装、平装、盲文、有声读物、电子出版物）。电子出版物的不同格式（如 lit, pdf, html, pdb），均应分配不同的中国标准书号。

（3）既可全套出售又可单本出售的多卷出版物。

（4）再版出版物。

（5）使用新的书名出版的图书。

（6）由不同出版者出版的复制本图书。

（7）由同一出版者以不同出版标记出版的图书。

（8）活页出版物。

（9）由一卷以上构成的多卷出版物应分配一个唯一的中国标准书号，以识别整套出版物，同时各单卷分别分配一个中国标准书号，以识别可单独销售的单卷出版物。

（10）联合出版的出版物：由两个以上出版者联合出版的一种出版物，通常情况下，只分配一个中国标准书号；也可根据出版者的要求分配各自的中国标准书号，但只有其中的一个中国标准书号以条形码的格式出现在出版物上。

（11）出版者进行版权贸易的出版物，以新的扉页代替原有出版者的扉页，则应分配新的中国标准书号，原出版者的 ISBN 号也应同时列出。

以下情况不应分配新的中国标准书号：

（1）封面设计改变（包括颜色、版式、字体的改变）。

（2）重新发行现有出版物（无论外包装是否有变化）。

（3）定价改变。

（4）对正文进行微小变动（如：纠正印刷错误）。

（5）重印出版物。

3. 电子出版物的 ISBN 号

电子书籍、CD-ROM 或者在互联网上的出版物，如公开出版内容以文字材料为主且无计划使该出版物成为连续性资源，应使用中国标准书号。此类出版物包括的图片和声音等超文本材料如属于该出版物的一部分，应使用同一中国标准书号。

下列形式的电子出版物不应分配中国标准书号：

（1）频繁更新或者即时更新的出版物（如在线数据库、网页）。

（2）宣传或广告材料。

（3）电子公告板。

（4）电子邮件或其他电子函件。

（5）搜索引擎。

（6）个人文本（如电子简历、人物介绍等）。

（7）工作计划或日记。

教育和/或教学等特定软件产品可以分配中国标准书号。例如，由计算机操作完成的、不是为某一客户定做的，且无须提供执行数据的培训软件。

其他软件产品（如操作系统、数据库软件）不应分配中国标准书号。

4. 音像制品的ISBN号

音像制品应分配中国标准书号。例如，录有内容的录音带、录像带、唱片、激光唱盘和激光视盘等音像制品。

（1）用不同操作系统和/或命令语言完成的出版物或者产品，每一单独的形式应分配一个单独的中国标准书号。但无论是操作系统还是浏览器，都不应分配中国标准书号。

（2）不同格式的电子出版物应分配不同的中国标准书号；如果同一版本电子出版物有两种格式，但一起出版并在一个包装中销售，则只需要分配一个中国标准书号；如果同一版本出版物有不同产品形式并单独销售，每一出版物上应依次列出各个产品形式的中国标准书号，不同产品形式或格式应在末尾括号中注明。例如，ISBN 978-7-117-07201-4（精装）、ISBN 978-7-117-07190-1（平装）。

（3）当软件产品更新、修改或变动时，如果这些改变足以使该产品成为新的版本，应使用新的中国标准书号。

（4）重新发行旧版本产品时，即使使用了新的包装，如果在新老产品的性能上没有根本的不同，则无须更换新的中国标准书号，必须使用原中国标准书号。

（5）软件中的使用手册只作为软件的附件使用，并与软件在一个包装中出售，软件和手册则必须使用同样的中国标准书号。

（6）软件包装中有两个或两个以上的内容且可以被分别使用，或它们既可以在一起销售也可以分开销售时，总的包装必须有一个中国标准书号，包装中的每一项也要有各自的中国标准书号。

（7）音像制品的中国标准书号与中国标准音像制品编码（版号）是相互对应的，对于同一品种、不同载体的音像制品，将分配不同版号和中国标准书号。

（8）中国标准书号不仅可以标识出版物或产品本身，也可标识出版者，但它不适用于标识产品的分销商。

5. 我国实行标准书号的意义

国际标准书号作为出版物的唯一标识码，自引入我国以来，在图书、音像制品和电子出版物上的出版、发行和管理等各个环节，以及出版物贸易中都发挥了重要作用。具体来说，我国实行标准书号的意义主要体现在两个方面：

首先是其技术功能。中国标准书号作为国际标准书号系统的组成部分，它的首要功能在于为出版物提供国际通用的、唯一的、永久的标识号码，使得利用计算机或其他现代技术进行出版物贸易管理和信息交流获得更高的效率，并为出版物的分类统计和销售陈列创造条件，广泛地应用于出版、发行、图书馆藏、版权贸易等相关环节，有利于推进我国出版业与国际书业的交流。

其次是其管理功能。1994 年开始，我国将书号管理与出版管理结合起来，利用中国标准书号对出版单位进行宏观调控，实施出版物总量控制，有效地抑制了出版物总体数量的盲目增长，优化了出书结构，同时加强了对出版单位的管理，取得了明显成效。

2011 年，全国共出版图书 37 万种，音像制品 19 408 种，电子出版物 11 154 种[1]。这些图书和音像制品及电子出版物都要使用中国标准书号进行标识。中国标准书号作为出版、发行、馆藏和订购、编目数据系统的主要元素，极大地方便了出版、发行和馆藏等各个环节的业务开展。中国标准书号在我国的实施，有效地促进了我国出版发行事业和整个文献工作的信息化建设，使得以图书等出版物为主的出版业能充分发挥作为信息行业对社会发展的重要贡献，同时也为我国出版物扩大国内、外市场开辟了广阔的前景。

6. ISBN 的最新发展

随着数字出版产业的蓬勃发展，对于数字出版物标识问题的探讨已成为全球出版产业的焦点。为此，国际 ISBN 中心于 2012 年编制出版了第六版《ISBN 用户手册》，对有关数字出版物的标识进行了明确和修订。这一版的 ISBN 用户手册主要变化包括[2]：

（1）关于数字出版。在第六版的用户手册中，对数字出版应用 ISBN 标识给予了明确的意见，这将有利于数字出版信息的检索和知识的传播。

（2）关于 ISBN 元数据注册。ISBN 元数据是指使用书号系统进行标识的出版物的描述性信息，主要包括 ISBN、载体形式、题名、丛书、责任者、版本、语种、

[1] 2011 年新闻出版产业快速稳步增长．中国新闻出版报［N］，2012-07-11（3）．http://www.pep.com.cn/rjs/rjdt/rjdt/xgwz/201207/t20120716_1133609.htm．

[2] 张晶，杜一诗．国际 ISBN 中心第六版《ISBN 用户手册》修订明确数字出版物标识．中国新闻出版报，（2012-05-14）［EB/OL］．http://www.gapp.gov.cn/cms/cms/website/zhrmghgxwcbzsww/layout3/index.jsp?channelId=368&siteId=21&infoId=755440．

版权标记、出版者、出版国家、出版日期、原出版物的 ISBN 号等 12 项。注册元数据与在线信息交换（ONIX）国际产品信息标准相对应。

在新版用户手册中，元数据注册的要求是：将出版物元数据注册信息报给 ISBN 中心，是出版者的责任之一；在 ONIX 要素中，增加了对载体形式的描述，如产品构成、产品形式特征、电子图书 Epub 技术保护、Epub 使用限制等。对于数字产品，要求不同授权条款（使用限制）或操控系统要在两个同一产品间有所区分；增加了（内容）责任者标识，即国际标准名称标识符（ISNI）。

（3）电子图书分配 ISBN 的原则明确具体。特别值得注意的有三点：第一，不同格式的电子图书，每一格式应分配一个 ISBN 号；第二，如果一本书被图书馆或其他机构数字化并供公众使用，不管这个版本是否收费，都应分配一个新的 ISBN 号；第三，如果出版者与中间技术提供者合作出版多种格式的电子图书，出版者应为每个版本、每个不同格式的电子图书提供 ISBN 号。

（4）标识符的引入，即 ISBN-A 和 ISNI。ISBN-A，是区别印刷图书与电子图书的标识符，ISBN-A 可以在数字对象标识（DOI）系统中得到解析，达到检索、获取以及管理数字资源的目的。ISNI，是国际标准化组织的一项标准（ISO 27729），为数字资源的（内容）责任者提供的身份标识，可在整个传媒内容产业链中的内容创作、生产、管理和发行各个环节上应用。该标识符具有唯一性，每一个（内容）责任者均可注册一个唯一的标识符以关联所有创作的内容。

2.2 ISSN 及其在中国

国际标准连续出版物号（International Standard Serial Number，ISSN），是根据国际标准 ISO 3297 制定的连续出版物国际标准编码，其目的是使世界上每一种不同名称、不同版本的连续出版物都有一个国际性的唯一代码标识。ISSN 由设在法国巴黎的国际连续出版物数据系统（International Serial Data System，ISDS）中心管理。中国标准连续出版物号是国际标准连续出版物号在中国的具体应用。

2.2.1 国际标准连续出版物号的起源及发展

1. ISSN 标准的起源

1971 年 ISO 开始研究起草 ISSN 标准，1975 年正式发布 ISO 3297 第 1 版，该标准由 ISO TC46/SC9，即 ISO 信息与文献技术委员会第 9 分会负责。同样在 1975 年，在联合国教科文组织和法国政府的大力支持和赞助下建立了 ISSN 网络，负责管理 ISSN 号。该网络是政府间的合作组织，由国际中心和国家中心或地区中心组成。目前已建立了 88 个国家中心并且仍在不断增加[1]。国际中心设在法国的巴黎。

2. ISSN 标准的修订

ISO 3297 自发布以来，按照 ISO 的修订规则进行了多次修订，1986 年发布第 2 版，1998 年发布第 3 版，这 3 版内容没有大规模的实质性改变。2003 年，ISSN 国际中心决定对 ISSN 进行实质性修订。促进这一修订的主要原因是信息化时代各种类型的内容资源层出不穷，ISSN 如何更好地适应环境和提供服务成为很大的挑战。

经过几年的努力，2007 年 9 月 1 日，ISO 发布实施了 ISO 3297 第 4 版的标准，即 ISO 3297:2007 Information and documentation—International Standard Serial Number (ISSN)，修订以后标准的主要变化包括：

（1）标识范围的改变。之前的 ISSN 号只用于标识期刊，包括纸质期刊和电子期刊，新版本考虑到在数字环境下资源定位和识别的需求，将连续资源，如不断更新的网站，也纳入了 ISSN 的标识范围内。

（2）增加了新功能。新版本增加了 ISSN-L 这一新功能，用来支持媒体资源的检索和发布服务。

经过此次修订以后，ISSN 涵盖范围更为广泛。任何连续性资源，不论采取何种载体形式，也不论其何时出版，都属于 ISSN 的分配范围。连续性资源不仅包括报纸、期刊等传统的连续出版物，还包括连续出版或有编号的具有连续出版物特点的书目资源，以及动态的集成资源，如持续更新的活页出版物或网站。

3. ISSN 的构成及其特点和应用

国际连续出版物号以“ISSN”为前缀，由 8 位数字组成。8 位数字分为前后两段各 4 位，中间用连接号相连，前 7 位数字为顺序号，最后一位是校验码，格式如下：ISSN ××××-××××。以 *Science* 期刊为例，其印刷版的 ISSN 为“ISSN 0036-8075”；在线版的 ISSN 为“ISSN 1095-9203”。

ISSN 的特点包括：

（1）定长性。所有 ISSN 均由 8 位数字组成，这种定长性便于计算机的识别与处理。

（2）自检性。ISSN 编码系统具有自检性。ISSN 的有效编号是前 7 位，最后一位是校验码，根据前 7 位数字按公式计算得出。

（3）唯一性。按照《ISSN 手册》规定，一个 ISSN 只能分配给一种连续出版

---

[1] What is the coverage of the ISSN Network? [EB/OL]. http://www.issn.org/2-22665-The-network-today.php.

物，一种连续出版物也只能获得一个固定的 ISSN，这个 ISSN 将成为该连续出版物的唯一识别码。一旦连续出版物题名改变，ISSN 也必须重新申请。

（4）与识别题名的一致性。ISSN 的唯一性是依靠识别题名与 ISSN 的一致性来保证。当一个 ISSN 被分配的同时，就必须确定该出版物的识别题名。

（5）国际性。ISSN 是由国际中心和国家中心共同协调管理的标准编号。被分配 ISSN 的出版物的全部信息不仅进入了国家连续出版物数据库，同时也进入了国际连续出版物数据库，成为全世界共享的信息资源。因此无论在哪个国家或地区，出版了哪些不同文种的连续出版物，无论它通过哪一种发行渠道发行，也无论它收藏在哪个图书馆或机构，只要提供 ISSN，均可在 ISSN 数据库中获得有关信息。

由于具备以上优点，ISSN 是为不同国家、不同语言、不同机构（组织）间各种媒体的连续性资源（包括报纸、期刊、动态指南、年鉴、年报等）的信息控制、交换、检索而建立了一种标准的、简明的、唯一的识别代码。截至 2011 年，ISSN 网络已标识了全世界 1 623 566 种连续出版物（包括正在出版的和已停止出版的连续出版物），见表 2-3。ISSN 网络已经成为世界最大规模的连续出版物书目数据库，ISSN 也成为世界上权威的编码系统。

表 2-3　ISSN 中心注册的连续出版物的数量[1]

	2003 年	2004 年	2005 年	2006 年	2007 年	2008 年	2009 年	2010 年	2011 年
记录总数量	1 125 507	1 158 177	1 227 057	1 284 413	1 345 719	1 413 942	1 489 773	1 555 307	1 623 566
新增记录数量	53 484	32 670	68 880	57 356	61 306	68 223	75 831	65 534	68 259

2.2.2　ISSN 在我国的情况

1. 国家标准的制定和修订

1988 年我国发布实施了国家标准 GB/T 9999—1988 中国标准刊号。2001 年 11 月 14 日，该标准修订后发布了 2001 版，新标准自 2002 年 6 月 1 日起代替 1988 版标准。修订后的标准与原标准相比，主要有以下重要修改：

（1）标准名称改变：将“刊号”改为“连续出版物号”，修改之后，标准能够适用于经国家出版管理部门正式许可出版的任何载体的连续出版物。

（2）结构格式的变化：修订后的中国连续出版物号的结构格式如图 2-2 所示，比旧标准的格式多了 1 条水平线。ISSN 与 8 位数之间、CN 与 6 位数字之间空半

［1］Total numbers of records in the ISSN register［EB/OL］. http://www.issn.org/files/issn/statistiques/Total- number-of-records.pdf.

个汉字。ISSN 的 2 段 4 位数字之间、CN 号的前 2 位与后 4 位数字之间用半字线“-”隔开。

ISSN XXXX-XXXX
CN XX-XXXX/YY

图 2-2 中国连续出版物号的结构格式

（3）重新规定了 CN 号中地区连续出版物的序号 0001～9999 的分配：0001～0999 为报纸的序号，1000～5999 为印刷型连续出版物的序号，6000～8999 为网络连续出版物的序号，9000～9999 为有形电子连续出版物（如光盘等）的序号。

（4）对于印刷型连续出版物，当 ISSN 与 CN 号一起印刷时，中国标准连续出版物号的印刷位置在出版物的封面右上角、版权页（块）或目次页和封四下方，印刷格式如图 2-3 所示。ISSN 独立印刷时，应印在封面的右上角、版权页（块）或目次页，也可与条码一起印刷；CN 号独立印刷时，应印在版权页（块）、目次页和封四下方。对于非纸质型连续出版物，中国标准连续出版物号应印在出版物的显著位置、电子连续出版物的题名屏和有形电子媒体永久性标签上。

ISSN 1001-4314
CN 11-2493/G3

图 2-3 中国连续出版物号的印刷格式示例

（5）规定了中国标准连续出版物号的分配原则：一种连续出版物一号；改名改号；一种连续出版物的不同载体不同号；题名不变，出版地改变，CN 号重新分配。

目前我国现行有效的 ISSN 国家标准是 2001 版，但是相应的 ISSN 国际标准已经在 2007 年发布了新版，对技术内容进行了较大的修改，为此我国已经将 ISSN 国家标准的修订列入了标准制修订计划。

2. ISSN 中国国家中心及数据库

1985 年我国政府正式批准 ISSN 中国国家中心成立，设在国家图书馆内。ISSN 中国国家中心负责经国家新闻出版署正式批准出版的连续出版物的 ISSN 的分配、管理、使用和咨询，将中国连续出版物书目数据送交 ISSN 国际中心数据库等各项工作。

任何一种连续出版物一旦获得了 ISSN，就要同时建立相应的书目记录。ISSN 中国国家中心数据库始建于 1986 年。1991 年以前以磁带形式向 ISSN 国际中心提交数据记录。1992 年中国国家中心采用 CDS-ISIS 通用检索软件，将 ISSN 数据库系统移植到计算机上，并向国际中心提交软盘记录。中国 ISSN 数据库具有能够生成中国机读目录格式（CNMARC）和 ISSN 记录格式的两种功能，并成功地实现了由汉字数据向罗马化数据的自动转换。在满足国际中心数据要求的同时，也完成了中国连续出版物机读目录的编制。截至 2011 年底，我国已有 13 906 种连续出版物获得 ISSN[1]。

2.2.3 数字出版环境下的 ISSN-L 的出现和发展

对于以电子资源形式存在的连续出版物，ISSN 早就已经可以处理，但是同一种资源的不同载体版本，其 ISSN 是不同的。ISSN 虽然可以起到区分载体的作用，但是无法建立多载体资源之间的关联，为了解决这一问题，出现了 ISSN-L。

2007 年通过的 ISSN 国际标准 ISO 3297 中增加了 ISSN-L 的内容，自 2008 年开始实施。ISSN-L 用以连接同一连续出版物的不同版本（如印刷版、网络版、光盘版）的书目数据，满足了有效识别同一连续性资源的多种载体版本需求，起到了聚合不同载体版本，建立资源内容间的连接与管理的作用。

ISSN-L 的分配是指定的、自动的，可从 ISSN 国际中心（ISSN International Centre）网站的“table”中免费获得，也可通过 ISSN Register 数据库中的 S022 或 S011 字段获得。多数情况下是选取同一连续出版物的不同载体不同 ISSN 中最小的号作为 ISSN-L。

以 *Frontiers of Materials Science in China* 为例，该出版物两种载体的 ISSN 号分别为：

• *Frontiers of Materials Science in China*（Print）的 ISSN 号为“1673-7377”；

• *Frontiers of Materials Science in China*（Online）的 ISSN 号为“1673-7482”。

ISSN 网络则指定以上两种不同载体出版物的 ISSN-L 为：“ISSN-L 1673-7377”。

如果所有载体版本的题名同时发生大的变更，就需重新指定一个 ISSN-L。在这类情况下，每一种载体版本会分配一个新 ISSN，同时指定一个新的 ISSN-L。

目前 ISSN-L 还很少使用在刊物上，主要作为 ISSN 网络数据的有效管理手段之一，但其在全球最大的图书馆在线编目系统联机计算机图书馆中心（Online Computer Library Center，OCLC）中已有使用，相信在未来会得到更广泛的应用[2]。

2.3 ISRC 及其在中国

国际标准音像制品编码（International Standard Recording Code，ISRC）是根

---

[1] Number of records from countries with an ISSN national centre [EB/OL]. http://www.issn.org/files/issn/statistiques/REGISTER-CN-Activity-20072.pdf.

[2] 崔明明. 连续性资源编码 ISSN 与 ISSN-L 的分配与管理. 中国编辑，2011（1）：30-33.

据 ISO 标准 ISO 3901 国际标准录音制品编码（ISRC）制定的音像制品的国际标准编码，在国际范围内通用，对每个国家的每个音像出版者所生产的每一种音像制品，以及其中每一项独立节目可进行唯一标识。

2.3.1 国际标准音像制品编码的起源和发展

1. 起源

自 20 世纪 60 年代以来，随着声、光、电、磁等现代科学技术的应用，传统的以纸张为载体的用印刷术加工的出版物，发展为多种载体、多种加工工艺的出版物。作为一种特殊类型的出版物，录音录像制品发展迅速，生产量增长很快，传播范围也越来越广泛。

为了适应音像制品在出版、发行、收藏、信息交换、市场管理等各方面的应用需要，尤其是版权保护方面的需要，国际标准化组织于 1986 年公布了一项国际标准 ISO 3901:1986，规定了一个可在国际范围内通用的，对每个国家的每个音像出版者所生产的每一种音像制品，以及其中每一项独立节目可唯一标识的标准编码——国际标准音像制品编码（ISRC）。这项标准首先被设在英国伦敦的国际唱片业协会（International Federation of Phonographic Industry，IFPI）接受，并于 1988 年建议其成员体将 ISRC 编码用作音乐录像片（MTV）的记录标识。

1989 年，国际标准化组织授权 IFPI 作为 ISRC 编码的国际注册机构，负责 ISRC 编码在世界范围内的推广、管理和实施。

1990 年 3 月，IFPI 和美国音像业协会（Recording Industry Association of America，RIAA）成立联合工作组，提出了将 ISRC 编码作为国际识别代码录入各类数字音像制品声道的建议。1991 年 3 月，IFPI 委员会会议采纳了这一建议，决定从 1992 年 1 月 1 日起开始试行。ISRC 编码已成为一个国际性的音像制品编码系统。

2. ISRC 编码的构成

国际标准音像制品编码的结构形式如图 2-4 所示。

ISRC 国家码-出版者码-录制年码-记录码-记录项码

图 2-4 国际标准音像制品编码的结构形式

其中，大写字母“ISRC”是国际标准音像制品编码不可缺少的标识。国家码、出版者码、录制年码、记录码、记录项码是组成 ISRC 编码的 5 个必要数据段。ISRC 与国家码之间空一格，各数字之间以一个连字符“-”分隔，其总长度为 12 个字符。

（1）国家码：本段代表音像出版者所在国家的代码，由 2 个大写英文字母组成。IFPI根据国际标准ISO 3166国家和地区名称代码的规定，分配各个ISRC编码的参加国。我国的国家码为“CN”。

（2）出版者码：本段表示一个音像出版者的代码，由定长的3个字符的数字、字母组成。其中数字的取值范围为“0～9”，字母的取值范围为“A～H、J～N、P～Z”（均为大写字母）。在字母中不包含“I”和“O”，这是为了避免与数字“1”和“0”混淆。在一般情况下，3个字符中至少应包含一个字母或数字。根据排列组合规则计算，一个国家的音像出版者代码可以有：3×（10×10×24＋10×24×24）=24 480（个）。如果24 480个代码不够使用，还可以3位全数字或全字母的方式扩充，即可增加：10×10×10＋24×24×24＝14 824（个）。出版者码由出版者所在国家的ISRC国家中心负责分配和管理。

（3）录制年码：本段标识被编码的音像制品的录制出版完成年份，取该年份的最后两位数字。例如，92代表1992年录制出版完成的音像制品。

（4）记录码：标识一种音像制品的整体代码，由4位或3位数字组成。在录制出版年度内，记录码的数字应顺序编号。4位记录码的取值范围为0000～2999；3位记录码的取值范围为300～999；即每个出版者每年可出版3 700个品种的音像制品。

（5）记录项码：标识一种音像制品中每一项独立节目的代码，由1位或2位数字组成。1位记录项码的取值范围为0～9；2位记录项码的取值范围为00～99。记录项码中的“0”或“00”用以标识一种音像制品全部（整体）节目的代码，因此，每个ISRC编码，可包含9个（记录项码由1位数字组成）或99个（记录项码由2位数字组成）独立的节目。例如，1234-0（贝多芬第9交响曲——整体）、1234-1（贝多芬第9交响曲——第1乐章）。

上述记录码和记录项码的两个数据段是需要配合使用的。其原则是：记录码长度加记录项码长度恒等于5位数字。

记录码和记录项码均由该音像制品的出版者确定。

3. ISRC编码系统的特点

（1）ISRC编码的层次性。

ISRC编码不是一个纯流水序号式的编码，而是一个有鲜明层次关系的编号系统，如图2-5所示。ISRC编码的这一特点有利于音像制品（及其节目）的版权识别和科学化的管理。

（2）ISRC编码的定长性。

由于国家码、出版者码和录制年码都是固定长度，而记录码与记录项码之和也是固定长度，因此，ISRC编码的长度是固定的，为12个字符。这一性质为计算机处理带来很大方便。在存储ISRC编码时可以去掉各段之间的连字符，从而大大节省了存储空间，而在输出时，又可以利用各数据段的定长性质，进行自动分段。

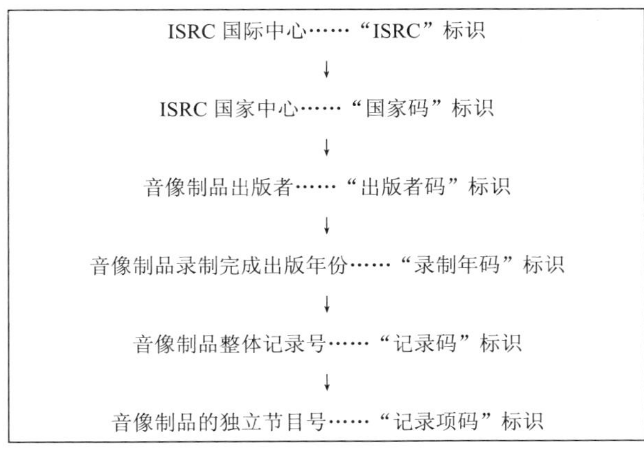

ISRC 国际中心……“ISRC”标识
ISRC 国家中心……“国家码”标识
音像制品出版者……“出版者码”标识
音像制品录制完成出版年份……“录制年码”标识
音像制品整体记录号……“记录码”标识
音像制品的独立节目号……“记录项码”标识

图 2-5　ISRC 编码的层次性

（3）ISRC 编码的唯一性和不变性。

一种音像制品及其中的每一项独立节目，在其录制出版完成时即确定了它的 ISRC 编码，一种音像制品或其每一项独立节目只能分配一个 ISRC 编码，一个 ISRC 编码也只能分配给一种音像制品或其每一项独立节目。因此，无论这些独立节目今后被如何复制、转让或组合到另一种音像制品中，它们的 ISRC 编码始终是不变的。

（4）ISRC 编码的稳定性。

从 ISRC 编码的结构中可以看出，一个国家可以设置 24 480 个出版者码（扩充后可再增加 14 824 个），每个出版者每年可以使用 3 700 个记录码（4 位记录码 3 000 个，3 位记录码 700 个），10 万个记录项码（3 000×10＋700×100＝100 000 个），即每个出版者每年可出版 3 700 个品种的音像制品，共可包含 9.63 万个独立节目（标识整体节目的 3 700 个记录项码除外）。一般情况下已经足够使用，从而确保了 ISRC 编码系统的稳定性。

（5）ISRC 编码的可调节性。

ISRC 编码的记录码和记录项码有两种取值范围。

4 位数字的记录码（000～2999）与 1 位数字的记录项码（0～9）结合形成 A 型记录码，它用于包含的独立节目数少于 10 项的音像制品的 ISRC 编码。可显示每年出版 3 000 个品种，共包含 27 000 个独立节目。

3 位数字记录码（300～999）和 2 位数字的记录项码（00～99）结合形成 B 型记录码，它用于包含的独立节目数多于 9 项的音像制品的 ISRC 编码。可显示每年出版 700 个品种，共包含 69 300 个独立节目。

这种取值方法，可使不同节目容量的音像制品分配到与之相适应的 ISRC 编码值，从而也提高了编码的利用率。

2.3.2 中国标准录音制品编码

1. 起源

1989 年，全国文献工作标准化技术委员会秘书处收到国际标准化组织ISO/TC46 委员会寄来的 ISRC 国际标准，并要求出版物格式分技术委员会研究它在我国的适用性。1990 年 6 月，全国文献工作标准化技术委员会出版物格式分技术委员会成立了中国 ISRC 工作组，并与 IFPI 秘书长建立了联系。

1992 年 5 月 5 日，国家技术监督局批准颁布 GB13396—92 中国标准音像制品编码，该标准于 1993 年 1 月 1 日实施。标准规定，自 1993 年 1 月 1 日起，中国所有音像出版单位都必须在其生产的每一种音像制品（包括唱片、录音带、录像带、激光视盘等）上，对所录入的节目以及节目中每一项可以独立使用的部分增加一个以“ISRC”为标识的国际标准音像制品编码。自此开始，ISRC 在我国得以应用。

2. 修订

中国标准音像制品编码自使用以来，对规范音像出版活动起到了较大作用。但随着音像载体的不断变化，特别是数字压缩技术和网络的发展，为了与国际接轨，2009 年在参考借鉴 ISO 3901:2001 信息与文献——国际标准录音制品编码（ISRC）的基础上进行了修订，新版中国标准录音制品编码国家标准于 2009 年发布，2010 年 2 月 1 日开始实施。修订后的中国标准录音制品编码从结构、适用范围和功能等方面与国际标准保持了一致，为我国音像产业走向世界打下了基础，也顺应了数字网络环境下音像产业发展的需要。

新版中国标准录音制品编码的制定，参考借鉴了相关国际标准，但在编码申领方式和管理机制等方面又有一定的创新，具备我国的特色。具体而言，一是对标准编码结构的调整。二是对标准适用范围的调整。本次修订对标准的范围进行了重大调整，与国际标准保持了一致。修订后的标准只对录音制品和音乐录像制品（MV）分配 ISRC 码，对电影、电视剧等其他录像制品及其载体不再分配 ISRC 码。纳入 ISRC 申领管理范围的录音、音乐录像制品是指带有旋律的以音乐为主的相关制品，主要包括音乐、戏曲、戏剧、曲艺（如相声、小品）等制品。三是对 ISRC 编码功能的调整。按照国际 ISRC 标准的规定，ISRC 编码的主体是内容，而非出版载体。新版中国标准录音制品编码仅在录音制品和音乐录像（如演唱会、MV、卡拉 OK 等）制品上使用，变制成品（如音乐专辑光盘）登记为独立节目登记。

3. 中国标准音像制品编码的构成

中国标准音像制品编码由标识符“ISRC”和 12 位字母和数字组成。其中 12 位字母和数字按以下顺序，分 4 个部分进行排列：

- 国家码
- 登记者码

- 登记年
- 制品码

书写、印刷或者以其他可见形式呈现中国标准录音制品编码时，标识符“ISRC”使用大写的英文字母，其后留半个汉字空，其他 4 个部分之间以连字符“-”相隔。其结构关系如图 2-6 所示。例如，“ISRC CN-S05-12-31701”。

ISRC 国家码-登记者码-登记年-制品码

图 2-6 中国标准音像制品编码的构成

（1）国家码由两个字母组成。根据 GB/T 2659 中 2 字符代码的规定，中国国家码以大写字母“CN”表示。

（2）登记者码由英文字母或数字组成的 3 个字符构成（A～Z 和 0～9，其中英文字母“O”和“I”除外）。登记者码标识录音制品和音乐录像制品的登记者，在录音制品的全部制作过程结束时，由中国标准录音制品编码中心进行分配。例如，“A01”代表中国××唱片公司，“F18”代表广东××音像出版单位。

（3）登记年由 2 位数字组成。标识录音或音乐录像制品获得中国标准录音制品编码时的年份（取年份的最后两位数字）。登记年由该制品的登记者分配。例如，“01”代表 2001 年，“08”代表 2008 年。

（4）制品码由按顺序编排的 5 位数字组成，不足 5 位数时，在数列前加“0”，以补足 5 位。制品码是由登记者分配给每一个制品或每一个可被独立使用部分的代码，在同一登记年内其制品码不得重复。例如，“00476”代表某登记者某年分配的第 476 个录音制品或音乐录像制品，“00477”代表某登记者某年分配的第 477 个录音制品或音乐录像制品。

4. 中国标准音像制品编码示例

若××音像出版单位的登记者码被分配为“S05”，它在 2012 年制作了一张题为《回首奥运》的数字音频光盘（CD-DA），包含了新录制的《回首奥运》歌曲、1988 年汉城奥运会会歌 *Hand in Hand*、删节版的 1996 年亚特兰大奥运会会歌 *The Power of Dreams* ISRC US-E07-96-54789、1 首其他出版单位已出版的录音制品，以及 6 首该单位已出版的录音制品，该 CD-DA 中各节目的中国标准录音制品编码及相应内容表示如下：

ISRC CN-S05-12-317014《回首奥运》（2012 年新录制的录音制品，用新的中国标准录音制品编码）

ISRC KR-T13-88-35311*Hand in Hand*（1988 年汉城奥运会会歌，沿用原 ISRC）

ISRC CN-S05-12-24356*The Power of Dreams*（删节版，视为新的录音制品，用新的中国标准录音制品编码）

……

ISRC CN-B30-11-45121《美丽的伦敦》（其他出版单位已经出版的录音制品，沿用原中国标准录音制品编码）

ISRC CN-S05-08-12145《奥运之风》（本出版单位已出版的录音制品，沿用原中国标准录音制品编码）

2.3.3 ISRC 的管理与应用

1. ISRC 管理系统

国际标准音像制品编码系统是一个有鲜明层次关系的管理系统。

处于最顶层的是国际 ISRC 中心：负责 ISRC 在全世界的推行和管理，是 ISRC 的国际注册机构。1988 年，国际 ISRC 中心由国际标准化组织（ISO）指定设在英国伦敦国际唱片业协会。

其次是国家 ISRC 中心：主要任务是向在本国注册的音像公司分配出版者码，并定期向国际中心报送出版者名录。

末级是各音像出版公司：负责本公司音像制品 ISRC 的分配和管理，并将已分配 ISRC 的制品通知国家 ISRC 中心。

2. ISRC 的使用规则

为了保证音像制品 ISRC 编码的唯一性和可靠性，国际 ISRC 中心对 ISRC 的分配、使用提出了若干规定和建议，其中最基本的要求包括以下几点：

（1）一个音像制品的 ISRC 码一旦被分配将终生不变。不管时间、地点或版权的变化都不能改变它。

（2）音像制品的任何内容发生变化都应另行分配一个新的 ISRC 码。

（3）ISRC 码不允许重复分配，一个 ISRC 码只能分配给一个音像制品。

（4）ISRC 码应在音像记录（制品）的套封、片芯、片头等重要位置印刷显示。

（5）应建立完整的 ISRC 记录数据库，每个 ISRC 记录应包括目录号、题名、表演者、著作者、播放时间等基本信息。

3. 新版 ISRC 国家标准的实施

为了更好地贯彻实施新版 ISRC 国家标准，2011 年 1 月，新闻出版总署正式批准成立中国标准录音制品编码中心（简称中国 ISRC 中心），由中国版权保护中心负责筹备。中国 ISRC 中心作为 GB/T 13396—2009 中国标准录音制品编码国家标准的执行机构，负责 ISRC 编码的注册、分配、维护和统计等一系列管理工作，同时还承担相关数据库的建立和运营维护任务。

中国 ISRC 中心的职责是：

（1）向国内所有出版者介绍中国标准音像制品编码，并在使用方面对其进行培训、技术指导和提供咨询。

（2）向出版者通报国家码及中国标准音像制品编码有关信息。

（3）负责给所有在中国登记注册的出版者分配出版者码，以及每年度的记录码额度，并通告给有关单位和音像归口管理部门。

（4）设立中国标准音像制品编码记录册，并建立相应的数据库，登录国内已分配的出版者码，以及所有出版者已分配使用的中国标准音像制品编码。

（5）代表国内所有出版者与国际 ISRC 中心联系。

（6）收集音像制品所有权变更的有关信息。

（7）协调解决出版及有关部门在使用时遇到的问题。

（8）定期以一定形式向 ISRC 国际中心递交国内记录册的内容，以便在国际记录册上记录（待正式加入国际 ISRC 中心后履行）。

（9）在国内所有 ISRC 编码事业上起管理人和仲裁人的作用。

此外，中国 ISRC 中心将向国际 ISRC 中心申请设立中国国家分中心，负责与国际 ISRC 中心的对接沟通工作，逐步实现标准、机构和管理等方面与国际机构的全面接轨。该中心将通过对 ISRC 编码的分配，保证每一个录音制品、音乐录像制品都能够有一个唯一的编码，并以先进技术手段为辅助，实现相关制品在数字网络环境下的有效检索、版权信息确认与监测，以及版权费用结算认证等，从而系统地管理数字网络环境下音像制品的版权，保障音像制品相关权利人利益。

2.4　ISAN、ISTC、ISWC 及其在中国

2009 年，我国对国际标准化组织 ISO /TC46 /SC9 文献与信息标委会第 9 分会识别与描述分技术委员会制定的 ISAN、ISTC、ISWC 等信息资源编码的国际标准相继进行了研究，并发布了相应的国家标准，对中国视听作品、文本资源、音乐作品等信息资源标识符的结构、分配、管理等进行了规定。

2.4.1　ISAN 及其在中国

ISAN 是国际标准视听作品号（International Standard Audiovisual Number）的英文缩略语，为每一个音像作品提供唯一的、国际化注册的、永久参考的编码。

1. ISAN 的起源及发展

国际标准化组织于 2002 年 11 月 15 日发布国际标准 ISO 15706 信息与文献——国际标准视听作品号（ISAN）。该国际标准由 ISO/TC46/SC9 分委员会起草，为视听作品提供了唯一永久性的标识，也为视听产业的有序组织提供了依据。

目前，ISO 15706 分为两部分：

（1）ISO 15706-1:2002 国际标准视听作品号　第 1 部分：视听作品标识符

（2）ISO 15706-2:2007 国际标准视听作品号　第 2 部分：版本标识符

中国标准视听作品号是国际标准视听作品号系统的组成部分。对应的国家标准为：

（1）GB/T 23730.1—2009 中国标准视听作品号 第 1 部分：视听作品标识符

（2）GB/T 23730.2—2009 中国标准视听作品号 第 2 部分：版本标识符

中国 ISAN 机构（Registration Agency）是国际标准 ISO 15706 规定的 ISAN 区域性注册机构，执行 GB/T 23730 的规定，统一负责中国境内 ISAN 编码的注册、管理和维护。

2. 中国标准视听作品号的结构

视听作品的中国标准视听作品号由64个二进制位组成，当以人工可读形式（人工可读格式与主要借助于数据加工设备的格式不同，主要是指由人来阅读和书写的一种格式）呈现时，表现为由阿拉伯数字 0～9 和英文字母 A～F 组成的 16 个十六进制字符。这 16 个字符可分为 12 个字符的根字段和 4 个字符的用于标识连续性视听作品的剧集字段两部分。无论中国标准视听作品号是否以人工可读格式呈现，都需要在 16 个字符后附加一个校验码。例如，“ISAN RRRR-RRRR-RRRR-EEEE-X”。

如果所要注册的作品不是一个连续视听作品的一个剧集或部分，中国标准视听作品号中的剧集字符部分使用 4 个 0 填充。例如，“ISAN 2B1A-FF17-3E20-0000-3”。

为了避免可能出现的重复，任何一个分配给连续视听作品的剧集或者部分的中国标准视听作品号中代表剧集部分的代码都不应该是 4 个 0（0000）。例如，“ISAN 0123-1230-3210-2310-1”。

中国标准视听作品号是一个不表示其他更多含义的号码。除了两个组成部分外，中国标准视听作品号不再包含任何代码或者有意义的组成部分。

3. 中国标准视听作品号的分配

（1）中国标准视听作品号由中国 ISAN 机构根据注册登记人的申请进行分配。

（2）一个中国标准视听作品号只能分配给一个视听作品，而一个视听作品只能通过分配得到一个中国标准视听作品号。

（3）一个中国标准视听作品号被永久地分配给一个视听作品，并且不能被改变、替换或者重新分配使用。

4. 中国标准视听作品号的显示位置和方式

（1）无论视听作品采用何种格式（数字或模拟）或物理介质（电影胶片或光盘），中国标准视听作品号都要永久性地嵌入或者贴附到视听作品中。视听作品的制作应从技术上保证这一点是可行的。中国标准视听作品号与数字内容关联公示数据库由中国 ISAN 机构进行维护。

（2）视听作品的文献、宣传和包装均应包含中国标准视听作品号。

（3）当中国标准视听作品号被打印或者以其他人工可读形式显示（如在标签、物理载体、技术文档上等）时，应先显示中国标准视听作品号的 16 位字符，而且在其后面附加准确的校验码。

（4）作为一种准确抄录人工可读形式的中国标准视听作品号的辅助措施，一个中国标准视听作品号应该以四组字符附加一个校验码的形式呈现。其中每组由四个十六进制字符组成，同时，每一组字符和校验码之间要用连字符或空格隔开。分组所产生的字符组合不具有任何内在的含义。例如，“ISAN 1881 66C7 3420 6541 9”或“ISAN 1881-66C7-3420-6541-9”。

（5）当以人工可读格式出现时，中国标准视听作品号中的字符 A～F 及其校验码中出现的字符 A～Z 应以大写形式显示。当使用机器进行处理时，大小写应视为等同。

（6）如果一个视听作品已经具有了特定格式的产品编码（如 ISBN 号或 UPC 编码等），那么该作品的中国标准视听作品号应在其外包装上紧邻其他编码的下方位置，以明显区别于其他编码的方式出现。

5. ISAN 的应用

随着数字技术的发展，世界范围内视听作品的需求和生产增长迅速，网络视听作为新传媒形式日益流行和发展。作为视听作品的唯一的永久性标识符，ISAN 的适用范围广泛，涵盖了电影、纪录片、电视剧、动画片、教育培训视听作品、广播、游戏、广告、宣传片等多种视听作品；它不受出版情况的限制，可以在视听作品的计划、生产、发行及消费生命周期全过程永久使用。

ISAN 可以帮助权利所有者分配专用权使用费；跟踪视听作品的使用状况、进行信息检索和反盗版。例如，通过检验题名注册情况，能够提供视听作品的版本依据。

ISAN 的使用，可以有效提升视听作品产业链效率，使视听作品得到更广泛的使用，有利于规范视听产业市场，尤其是对发展迅速的各类网络视听作品的规范和监控。

2.4.2 ISTC 及其在中国

ISTC 是国际标准文本编码（International Standard Text Code，ISTC）的英文缩略语，是对文本作品进行唯一的、国际标识的数字系统。

1. ISTC 的起源及发展

ISO 21047:2005 信息与文献——国际标准文本编码（ISTC）是国际标准化组织 ISO/TC46/SC9 制定的一项国际标准，旨在为文本作品进行编码，作为标识符在国际间唯一、永久地识别文本作品。

ISTC 贯彻了国际图联组织专家起草的《书目记录的功能需求》（Functional Requirements for Bibliographic Records，FRBR）的理念，旨在建立全球文本作品的编码标识系统，通过该系统可以唯一识别每一部文本作品。国际标准化组织授权国际 ISTC 机构（Registration Authority）负责国际标准文本编码注册等事务的管理。

国际 ISTC 机构正式成立于 2008 年。机构的创始成员有鲍克公司（Bowker）、尼尔森公司（Nielsen）、国际作者和作曲家协会联合会（International Confederation of Societies of Authors and Composers，CISAC）及国际复制权组织联盟（International Federation of Reproduction Rights Organizations，IFRRO）。

ISTC 标识的文本作品为无形创作，不用于识别文本作品的载体表现。对文本作品载体表现的标识应分别使用 ISBN 和 ISSN 等编码系统。ISTC 和其他无形创作，如音乐作品、视听作品等，关系密切，相关的标识可遵循 ISAN 和 ISWC 等编码系统。

2. ISTC 在我国的情况

中国标准文本编码是国际标准文本编码系统的组成部分。

国家标准 GB/T 23732—2009《中国标准文本编码》在修改采用 ISO/FDIS 21047:2005 的基础上完成，由全国信息与文献标准化技术委员会归口并负责组织制订。该标准 2009 年 5 月 6 日发布，2009 年 11 月 1 日正式实施。

目前，由文化部文化市场发展中心、中国版权协会、中国标准化协会等共同发起成立的北京创源编码研究院[1]已正式与国际标准化组织授权的国际标准管理机构（International ISTC Agency Limited）签约，成为国际标准中规定的区域性代理机构（也就是我国国家标准中规定的“中国 ISTC 机构”），统一负责中国境内文字作品国际标准编码的注册业务。

3. 中国标准文本编码的构成

中国标准文本编码由标识符“ISTC”和 16 位数字字母混合字符组成，数字使用 0～9，字母使用 A～F。其中 16 位数字字母混合字符划分为以下四个部分。

（1）注册机构标识：中国标准文本编码的第一部分是注册机构标识，由 3 位十六进制数组成，表示中国标准文本编码的注册机构。

（2）年份：中国标准文本编码的第二部分是年份，由 4 位十六进制数组成，表示分配中国标准文本编码的年份。

（3）作品序号：中国标准文本编码的第三部分是作品序号，由 8 位十六进制数组成，统一由中国 ISTC 机构负责分配。

（4）校验码：中国标准文本编码的第四个部分是校验码，按照 GB/T 17710 中定义的 MOD 16-3 的方法执行。

在书写或印刷中国标准文本编码时，必须将标识符“ISTC”置于编码前，为便于准确抄写，应该用连字符或空格隔开每个部分。例如，“ISTC 0A9 2002 12B4105

[1] http://www.ccr-china.org.

7”、“ISTC 0A9-2002-12B4105-7”。

4. 中国标准文本编码的分配

国家标准 GB/T 23723 有关中国标准文本编码（ISTC）的规定如下：

（1）中国 ISTC 机构根据作品的作者、创作者（对文本作品的创作负责的个人或组织），或任何被授权代表创作者的个人或组织的要求给文本作品分配中国标准文本编码。注册者应当按照中国 ISTC 机构的要求提交身份号码，以备查验。注册者是自然人的，按照 GB11643 规定提交公民身份号码。注册者是组织机构的，按照 GB11714 规定提交组织机构代码。对无法确定创作者或创作者授权代理的作品，由中国 ISTC 机构按国家相关规定分配中国标准文本编码。

（2）相同的中国标准文本编码只能分配给一部文本作品。

（3）同一部文本作品的中国标准文本编码不能超过一个。

（4）注册者应提供符合中国 ISTC 机构规定的关于所注册文本作品的元数据。

（5）一个符合中国标准文本编码资格的文本作品可包括任何清楚的由词语组合构成的特定、抽象的实体名称，对这些词语的描述要满足中国标准文本编码元数据的要求。为了能被赋予中国标准文本编码，在注册文本作品时，上报的元数据中至少应包括一个属于该文本作品的、并可区别于其他任何已被赋予中国标准文本编码文本作品的要素。如果两个实体共享同一条元数据，则它们将被视为是同样的文本作品，并具有相同的中国标准文本编码。

（6）中国标准文本编码可以随时分配给一部文本作品，包括在本标准实施之前就已存在的作品也可以回溯性地为其分配中国标准文本编码。

（7）任何文本作品的衍生品，只要依据中国标准文本编码元数据，能够将它与其所参照的文本作品区别开来，就可以被赋予中国标准文本编码。

（8）中国标准文本编码一经分配，不得被其他任何文本作品重复使用，即使最终发现所分配的编码有误也不得变更。

5. ISTC 的应用

ISTC 适用于所有虚拟文本对象，它不用于基于文本作品所形成的各种载体形式。例如，一个作家新创作了一部小说，在该小说进入商业发布前，他就可以申请注册 ISTC，通过这个在国际范围内唯一的、始终不变的编码标识，使该小说的身份在世界范围内得到承认，无论这部小说以后将以何种形式发表或出版。比如，当小说正式出版时，出版单位将为这部小说的印刷本图书分配国际标准书号（ISBN）。文本作品的衍生品可根据不同情况纳入不同的标识系统。例如，一位作家创作了一首歌词，他可以申请国际标准文本作品编码（ISTC）；歌词被谱曲后，可以申请国际标准音乐作品编码（ISWC）；该歌曲的演唱录音制品，可被分配国际标准音像制品编码（ISRC）；该歌曲的演唱被制作成 MTV 后，还可申请国际标准视听作品编码（ISAN）。

在网络化时代，文本供应链数字化的程度不断提高。无论文本作品最终采用何种载体形式发布、发表、出版或发行，都需要在其转变为具体的载体形式之前就给予其一个国际范围内唯一的、始终不变的编码标识。ISTC 可以广泛应用于文本作品的身份辨别，在信息检索、信息交换、信息管理以及权属管理等领域，为文本作品的创建者、授权代理机构等提供可以在商业交易中有效管理文本作品有关信息的手段。

虽然 ISTC 是由作者或其授权代理机构自愿采用的编码识别系统，国际上也没有提出强制性的应用要求，但 ISTC 作为一个标准化的工具，将为作者、代理人、出版者、零售商、收藏团体、图书馆、新闻媒体以及各类文学社团之间的信息交流提供便利，并减少数据在交换时的错误和重复，提高对文本作品的使用和管理效率。随着社会各方面对其规范管理作用认识的逐步加深，它的使用和推广也会进一步加强。

2.4.3 ISWC 及其在中国

ISWC 是国际标准音乐作品编码（International Standard Musical Work Code）的缩写，是用于音乐作品标识的唯一、永久和国际性的编码系统。它只对作品进行标识，而不对作品的表现形式、载体等（如出版物）进行标识，也不标识唱片、活页乐谱和与演奏有关的其他形式。

1. ISWC 的起源及发展

ISO 15707:2001 信息与文献——国际标准音乐作品编码（ISWC）是国际标准化组织 ISO/TC46 制定的一项国际标准，为音乐作品进行编码，作为标识符在国际间唯一、永久地识别音乐作品。

ISWC 标识的音乐作品为无形创作，不用于识别音乐作品的表现形式或其载体形态，对音乐作品表现形式或其载体形态的标识应分别使用 ISRC、ISMN、ISAN 等编码系统。

中国标准音乐作品编码是国际标准音乐作品编码系统的组成部分，2009 年我国发布实施了国家标准 GB/T 23733—2009《中国标准音乐作品编码》。

中国标准音乐作品编码旨在使中国的原创音乐作品在世界范围内获得更有效的管理。中国标准音乐作品编码提供了一种在计算机数据库及相关文献中识别音乐作品的有效方法，是政府部门建设全国文化市场监控平台的重要技术条件，并有助于版权协会、出版商、录制公司和其他相关团体之间进行国际层面的信息交流。

2. 中国标准音乐作品编码的构成

中国标准音乐作品编码由标识符“ISWC”和编码本体构成。编码本体由一个前缀元素后跟九位数字再加上一个校验码三部分组成：

（1）前缀元素（一位字母）；中国标准音乐作品编码的第一个元素应为字母“T”。如有必要，国际ISWC机构可以另行推出一个字母取代“T”，以扩展ISWC体系的容纳范围。

（2）作品识别码（九位数字）；中国标准音乐作品编码的第二个元素应是作品识别码。作品识别码是一个九位的数字编码，取值范围在000000001～999999999之间。中国标准音乐作品编码的作品识别码统一由中国ISWC机构负责编制。

（3）校验码（一位数字）。中国标准音乐作品编码的第三个元素是校验符。中国标准音乐作品编码的校验码是采用模数10加权算法计算得出。

书写或印刷表达中国标准音乐作品编码时，标识符“ISWC”应置于编码本体的前方。为方便阅读，采用连字符和下圆点分隔各段。例如，“ISWC T-034.524.680-1”。

中国ISWC机构是国际标准ISO 15707规定的ISWC区域性注册机构，执行GB/T 23733的规定，统一负责中国境内ISWC编码的注册、管理和维护。

3. 中国标准音乐作品编码的对象

中国标准音乐作品编码可以用于任何已出版、未出版、新创作或原已问世的音乐作品，不论其版权状况如何。

凡进行改编、节选或合成的音乐作品，都应采用与原作品不同的中国标准音乐作品编码，以示区别。

（1）作品改编的例子。

- 改变音乐作品内容，微小改动除外；
- 改编音乐作品为一种新的表现形式（如巴赫的钢琴创意曲改编为室内交响乐）；
- 音乐作品文字内容的翻译版。

（2）作品节选的例子。

- 一部音乐作品的几个乐章或主要选段已经可以脱离主体以其特有的名称被人们所知（如“欢乐颂”是贝多芬第九交响曲的最后一个乐章）；
- 任何的节选作品，哪怕不知道其节选类型，它都被认定源自一个比它大的作品。

（3）作品合成的例子。

- 在已有作品或其节选作品基础上集成的系列曲目；
- 含有已问世作品内容成分的作品，例如，一首旧歌新唱，采用说唱歌词代替原作品中的旋律节奏。

4. 中国标准音乐作品编码的分配

（1）中国ISWC机构根据音乐作品当前主创人员（如作曲者、编剧或乐曲改编者）、代理机构或版权中介组织等的申请为该作品分配中国标准音乐作品编码。

申请者应当提交身份号码以备查验。申请者是自然人的，按照 GB/11643 规定提交公民身份号码。申请者是组织机构的，按照 GB/11714 规定提交组织机构代码。

（2）一部与境外合作的作品，主创人员分别来自不同的 ISWC 机构管辖区域，在中国境内提出中国标准音乐作品编码申请，在能够确定该作品尚未被境外其他 ISWC 机构分配 ISWC 时，中国 ISWC 机构可以给该作品分配中国标准音乐作品编码。

（3）对于作品享誉全球的创作者，中国 ISWC 机构可根据国际 ISWC 机构的指定，为其音乐作品分配中国标准音乐作品编码。

（4）在一部作品被分配中国标准音乐作品编码后，中国 ISWC 机构应立刻将该中国标准音乐作品编码登记注册信息连同其背景信息及时通告相关各方。

（5）不得把同一个中国标准音乐作品编码分配给不同的音乐作品。

（6）如果无意间为一部音乐作品分配了多个中国标准音乐作品编码，则每个中国标准音乐作品编码都要保留下来，不得将其分配给其他的音乐作品。

（7）一个中国标准音乐作品编码一旦被分配，即便是错了，也不能再把它分配给另一个音乐作品。

2.5 DOI 及其在中国

2.5.1 DOI 的起源及发展

DOI 是数字对象标识符（Digital Object Identifier）的缩写，是数字化环境下内容资源唯一和永久的标识符。

1. DOI 系统的起源

随着网络技术的发展和网络应用的普及，数字资源的地位越来越重要，并出现了许多大的电子期刊出版商和信息提供商，国外主要有：Springer、Elsevier Science、Kluwer、John Wiley & Sons. Inc、Academic Press 等。国内有万方数据、清华同方、四川维普、超星图书、方正图书、科技出版单位等。对互联网上数字资源进行标识的传统方式是采用 URL，用户点击 URL 链接即可访问对应的数字资源。然而 URL 所代表的只是数字资源的物理位置，并不是数字资源本身，仅仅使用 URL 来代表数字对象和链接已经不能适应分布式动态环境的要求，迫切需要新的标识方案。

DOI 系统（The Digital Object Identifier System，DOIs）是由美国出版协会（AAP）提出并建立的一个由 IDF（国际 DOI 基金会）、各个注册机构和 CNRI（DOI

技术支持机构）构成的系统所运行的识别体系。该系统建立的初衷是提出互联网环境下知识产权管理和保护的解决方案。DOIs 为数字化环境下的内容产品提供唯一的和持久的标识符，通过对该内容产品的元数据的解析而提供该内容产品的详细描述，能实现数字环境下的信息交换与互操作。DOI 的编码标识结构还可以兼容其他标识符（如 ISBN、ISSN），增强了数字环境下内容资源的协同性和互操作性。

2000 年，DOI 的编码规则被美国国家标准协会（ANSI）确认为美国国家标准（ANSI/NISO Z39.84-2000）。2005 年 IDF 向 ISO/TC46/SC9 提交新工作提案，拟将 DOIs 申请为国际标准。2012 年 5 月 1 日，ISO 26324 信息与文献——数字对象唯一标识符系统由 ISO 发布，DOI 正式成为 ISO 国际标准。

2. DOI 技术内容及特点

DOI 并不仅仅是一个不重复的字符串，而是一套由名称空间、唯一标识符、命名机构、命名登记系统和解析系统 5 个部分构成的一个完整的标识符体系。

DOI 的编码方案规定，一个 DOI 由两部分组成：前缀和后缀，中间用“/”分割。对前缀与后缀的字符长度没有任何限制，因此理论上，DOI 编码体系的容量是无限的。

DOI 前缀由两部分组成，一个是目录代码，所有 DOI 的目录都是“10.”，即所有 DOI 代码都以“10.”开头。另一个是登记机构代码，任何想登记 DOI 的组织或单位都可以向 IDF 申请登记机构代码。登记机构代码的分配也是非常灵活的，例如，一个出版商可以为其所有的信息资源只申请一个前缀，也可以为其数字图书、音像制品各申请一个前缀。

DOI 后缀是一个在特定前缀下唯一的后缀，由登记机构分配并确保其唯一性。后缀可以是任何字母数字码，其编码方案完全由登记机构自己来规定。后缀可以是一个机器码，或者是一个已有的规范码，如 ISBN 号或 ISSN 号。

DOI 标识具有如下特点[1]：

（1）可操作性（Actionable）。通过使用 Handle System 实现标识的解析，从而达到可操作的目标；

（2）持久性（Persistent）。技术方面使用先进的解析机制，组织方面采用注册机构负责制的形式，由这双方共同保证 DOI 的持久性；

（3）互操作性（Interoperable）。通过使用数据模型提供语义互操作。

3. DOI 应用概况

在信息内容服务行业，DOI 被形象地比喻为互联网上的条形码（Universal

---

[1] Key Facts on Digital Object identifier System [EB/OL]. http://www.doi.org/factsheets/DOIKeyFacts.html.

Product Code，UPC）。传统商品靠 UPC 建立起全球的供应链，数字资源则依靠 DOI 建立起网络上的供应链。DOI 为网上数字资源提供了独一无二的标识，提供了指向数字资源本身的链接，方便了计算机间的互操作并可以实现永久指向、动态维护。

DOI 自问世以来，发展非常迅速。2012 年 10 月，DOI 网站公布的数据[1]表示：

- 目前已有超过 5000 个命名机构使用了 DOI，如出版单位、科学数据中心、电影工作室等；
- 目前已分配了超过 5500 万个 DOI 名称；
- 分配的 DOI 前缀已经超过 21 万个；
- 每月提供的 DOI 解析服务约为 1 亿次；
- 过去及现存的 RA 包括 12 个。

DOI 的使用已经覆盖了美国、欧洲、澳大利亚及一些非英语国家，应用领域也已经扩展到政府部门。目前国外 Elsevier、Blackwell、John Wiley、Springer 等大型出版商大多使用 DOI 对数字资源进行标识，形成了比较完整的命名、申请、注册、变更等管理机制，DOI 的解析系统发展也比较成熟。在此基础上，一些生产商相继推出各种与 DOI 相关的增值服务。例如，CrossRef Search 结合 Google 检索技术与 DOI 系统的定位服务，实现了 CrossRef Search 检索结果到数字资源全文之间持久、有效的链接。

2.5.2 DOI 在我国的情况

1. 中文 DOI 注册中心的建立

2007 年初，中国科学技术信息研究所和北京万方数据股份有限公司联合申请并取得了中文领域的 DOI 注册与管理权，成为 IDF 授权的中国 DOI 注册机构，并于 2007 年 7 月开始正式运行中文 DOI 服务[2]。

中文 DOI 的目标与任务是通过与国内外相关机构的合作，在中文数字资源领域推广 DOI 标准，从而使读者及其他用户能够通过 DOI 系统可靠地访问数字资源。

中文 DOI 不仅仅提供基本的 DOI 注册与解析服务，而且还通过建设一个 DOI 中文门户网站与服务平台，提供各类用户需要的、有利于 DOI 广泛应用的各种增值服务。同时，中文 DOI 还会建立出版、科研、信息服务等各界共同参与的社区，

[1] Key Facts on Digital Object identifier System [EB/OL]. http://www.doi.org/factsheets/DOIKeyFacts.html.

[2] 中文 DOI 的起源 [EB/OL]. http://www.doi.org.cn.

促进中文 DOI 的参与机构方便地实现联合与共享，实现中文数字资源的相互链接。通过 DOI 国际标准，中文 DOI 还将促进中文数字资源与西文数字资源的链接与共享。

2. 中文 DOI 的构成及示例

DOI 编码由两部分部件组成：前缀与后缀，并用斜线号（/）分开，如图 2-7 所示。所有的中文 DOI 前缀以“10.”开头，以区别于其他使用 Handle System（http://www.handle.net/）的标识符应用（前缀以四位以上数字开头）。DOI 后缀由出版机构自行分配，但必须保证在同一前缀范围内的每一个后缀具有唯一性。

图 2-7 DOI 编码的组成

中文 DOI 目前能够为以下内容项注册 DOI 号

（1）期刊内容项：包括期刊名称、卷、期和文章。期刊文章必须有 DOI 号，但期刊名称、卷、期的 DOI 号是可选的。

（2）电子书内容项：包括电子书、章节和条目，注册的电子书必须有 DOI 号，但其章节或条目的 DOI 号是可选的。

（3）科学数据内容项：包括数据库、数据集。数据集必须有 DOI 号，但数据库的 DOI 号是可选的。

中文 DOI 正在努力扩展 DOI 注册的内容种类，以使其涵盖会议论文、学位论文等多种类型的资源。

中文 DOI 编码示例见表 2-4。

表 2-4 中文 DOI 编码示例[1]

期刊论文	10.3772/j.issn.1673-2286.2009.12.002	内容类别后接期刊的 ISSN、出版年、期、流水号
	10.3870/YXYSH.2008.07.001	刊名描述符后接出版的年、期、流水号
	10.3969/mpb.007.000028	刊名描述符后接卷号与页码
图书内容	10.3868/b.isbn.978-7-04-017267-6	内容类别后接图书的 ISBN 号
	10.3868/b.isbn.978-7-04-017267-6.c03	内容类别后接图书的 ISBN 号、章节号
科学数据	10.3416/db.ninr.11	内容类别后接数据库出版机构描述符、数据库代码
	10.3416/db.ninr.1145C0002000000278	内容类别后接数据库出版机构描述符、数据集代码

[1] DOI 编码信息与指南（版本 1.2.0）[EB/OL]. http://www.doi.org.cn.

续表

<table>
<tr><td rowspan="4">部件</td><td>10.3321/j.issn:1000-1093.2007.01.016.t01</td><td>母 DOI 编码（期刊论文）为“10.3321/j.issn:1000-1093.2007.01.016”，DOI 编码是论文中的一个表格</td></tr>
<tr><td>10.3321/j.issn:1000-1093.2007.01.023.f03</td><td>母 DOI 编码（期刊论文）为“10.3321/j.issn:1000-1093.2007.01.016”，DOI 编码是论文中的一幅图片</td></tr>
<tr><td>10.3416/db.ninr.1111C0001000004004.p</td><td>母 DOI 编码为“10.3416/db.ninr.1111C0001000004004”，DOI 编码是数据集中的一个表格</td></tr>
<tr><td>10.3416/db.ninr.1145C0002000000278.2</td><td>母 DOI 编码为“10.3416/db.ninr.1145C0002000000278”，DOI 编码是数据集中的一幅图片</td></tr>
</table>

3. 中文 DOI 系统服务的优点

（1）提供电子期刊引文与原文的链接。

中文 DOI 系统本身并不提供论文的全文或文摘，它为会员之间提供一个由参考引文与其全文或文摘所在的电子资源网址的链接平台，进而通过该链接获取论文的文摘或全文，方便地实现跨数据库之间的交叉检索。

（2）准确定位网络信息资源。

定位的不稳定往往会使相互间的网络链接中断，如把代表电子期刊论文链接的 URL 进行组织管理后，由于该论文的 URL 变动而导致链接失败，用户难以找到准确的信息。针对这种情况，中文 DOI 是如此处理的：会员在中文 DOI 的元数据库 MDDB 中的 DOI 目录中更改该论文的 URL 即可，一旦出版商改变了论文的 URL 后，只要在中心的 DOI 目录中进行更新，每一个与之相关的 DOI 就会自动更新。而成员出版商和会员单位可随时得到最新版本的 MDDB 副本，以实现更新链接，从而保证了数据在网上的固定性。

（3）一站式服务。

一般来说，人们检索文摘索引等二次文献时，自然希望能直接从文摘索引链接到相应论文全文，而当阅读论文时则希望能直接从参考文献链接到相应的文章全文。由于中文 DOI 系统的服务对象不局限于学术出版商，还包括出版商、数据库供应商、二次文献数据库商、文摘索引供应商及学会、图书馆等，这在很大程度上解决了用户通过二次文献获取全文文献的难题。这样，中文 DOI 的索引机制就将一次文献、二次文献及其他事实型文献整合在一起，将学术期刊、会议录、技术报告、百科全书、教材等各种来源的学术信息，根据内容相关性整合在一起，从而为研究人员提供了从“检索”到“获取”的一站式服务。

（4）著作权保护功能。

由于中文 DOI 的元数据库 MDDB 并不储存文件的原文，只提供一个获取论文原文的链接，这样，就可以避免随意下载的现象，从而保护了论文著者的版权。另外，中文 DOI 系统还提供多重解析等功能，允许图书馆和其他信息服务机构为读者创建预定的链接，从而为读者提供适当的资源，并有效地解决合理的版权问题。通过本地链接，能够确保既定用户不能直接通过对外付费获得所在机构已经收藏的论文，而只能通过向机构预约电子版或者印刷版来获得。

4. DOI 在中国的发展前景

张旭[1]认为，我国的数字出版业刚刚起步，数字出版商开始逐步规范化和国际化，并开始关注版权问题，在这种背景下，只要解决好成本和机制等问题，DOI在我国会有良好的发展前景。

（1）中文 DOI 得到广泛应用。

每个具有引用价值的、具有知识产权的中文数字对象都具有世界唯一的、被公众所认可的数字对象标识。该标识的普及将实现数字对象之间的跨平台链接，中文信息资源将结成分布式的一体。由于数字标识跨越了数字对象生命周期的不同阶段，因此得到广泛的应用。

（2）DOI 标识的资源不断多样化。

从科技期刊发展到图书、学位论文、电子书、科学数据、医学案例、视频资料等。事实上，德国国家科技图书馆 TIB 已经对医学案例和科技短片进行了标识。另外，欧洲的标准制定机构也开始利用 DOI 实现标准与科技文献的链接。可以说，在标识的类别上，DOI 标准的可扩展性决定了其无限的延展空间。

（3）DOI 应用与版权结合。

DOI 在版权方面的应用具有巨大的潜力。目前，IDF 正积极参与数字版权相关标准的制定工作，力争使 DOI 成为版权许可技术标准的内嵌标准，如 ONIX-PL 标准和 ACAP 标准。通过对数字对象的标识，可以实现对数字对象版权状态的持续追踪。

可以说，中文 DOI 在我国有着巨大的成长空间和应用价值。实现中文 DOI 的广泛应用是中文科技信息互联互通，并与国际接轨的基础。相关出版单位、信息服务企业、中间服务商和图书馆要联合起来，共同推进中文 DOI 的发展。

龙健[2]等指出，根据 IDF 的 DOI 研究开发和应用经验，参考其他国家的做法，我国在 DOI 的研究开发和应用方面宜采取以下策略。

（1）加紧进行我国自己的 DOI 系统和技术标准的研究开发工作。在研究和建立上述系统和标准的过程中，充分吸收和借鉴国际上先进的经验和模式。特别是在管理运营模式设计上，一定要做好选择和比较。

（2）在技术方面，一定要研发出自己的技术和系统。这不仅是关系到“专利陷阱”的问题，更是一个关系到我国自己的信息资源安全控制和保障的问题。要

[1] 张旭．建立中文 DOI 系统的意义和发展前景．前沿探索［J］，2007（10）：3-4．

[2] 龙健，赖茂生．DOI 的兴起与我国的对策．情报杂志［J］，2009（12）：159-161，166．

重视技术标准的研究和制定工作，使我国 DOI 技术与国际标准相兼容。

（3）允许国内有关机构继续利用或引进国外的 DOI 系统，建立一种竞争机制，促进我国自身的系统和管理机制的不断进步和完善。

（4）不论是自建的系统，还是引进的系统，都应当提倡方便公众、有利于信息资源传播利用的原则。可以借鉴 DOI 的开放式链接应用平台模式，首先在我国的出版界建立起一个资源动态持久链接、内容实时更新、操作互动开放的协作式书刊资源统一标识、链接、查询和管理平台，有效整合全国出版界的书刊信息资源，消除信息孤岛，然后再逐步扩展到其他的信息资源生产行业和机构。

第 3 章
Chapter 3

图书在版编目数据

图书在版编目（Cataloguing In Publication，CIP），是指在图书出版过程中编制有限的书目数据的工作[1]。对于出版单位来说，图书在版编目联通了图书馆的购书市场；对于图书馆来说，图书在版编目有助于图书馆更有针对性地选择用户团体感兴趣的书籍。

[1] GB/T 12451—2001 图书在版编目数据［S］. 北京：中国标准出版社，2001.

3.1 CIP的起源与发展

3.1.1 CIP含义的理解

图书在版编目的具体过程是：在图书编辑出版过程中，由出版单位填写一张包含各项编目元素的表格，连同该书的全份校样，或该书的书名页、前言、内容简介等样张，由集中或分散的编目机构，依据一定的标准、规则或条例，将标识该书的规范化书目信息提供给出版部门，以便将此书的书目数据排印在该书的书名页的背面，供图书馆、出版单位、图书发行部门在编目时选用，并可同时为各类文献工作部门及用户，包括书店、图书馆、信息部门、书目工作人员和读者利用[1]。

关于图书在版编目的概念理解，概括起来有以下几点[2]：

（1）图书在版编目所依据的是出版过程中的校样，此时仍处于图书的出版过程之中，即图书尚未完成印刷和装订。因为是在出版过程中进行的编目，因此称为“在版”编目。

（2）虽然图书在版编目是在出版过程中编制，但并不是只由出版单位来进行编目，这项工作一般是由集中的或分散的编目机构在出版单位提供的信息基础上，依据一定的编目标准编制出正式的书目数据，并在出版时印在图书上，以便将图书与其自身的书目数据一起提供给用户。

（3）通过图书在版编目，不仅可以在图书出版之前和出版之后形成多种多样的报道性、检索性、商业性的目录，还可以通过计算机和通信网络建立多家联合的书目数据库，具有多方面的效益。

（4）图书在版编目的社会需求是与图书文献的社会传播与管理密切联系在一起的。

（5）图书在版编目的实行使编目工作走上标准化、规范化的轨道，并为出版、发行和图书馆等业务部门实现书目信息的自动化管理、书目信息的交换与资源共享奠定良好的基础。

3.1.2 图书在版编目的起源

图书在版编目的倡议最早是由美国哈佛大学的图书馆学家和历史学家Justin

［1，2］彭斐章．目录学教程［M］．北京：高等教育出版社，2004．

Winsor 于 1876 年提出的。他说："出版商应该在他们出版的书中随附一张统一尺寸的活页，上面印制有关书名等各项内容的书目资料，这样做有利于编者们、图书馆和售书商们进行登记，给他们的工作带来极大方便。"[1] 后来，印度著名的图书馆学家阮冈纳赞（Shiyali. Ramamrita. Ranganathan）提出了出版前编目的设想，主张将目录款目放在正在出版的每本书里，即在印刷图书时，在书上加印编目的著录项目和图书分类号。图书馆界之所以要求这么做，是因为图书馆买到新书后，要根据图书的主题内容和外部特征进行著录和主题分类（统称编目）。图书馆按照编目标准将图书的各项数据制成可以提供检索的目录卡片后，新书才能出借。这个过程比较长，新书往往因此而变成了旧书，而且还要花费大量的人力物力。因此，无论是图书馆还是读者，都迫切希望改变这一状况，提出最好在图书出版之前，由出版者将编目数据直接印在书上。这样，图书馆买到新书后，即可将书上的编目数据复印成卡片或目录，使新书及时上架，较快地为读者提供借阅[2]。在 CIP 思想刚提出来的最初几年，曾有过一些尝试，但在 19 世纪 80 年代初就都停止了。

在 20 世纪的前半个世纪，从 1901 年国会图书馆开始提供书目卡片服务以来，人们提出了多种方案，建议在出版物上印刷图书卡片的内容。开展 CIP 试验的国家还包括加拿大（1913 年）、巴西（20 世纪 60 年代）和澳大利亚（1945—1950 年）。在这些初期的试验中，最成功的当属 1958—1959 年由美国国会图书馆开展的"书源编目"（Cataloguing in Source，CIS），其具体做法是出版单位将正在出版的图书校样送国会图书馆，由国会图书馆按图书校样进行集中编目，然后把编目数据交给出版商并将其印到图书的版权页上，图书馆购书后再将目录数据复印在卡片上，以检验出版前编目的可能性。但后来该项目由于资金问题及发展方向不明等原因而失败[3]。

虽然书源编目实施的时间较短，但它对后来的在版编目产生了重大的影响。受书源编目的启发，从 1963 年开始，澳大利亚图书馆界与书商协会开始了为期 4 年的图书在版编目的合作，为 3000 余种图书编印了在版编目数据[4]。美国和澳大利亚的多年试验，为以后各国正式实施在版编目积累了难得的经验，奠定了坚实的基础。

[1] 彭斐章．目录学教程［M］．北京：高等教育出版社，2004．

[2] 荣翠琴．图书在版编目数据规范化的管理与措施．成都航空职业技术学院学报，2010（3）：90-92．

[3] Dorothy Anderson．Guidelines for cataloguing-in-publication．Paris：UNESCO，1986．

[4] 苏广利．论中国图书在版编目工作［J］．图书馆学研究，2000（4）：70-74．

3.1.3 图书在版编目在国外的发展[1]

自20世纪70年代以来，全球范围内信息领域包括编目领域的合作快速增长，为图书在版编目的发展创造了很好的条件。为了更好地利用信息技术并最大可能地利用各种信息资源，图书馆界与出版界的合作越来越多，而在CIP领域双方可以达到合作共赢。

1971年6月20日，美国出版商和美国国会图书馆正式合作实施图书在版编目。在版编目的重点是对那些最可能为美国图书馆所广泛购进的图书进行在版编目，在版编目的图书中较多涉及的主题包括社会学、经济学、文学、科学、医学、历史、宗教和技术。国会图书馆的目标是，在收到出版单位样书的10天内完成在版编目工作。通常他们只需要8天就能完成，从而满足了出版单位希望尽快出书的要求。在版编目的项目包括完整的叙述性著录、图书的主题分析、杜威十进法的分类号和国会图书馆的卡片目录号。

1971年，苏联出版的所有图书全部印有在版编目数据，其CIP采用分散处理方式，即图书馆编目员在出版单位中完成CIP数据，并将其报送全苏出版物登记局。列宁图书馆则以参与制定著录标准、发行编目手册、组织研讨会等形式进行技术指导。

1972年澳大利亚恢复CIP工作，西德、英国、加拿大、墨西哥、法国等国1974—1975年也都开展了这项工作。从此以后，图书在版编目工作在全世界范围内开展起来，如今联合国教科文组织已把在版编目列为国际书目控制（UBC）中的一项重要内容。随着图书馆事业的发展，美、澳、加、英等国的在版编目已和机读目录结合在一起。

3.1.4 图书在版编目国际标准

为推广应用图书在版编目，国际图联（International Federation of Library Associations and Institutions，IFLA）和联合国教科文组织（United Nations Educational，Scientific and Cultural Organication，UNESCO）于1982年8月在渥太华举行了国际在版编目大会（International CIP Meeting），讨论解决各国CIP著录项目不同的问题，建议采用标准格式。1983年出版了《国际在版编目会议录》（*Proceedings of the International CIP Meeting*）。1986年出版了《在版编目准则》（*Guidelines for CIP*）和《在版编目推荐标准：在版编目数据表和图书在版编目记录》（*Recommended Standards for cataloging-in-publication:the CIP data sheet and the*

[1] 彭斐章. 目录学教程［M］. 北京：高等教育出版社，2004.

CIP record in the book）。

1987 年国际标准化组织提出图书书名页标准的修订稿时，就明确纳入了图书在版编目的内容。此时，向各国提出的实施图书在版编目的规范性指导文件已经齐备，包括《国际 CIP 纪录推荐格式》、《国际 CIP 纪录的印刷格式》和《CIP 数据工作单的推荐格式》。1987 年 6 月，国际标准化组织公布了新的图书书名页国际标准（ISO 1086-87），详细规定了 CIP 的内容、格式及印刷的位置。这就是图书在版编目标准化的最初发展。

3.1.5 中国图书在版编目的发展历程

1. CIP 概念的引入与初期实践[1]

我国国内对图书在版编目的研究起步于 20 世纪 70 年代。70 年代初，中国科学院研究员阎立中首次将“CIP”一词引入国内并译为“在版编目”[2]，在我国图书馆界产生了极大的反响。

1985 年 4 月，中共中央宣传部出版局邀请出版界、图书馆界的有关人士，研讨在我国实施图书在版编目的问题，提出具体实施的可行办法大体上有：全国成立一个专门机构，统一负责图书 CIP 的工作；实行集中管理、分省包干的做法，各省设立相应机构负责本地区出版物的 CIP；每个出版单位自行负责其出版的图书 CIP。1986 年，北京图书馆与书目文献出版社、北京大学图书馆与北京大学出版社分别进行了图书 CIP 试验，出版了一批载有 CIP 数据的出版物，同时，还开展了一系列的调研工作。

1986 年 11 月，国家出版局和国家标准局联合召开了“实行图书在版编目工作计划方案讨论会”，研究了各方面的主、客观条件和可能承担的责任。会议提出图书在版编目应由国家出版局、国家标准局、文化部图书馆局、国家教委教材与图书情报管理办公室、中国科学院图书情报出版委员会 5 家单位共同组建图书在版编目领导小组，由国家出版局牵头，统一领导和组织这项工作。

1987 年，青海省图书馆学会与青海人民出版社联合成立了“青海省图书在版编目试验小组”，制定了《青海省图书在版编目工作条例试行草案》，并在 1987 年开展省版图书 CIP 的试验。

2. CIP 标准的研制

1987 年 7 月，新闻出版署等 5 家单位联合举行 CIP 领导小组成立会议，确定

[1] 苏广利．论中国图书在版编目工作［J］．图书馆学研究，2000（4）：70-74.

[2] 阎立中．图书在版编目——目录著录工作标准化的一项重要措施［J］．图书馆工作．1979（4）.

领导小组的主要任务是负责协调工作和提出 CIP 标准，决定由国家图书馆、人民出版社等单位起草《图书在版编目数据》与《图书书名页》国家标准。

1987 年 8 月，图书在版编目标准起草小组成立。小组用了 2 个多月的时间翻译了国际图书在版编目的有关标准和文件，并做了有关研究。起草小组于 1987 年 10 月举行工作会议，确定了中国 CIP 标准的起草原则：①根据中国国情，现阶段 CIP 工作的对象首先是图书；②该标准作为中国图书 CIP 实施的技术依据；③CIP 标准的制定要遵从 UNESCO 和 IFLA1982 年联合召开的国际 CIP 会议所提出的原则要求。

1990 年，国家标准 GB12450—1990《图书书名页》和 GB12451—1990《图书在版编目数据》发布，该两项标准自 1991 年 3 月 1 日起正式实施。

3. CIP 标准的修订

2001 年 12 月 19 日，修订后的 GB/T12451—2001《图书在版编目数据》正式发布，修订后的标准于 2002 年 8 月 1 日起实施。

2002 年 4 月 16 日，国家新闻出版总署发出《关于实施<中国标准书号>等 5 项国家标准的通知》（新出印（2002）443 号文件），要求各有关单位遵照执行。所指 5 项标准为《中国标准书号》、《图书书名页》、《图书在版编目数据》、《中国连续出版物号》、《中国标准书号条码》。

2001 年修订版调整了部分术语及其定义，撤销了 1990 版标准的第 6 章“图书在版编目数据的文字”和第 8 章“图书在版编目数据的详细型和简略型”，修改了部分条文的措辞。2001 版中对印刷格式的规定也做了调整。

4. CIP 标准的实施

1989 年 11 月 6 日，新闻出版署召开了图书 CIP 数据实施工作会议。准备在新华书店总店成立 CIP 征订中心，把 CIP 数据征集工作和图书征订工作结合起来。CIP 领导小组于 1990 年安排了“CIP 项目软件”课题，1990 年底 CIP 软件设计成功，除同时可产生机读版与印刷版两种版本外，还可产生 CIP 数据的印刷格式（返回出版单位作图书出版用）和报订目录（发至基层书店作订书用）。以计算机及相应的软件技术支持 CIP 的实现，为 CIP 的实施创造了条件，并有较好的经济、社会效益。

1992 年 11 月，新闻出版署组织北京地区 41 家出版单位进行试点，并于 1992 年 12 月发出通知，要求试点出版单位从 1993 年 2 月 1 日先行实施图书在版编目，然后向全国推广。同时新闻出版署委托中国版本图书馆举办了首期图书在版编目业务培训班，并且决定由新闻出版署信息中心及中国版本图书馆负责实施图书在版编目的组织管理工作。1993 年 3 月，新闻出版署决定将上海、天津、广东、辽宁、湖北等省市的出版单位作为外地推行图书在版编目的试点。1993 年 12 月，新闻出版署决定从 1994 年 1 月 1 日起，北京地区所有出版单位实施图书在版编目。

自此以后，其他部分省、直辖市、自治区也陆续实施了图书在版编目。

经过多家试点，国家新闻出版总署于1999年3月8日又发出了《关于在全国出版单位实施图书在版编目（CIP）有关问题的通知》，要求自1999年4月1日起，在全国推广实施强制性国家标准《图书在版编目数据》。2005年4月，新闻出版总署办公厅又下发了《关于进一步加强图书在版编目工作的通知》，决定自2005年起“将各出版单位申报CIP数据的情况纳入图书年检的检查范围”。在有关方面的共同努力下，CIP数据的制作经费首次被纳入国家财政预算。目前，全国大多数出版单位已实施CIP，图书在版编目工作健康发展。

3.2 标准主要技术内容

目前我国现行有效的图书在版编目国家标准为：GB/T 12451—2001 图书在版编目数据。本标准规定了图书在版编目数据的内容和选取规则及印刷格式。本标准适用于为在出版过程中的图书编制书目数据。图书在版编目数据内容分为著录数据和检索数据两个部分。

3.2.1 标准中的术语及定义

2001版标准包括4条术语及定义，定义措辞对比前一版进行了调整。

（1）图书在版编目（Cataloguing In Publication）。

在图书出版过程中编制有限的书目数据的工作。

图书在版编目是在图书出版过程中由几方面协作编制的，它不可能，也不必要提供完整的书目数据。因此，2001版中的定义增加了限定词“有限的”。

（2）图书在版编目数据（CIP data）。

在图书出版过程中编制，并印制在图书上的书目数据。

1990版标准定义中包括“印制在图书主书名页背面”一语，2001版标准把它改成了“印制在图书上”。这主要是从实践上看，经常有把图书在版编目数据随版本记录印到书末的现象。为了与国际标准一致，最好还是把图书在版编目数据与版本记录印在文前，即主书名页背面。

（3）主题词检索点（subject access point）。

标引图书内容的主题，并用以检索图书的规范化的词或词组。

（4）分类检索点（classifying access point）。

依据图书分类法，标引图书内容的学科属性或其他特征，并用以检索图书的分类代码。

与1990版相比，2001版标准增加了“依据图书分类法”一语。

3.2.2 著录数据

GB/T 12451—2001图书在版编目数据的著录数据包括6项：书名与作者项、版本项、出版项、丛书项、附注项、标准书号项。

1. 书名与作者项

书名包括正书名、并列书名和其他书名信息。

（1）正书名中除指单纯书名外，还包括交替书名和合订书名。交替书名是同书异名的表现形式，如《西行漫游》(原名《红星照耀中国》)。这类以“原名”、“又名”、“亦名”连接的书名即为交替书名。一种图书由几种著作合订而成，书名页上出现几种书名，彼此并列，没有主次之分，即为合订书名。

（2）一种著作书名页上使用两种或两种以上文字并相互对照时，其中第二种及其以后的书名称为并列书名。但与汉字书名并列的汉语拼音不视为并列书名，翻译图书的书名原文也不视为并列书名。

（3）其他书名信息指解释并从属于正书名或并列书名的副书名及说明书名文字。例如，分卷名、分册名，文学作品的“节本”，教材教辅的“×年级”、“×学期”，汇编的“1978—2005”等。

作者，即责任者，包括第一作者和其他作者。作者对作品的著作方式有很多种[1]。

（1）著：用于独创性作品。

（2）编、辑：将零散资料或单篇作品汇编成书。其中只编排次序而不整理内容的，为“辑”。

（3）编著：兼用“编”和“著”两种形式。

（4）主编：主持编或编著工作群体。

（5）改编：根据原作改编体裁或部分内容。

（6）编写：减缩原作的篇幅。

（7）执笔：在集体创作中执笔写作。

（8）译：把一种文字转写成另一种文字。

（9）编译：兼用“编”和“译”两种方式。

（10）校：校勘，用同一作品的不同版本和有关资料加以比较，考订异同，以确定原文。

---

[1] 傅祚华. 图书书名页标准解说［M］. 北京：中国标准出版社，2007.

（11）注：对原作的内容或文字作解释。

（12）标点：给原来没有标点的文字加标点。

此外还有报告、口述、记录、节录、制定、提出、作曲、作词、绘、摄、书、移植等。著作方式在图书在版编目数据工作单中要分别注明。

2. 版本项

版本项包括版次及其他版本形式、与本版有关的作者。

（1）版次是图书排版的次数，记载图书版本的重要变更。说明作品内容特点的版本说明文字，如“通俗本”、“节本”、“普及本”、“少年版”、“农村版”等均应著录于版本项。图书制版的类型，除通常的铅印、胶印之外的“油印本”、“影印本”、“索引本”等也应著录于版本项。图书印次，无论做第几版，都应从第1版第1次印刷算起。比如第1版印刷3次，那么第2版的首次印数即为第4次印刷。

（2）与本版有关的作者指再版或修订版的审定者、插图者、作序者、修改者等。责任编辑，无论是否在图书上列名，在填写工作单时都应填入“责任编辑”栏。

3. 出版项

出版项包括出版地、出版者及出版时间。

（1）出版地，通常指出版者（出版单位）所在城市。由两个或两个以上出版者联合出版的图书，应分别写明各出版单位的出版地。

（2）出版者，指出版机构或集团，不是指其代表人。

（3）出版时间，习惯上指年、月。

4. 丛书项

丛书是在一个总书名下，汇集多种单本图书成为一套，并以编号或不编号的方式出版的图书。作为一个总体，相应地，有正丛书名、并列丛书名、丛书主编、国际标准连续出版物号（ISSN）等著录书目。

5. 附注项

附注项是对前述各项不便或难以反映的图书特征所作的补充说明。包括：翻译图书的书名原文；转译、影印、抽印、改编作品依据的原书；对图书内容和出版、发行特点、对象的说明及其他必要的说明等。

6. 标准书号项

按GB/T 5795中国标准书号执行。

3.2.3 检索数据

本部分提供图书检索途径，包括图书识别特征的检索点和内容主题的检索点。常见的有下面几项。

1. 图书识别特征的检索点

（1）书名：

依据前面书名与作者项数据缩减而来，取书名的首字。

（2）作者：

依据前面书名与作者项数据减缩而来，如果著录的作者不止一个，应以圈码为序号分别记载，取作者名字的首字。若作者的姓氏为复姓，仍取一个字。

2. 内容主题的检索点

（1）主题词：

数据工作单中有“主题词”一栏。但因主题词的选取有较高的专业要求，所以出版单位可以空置不填。这样 CIP 中心的数据编制人员只能根据数据工作单中的“内容提要”进行标引。

（2）分类号：

分类号是了解图书内容的重要来源。

3.2.4 项目标识符

图书在版编目数据选用 7 个项目标识符。

（1）.—各著录项目（每一段落的起始项目除外）。

（2）= 并列书名、并列丛书名。

（3）：其他书名信息、从书其他书名信息、出版者。

（4）/ 第一作者、丛书的主编、与本版有关的第一作者。

（5）；不同责任方式的作者、与本版有关的其他作者、同一作者的合订书名之间、第二出版地、丛书编号 。

（6），相同责任方式的其他作者、有分卷（册）标识的分卷（册）书名、出版时间、附加版本说明、国际标准连续出版物号。

（7）. 分卷（册）标识、无分卷（册）标识时的分卷（册）书名、合订书名、附属丛书名。

需要注意的是，项目标识符都放在相应项目的前面。例如，“：”放在“其他书名信息，从书其他书名信息、出版者”之前。“；”放在“不同责任方式的作者、与本版有关的其他作者、同一作者的合订书名之间、第二出版地、丛书编号”之前。“，”放在“相同责任方式的其他作者、有分卷（册）标识的分卷（册）书名、出版时间、附加版本说明、国际标准连续出版物号”之前。

例如，上海××大学出版社 2005 年出版的《新公共政策——民主制度下的公共政策》CIP 数据中就用到了这几个标识符：“新公共政策：民主制度下的公共政策/（美）英格兰姆编著；钟振明，朱涛译”。

3.2.5　内容标识符

图书在版编目数据采用 1 个内容标识符：

（）中国古代作者的朝代、外国作者的国别及姓名原文、丛书项。

3.2.6　图书在版编目数据选取规则

图书在版编目数据选取规则分为著录数据选取规则和检索数据标引规则两项。

1. 著录数据选取规则

依据 GB/T 3792.2 普通图书著录规则。

2. 检索数据标引规则

（1）书名检索点和作者检索点依据前面的著录数据标引。

（2）主题词的标引。

主题词的标引依据 GB/T　3860 的规定执行。主题词以《汉语主题词表》为标引依据，并遵循《汉语主题词表》的标引要求。一部书的主题词一般不超过 3 组；一组主题词一般不超过 4 个。

（3）分类号的标引。

分类号以《中国图书馆分类法（第四版）》为标引依据，并遵循《中国图书馆分类法（第四版）》的标引要求。必须根据图书内容的学科属性或其他特征标引至专指性类目。对于多主题图书，必要时须标引附加分类号。

3.2.7　图书在版编目数据的印刷格式

图书在版编目数据由 4 个部分组成，依次为：图书在版编目数据标题、著录数据、检索数据、其他注记。各部分之间空一行。

（1）第一部分是图书在版编目标题，即标明“图书在版编目（CIP）数据”的标准黑体字样，其中“在版编目”一词的英文缩写“CIP”，必须用大写拉丁字母，并加圆括号。

（2）第二部分是著录数据。著录数据的书名与作者项、版本项、出版项三项连续著录；丛书项、附注项、标准书号项均单独起行著录。

（3）第三部分是检索数据。其排印次序为：书名检索点、作者检索点、主题词、分类号，各类检索点用罗马数字加下圆点排序。各类之间留一个汉字空。除分类号外，同类检索点用阿拉伯数字圈码排序。分类号不止一个时，各个分类号之间留一个汉字空，但不用任何数字或符号排序。书名、作者检索点采用简略著录法，即仅著录书名、作者姓名的首字，其后用“…”表示。

（4）第四部分是其他注记，内容依据在版编目工作需要而定。

图书在版编目数据的示例如图 3-1 所示。

图书在版编目（CIP）数据

小鸟的森林/陈嘉禾著. —杭州：杭州出版社，2010.3

ISBN 978-7-80758-337-0

Ⅰ.①小… Ⅱ.①陈… Ⅲ.①儿童文学—诗歌—作品集—中国—当代②儿童画—作品集—中国—现代Ⅳ.①I287.2②J229

中国版本图书馆CIP数据核字（2010）第040345号

图 3-1 图书在版编目数据的示例

3.3 图书在版编目在我国的应用及其意义

世界各国 CIP 著录格式基本上都与本国的著录规则相一致，标引的分类号和主题词也采用本国使用面最广的分类表和主题词表，但具体实施方式则根据各国情况而定。目前世界上图书在版编目的实施方式基本有两种：集中式和分散式。美、澳等国实行集中式，图书在版编目数据是由国家图书馆集中编制的。而苏联等国实行的是分散式，由图书馆派人到出版单位编制图书在版编目数据。国外很多国家编制图书在版编目所需的时间极短，如美国规定从收到材料到返交给出版单位图书在版编目数据的期限为 10 天，而澳大利亚则仅为 3 天。我国现行的图书在版编目工作具有集中与分散的双重性质：图书的书名页和图书在版编目数据工作单由各出版单位单独完成，然后交由中国版本图书馆集中加工和审核，最后返交给出版单位[1]。

经过多年的努力，我国图书在版编目数据的应用范围不断扩大，应用水平逐步提升。图书在版编目工作对于图书馆实现书目数据标准化及规范化管理、提高编目质量、实现文献资料的网络化管理和书目资源共享具有重要意义。开展图书在版编目工作，是推动书目信息标准化、保证书目信息与图书出版同步传递的重

[1] 苏广利. 论中国图书在版编目工作 [J]. 图书馆学研究，2000（4）：70-74.

要措施。实行图书在版编目的意义与作用主要包括[1]：

（1）统一规划，采用统一的编目规则，数据通用且权威。

CIP 数据的出现，促使出版界和图书馆界都使用相同的著录规则、机读格式、分类标引方法和规范控制方法，CIP 数据为各种书目建立起了共同的语言桥梁，使出版单位及书店的征订书目和图书馆目录趋于标准化和规范化。书目数据兼容，各种书目之间具有互换性，使得编目工作与出版、发行和图书馆工作结合起来。所采用的编目数据能够为出版、发行和图书馆所共用，著录项目、著录项目顺序和著录用标识符号与《国际标准书目著录规则》保持一致。图书在版编目采用了通用的国家标准——《普通图书著录规则》，选取的编目数据具有共用性，因此它不仅可以成为出版单位、发行单位和图书馆编目的统一依据，而且也可以为各种书目建立起彼此相互交换的数据，可为各编目部门所直接利用，为建设包括征订书目、统一编目、联合目录、国家书目等在内的社会化书目事业奠定了基础，并为建立国家书目信息数据库，实现出版、发行和图书馆工作的自动化管理创造了条件。

（2）规范标准，书目数据质量整体提高。

《普通图书著录规则》等有关国家标准已颁布多年，但由于各馆编目人员的知识水平高低不等，造成编制的目录质量参差不齐，都不同程度地存在着款目著录不标准、不规范等问题。推行 CIP 工作，各馆可以采用通用、统一、权威的书目数据，使图书馆的目录系统逐渐趋于一致。实行图书在版编目是推行图书编目工作标准化、规范化，提高我国书目质量的重要措施。CIP 数据经过权威编目机构审定发布，其准确性和规范化是众所公认的，所以能够成为各文献收藏单位编目工作的依据。

目前，在版编目采用的标准有：著录标准——《普通图书著录规则》、《文献著录总则》、《图书在版编目数据》及《中国文献编目规则》；标引标准——《中国图书馆分类法》、《文献主题标引规则》、《汉语主题词表》和《中国分类主题词表》；书名页排版印刷格式标准——《图书书名页》；机读目录格式标准——《中国机读目录格式》；数据工作单标准——《图书在版编目数据工作单》等。通过执行这些标准，使在版编目有了统一的参照物，使得文献编目工作更加标准化和规范化。

实行图书在版编目，图书在出版过程中就已产生了标准化的书目数据，利用 CIP 数据，可快速编制出较高质量的国家书目，这样，整个社会的公共书目事业就有了牢固的基础，可从根本上提高我国国家书目的质量。因此可以说，CIP 是通过国家书目这一媒介，提高和增强了国家书目控制的质量和功能。

---

[1] 彭斐章．目录学教程［M］．北京：高等教育出版社，2004．

（3）减少重复编目，编目劳动力大大减低，编目效率大幅提高。

实行图书在版编目，可以减少图书馆员在编目上的重复劳动，加快编目速度，缩短到馆新书的加工时间，促进图书馆分编工作的规范化和标准化。从理论上讲，在版编目数据的出现，令分编人员不再需要查找分类表，只需为新书添加书次号和条形码，再由著录人员录入书目数据库即可。因而，一定程度上可以减少重新分类的工作量，从而提高了分编效率，缩短了文献分编周期。实行图书在版编目，可以向社会提供规范、标准、通用的书目记录，做到一次编目、多次使用；各馆统一使用通用、权威的书目数据，就为馆际的计算机联网和书目资源共享打下了基础。

（4）统一发布，有利于管理部门对出版行业进行宏观调控和微观管理，为实现国家书目控制奠定了良好的基础。

实行图书在版编目是实现我国图书发行集中统一报道的先决条件。

图书在版编目是在图书出版之前，依据各出版单位填报的“图书在版编目数据单”编制的。这样就为编目全国集中统一的征订书目及疏通发行渠道创造了条件。可以促进出版物资源共享和国际书目控制目标的实现，提高文献信息工作的社会服务水平和管理水平，加快文献信息系统的现代化建设。

实行图书在版编目可以为出版管理部门提供准确的出版信息，由于图书在版编目是在图书正式发排出版前进行的，出版管理部门可以根据掌握的图书在版编目数据及时了解出版动态，进行宏观调控，也便于出版管理部门采取相应措施，进行微观管理。

（5）信息畅通，有利于发行部门拓展宣传渠道，扩大图书影响，增加发行数量。

实行图书在版编目可以使各出版单位之间互通信息，及时调整出书选题计划。实行图书在版编目后，发行部门可以用标准化的书目数据，取代以前不规范的著录。依据图书在版编目数据建立我国的现货图书信息库，可以为用户订购图书提供便利。

对出版单位和书商来说，在版编目资料是他们及时报道、广泛宣传图书的一个非常重要的途径。标准化的书目数据为编制各种图书目录创造了有利条件，并有利于开辟多种宣传渠道，扩大图书影响，增加发行量。同未附带 CIP 数据的图书相比，附有 CIP 资料的图书往往是读者需求量较大的图书。实施图书在版编目，可保证书目信息与图书出版同步，为迅速编制全国性征订目录创造了条件。若在全国实现在版编目，就可编制反映我国全部出版物的征订目录，这对于扩大我国图书在国内外的发行量，推动我国对外文化交流与宣传工作将起到相当大的作用。

（6）依据国际标准，有利于与国际标准接轨，促进中外文化交流。

实行图书在版编目已成为国际惯例，参照国际标准编制我国的图书在版编目数据标准，并按照标准编制图书在版编目数据，可以加快我国图书走向世界的步伐，为我国图书参加国际版权贸易创造条件。

3.4 CIP 的发展趋势

在以印刷文献为主的时期，文献资源的数量有限，采取人工编目的方法基本可以满足文献整序的需求。随着网络技术和数字技术的迅速发展，电子资源数量大、增长快，传统的编目方式已无法满足处理海量电子资源的需求。在此背景下，CIP 的发展呈现出两大趋势，即 ECIP 及 CIP for E-Books。

3.4.1 ECIP

ECIP（Electronic Cataloguing in Publication）是指利用印前电子文本加注结构标签的方法进行“自动编目”[1]。

1993 年，美国国会图书馆 Williamson 率先提出了 ECIP 计划，其内容即利用结构标签方法进行“自动编目”的尝试。他们要求出版商提交按下列结构形式加注结构标签的电子文本。

〈tp〉	beginning of title page
〈/tp〉	end of title page
〈sp〉	beginning of series page
〈/sp〉	end of series page
〈cp〉	beginning of copyright page
〈/cp〉	end of copyright page
〈toc〉	beginning of table of contents
〈/toc〉	end of table of contents
〈ch1〉	beginning chapter 1
〈ch1〉	beginning chapter 2
〈ch1〉	beginning chapter 3
	etc
〈/ch〉	end of last chapter

这里只是标明了书名页、丛书页、版权页、目次页和章节，在每一页的内部，有更细致的标识[2]。

[1] 张燕．ECIP 计划与中文图书自动编目［J］．图书馆研究与工作，2011（4）：40-41．

[2] 陈源蒸．推行 ECIP 计划实现中文图书“自动编目”［J］．图书馆学刊，2002，24（1）：

在ECIP作业中，大部分书目著录项，如书名、著者、出版者、版次、标准编号等，可以完整地由出版商直接转入CIP资料中，整个编目过程完全实现了自动化。ECIP的软件技术不仅实现了印本图书的自动编目，而且还推动了电子图书的自动制作，即可在出版图书印刷版的同时自动制作其电子版。

我国也有专家在2000年开始进行ECIP探索，2003年陈源蒸先生编著出版了《中文图书ECIP与自动编目手册》，并着手研制自动编目软件，其处理方法是采用XML置标语言在电子文本上加注结构标签，具体实施方法如下[1]。

1. 利用一次录入、两种产品的原理

中国中文文献ECIP计划利用了美国图书馆自动化专家阿弗拉姆设计的可变字段、可变长的数据结构，满足一次录入，同时产生目录卡片和书目数据库两种产品的要求。该计划应用这一方法编制中文图书机读目录，还出版了一些索引/文摘刊物等。

2. 对线性文件进行结构化处理

利用中文图书印刷版的印前电子文本，从中直接提取书目记录所需要的描述性元数据。印前电子文本是线性文件，要使之成为数据库文件，就需要进行结构化处理。有两种做法：一种是以数据库方式录入，定稿后转换为线性方式，以产生印前电子文本；一种是以线性方式录入，对有关数据元素加注结构标签，定稿后按其结构标签转换为数据库文件。已有的此类软件多采用第一种方法。

3. 剖析图书物理结构，确定应标识的元数据

书目记录的著录数据存在于该书的印前电子文本中。该ECIP计划剖析了印刷版图书的物理结构，确认需要进行结构化处理的部分。一般图书由外表、开端、正文与结尾四个部分组成。外表部分包含：护封、封面、封里、封底、书脊等。开端部分包含：衬页、附书名页、扉页、版权页、卷首题词、内容提要、出版说明、编者的话、译者的话、序或作者前言、目录、图版目录、表格一览表、工具书的凡例、使用说明、图例及各类检索表等。正文部分包含：篇、章、节、目或开幕词、讲话、论文、摘录等。结尾部分包含：附录、注释或名词解释、英汉词汇对照表、参考文献、索引、跋或后记。书目记录与CIP数据主要取开端部分的内容。有时涉及结尾部分与外表部分。

4. 规范电子数据格式，与CNMARC保持一致

由于ECIP是用计算机自动处理数据，一些在手工编目条件下难以做到的事，如内容分析著录，全面反映所有的责任者，增加前言、后记、作者简介等，只要安排适当的结构标签，自动编目均可做到，而且还可自动生成篇名、条目和索引

2-6.

[1] 陈源蒸．中文图书ECIP与自动编目手册［M］．北京：北京图书馆出版社，2003．

记录。

凡文献中没有出现的内容，计算机也不能凭空产生。如在实际应用中，CNMARK 的“1 编码信息块”是为了识别书目记录的唯一性，还是为了增加检索点，并无有关说明。因此，除“101 字段作品语种”外，自动编目可暂不产生“1 编码信息块”中的编码信息。

为满足出版界对书目记录的要求，利于出版、发行管理系统的应用，对版权页出现的一些数据，如尺寸、印张、版次、印次、字数，需设置相应的字段；出版方面的责任者也要在“7 知识责任块”的字段中反映；此外还要增设一些字段与子字段，以著录分析题名的其他题名信息、主题数据与分类数据及并列责任者等。

计算机自动编目要求唯一性处理，难以介入人工干预。所以在字段、字段指示符和子字段的设置中，不宜有选择性的操作。为此，有关字段、字段指示符与子字段需作相应调整。

为全面反映图书出版情况，需另行编制丛书和多卷书的书目记录。这些书目记录由印前电子文本的有关数据构成，主要包含丛书和多卷书书名、责任者、出版说明等描述性元数据，以及丛书和多卷书的检索数据，一般不做下连。由各专著分别产生的丛书和多卷书书目记录发生重复时，由书目数据库系统控制处理。

自动编目过程中难以处理规范问题，只是按印前电子文本提取，若有不符合规范要求的数据，由联机编目系统处理。

5. 依靠作者参与，做好主题标引

主题标引目前采用的还是人工赋值方法，即请作者或责任编辑把“6 主题分析块”中字段的数据加到印前电子文本。书目记录审定人员可据以修正，给出规范化的主题概念，即使实现自动标引以后，作者提供的主题概念仍具有参考价值，应在自由词字段保留。

概括地说，陈源蒸先生及有关专家所设计和实践的中国中文文献 ECIP 计划可以归结为：请各出版单位在印前电子文本中对《图书书名页》国家标准所规定的内容加注结构标签。并请他们对多作者专页、内容简介/出版说明、前言/后记、作者简介、目次页、封面/封底文字部分等同时加注结构标签。这样，在一种书的印前电子文本成型后即可从中提取 CIP 所需的描述性元数据。出版单位将所获得的 CIP 数据连同有关的印前电子文本一起从网上传至新闻出版总署信息中心。信息中心不仅要审定 CIP 数据的内容，还要对印前电子文本是否符合《图书书名页》国家标准进行认定，从而保证两项国家标准的落实。审定后的 CIP 数据及印前电子文本返交给出版单位，在图书印刷出版时即可产生正式的书目记录[1]。

[1] 陈源蒸. 推行 ECIP 计划实现中文图书“自动编目”[J]. 图书馆学刊，2002，24（1）：2-6.

3.4.2 CIP for E-Books

由美国出版商协会和美国书业研究集团共同发布的 BOOKSTATS 2012[1] 显示：电子书在 2011 年延续了爆炸式增长势头。出版商通过电子书获得的净收入达到 20.7 亿美元，较 2010 年的 8.69 亿美元翻了一番。电子书占到出版商收入的 15.5%。面对电子图书的迅猛发展，电子图书的在版编目问题引起了业界的关注。

美国国会图书馆（Library of Congress）2012 年 6 月 20 日在其网站上声明将为图书馆提供新的增强服务，其中一项服务为 CIP for E-Books，即从 2012 年 7 月起，国会图书馆将电子图书纳入图书在版编目范围，为电子图书提供出版前的 CIP 数据[2]。这一项目于 2011 年 10 月开始试点，为同时出版印刷版和电子版的图书提供 CIP 数据，参加试点的出版商包括兰德集团、密西西比大学出版社、威利出版集团和世界银行组织，在 2012 年 7 月正式推行后，将邀请其他更多的出版商参与。目前，与纸质印刷版同时出版的电子书的数量不断增加，通过 CIP for E-Books 服务，国会图书馆能够为国际图书馆机构团体提供更多可供使用的高质量的元数据信息。

---

[1] http://www.bookstats.org/.

[2] Library announces new services at ALA Conference [EB/OL]. http://www.loc.gov/today/pr/2012/12-127.html.

第 4 章

Chapter 4

中文图书标识规则

CY/T 62—2009 中文图书标识规则的目标是在图书生产过程中，创造适应不同需求的图书元数据，以满足出版、发行、收藏利用、信息服务等机构对中文图书标识数据的制作和管理需要，实现图书生产、流通和使用环节对图书元数据的共享，提高我国出版书目的水平，推进数字出版的进展。

4.1 编制背景与过程

CY/T 62—2009《中文图书标识规则》的编制起源于我国自动编目的需求与实践。陈源蒸先生和有关专家从2000年开始进行ECIP的探索，通过几年的实践发现，要将ECIP做好仍然需要有标准先行。因此，高等教育出版社于2005年10月向新闻出版总署提出《中文图书标识规则》标准的研制，同年获准行业标准的立项。

2005年11月成立了标准起草小组，成员由出版界专家和相关领域专家组成。

在本标准制定的过程中，为了满足各方面对书目信息的需求，标准内容涵盖了出版界已有的各项标准：

- GB/T 788—1999 图书杂志开本及其幅面尺寸
- GB/T 3529—1992 中文书刊名称汉语拼音拼写法
- GB/T 3469—1983 文献类型与文献载体代码
- GB/T 5795—2006 中国标准书号
- GB/T 12450—2001 图书书名页
- GB/T 12451—2001 图书在版编目数据
- CY/T 39—2006 图书流通信息交换规则
- GB/T 3469—1983 文献类型与文献载体代码
- GB/T 3680—1995 文献叙词标引规则
- GB/T 3972.2—2006 普通图书著录规则
- WH/T 0503—1996 中国机读目录格式

标准起草小组在听取出版界各方意见后，于2006年12月完成了征求意见稿的起草工作。新闻出版总署办公厅于2006年12月29日向业界广泛征求意见。为此，标准起草小组于2008年3月在中国出版集团召开座谈会，还先后到国家图书馆联合编目中心、浙江新华书店发行集团等单位听取意见，并在人民文学出版社等单位进行试用，还将试验数据发送有关书目机构检验，反复修改元数据内容。

2009年7月31日《中文图书标识规则》行业标准通过审查，2009年9月23日行业标准CY/T 62—2009《中文图书标识规则》发布，该标准自2010年1月1日起开始实施。

4.2 相关标准

本标准涵盖了 GB/T 12450—2001《图书书名页》、GB/T 12451—2001《图书在版编目数据》、GB/T 5795—2006《中国标准书号》、GB/T 3792.2—2006《普通图书著录规则》、CY/T 39—2006《图书流通信息交换规则》、WH/T 0503—1996《中国机读目录格式》等标准中反映图书属性的数据元素。本节主要介绍这些相关标准中图书数据元素的构成。

4.2.1 GB/T 12450—2001 图书书名页

GB/T 12450—2001 图书书名页中规定了在图书的扉页、版本记录页和附书名页中应包括的元数据元素及其要求，具体要求如下。

1. 在扉页中提供图书的书名、作者、出版者

- 书名包括正书名、并列书名及其他书名信息。
- 作者名称采用全称，翻译书应包括原作者的译名。
- 出版者名称采用全称，并标出其所在地（名称已表明所在地者可不另标）。

2. 版本记录页提供图书的版权说明、图书在版编目数据和版本记录

- 经作者或版权所有者授权出版的作品，可标注版权符号，并注明版权所有者的姓名及首次出版年份。
- 图书在版编目数据的选取及编排格式执行 GB/T 12451 的有关规定。
- 版本记录提供图书在版编目数据未包含的出版责任人记录、出版发行者说明、载体形态记录、印刷发行记录。出版责任人记录包括责任编辑、装帧设计、责任校对和其他有关责任人。出版发行者说明包括出版者、排版印刷和装订者、发行者名称，均采用全称。出版者名下注明详细地址及邮政编码，也可加注电话号码、电子信箱或互联网网址。载体形态记录参照 GB/T 788 列载图书成品幅面尺寸。列载印张数、字数。列载附件的类型和数量，如“附光盘 1 张”。印刷发行记录列载第 1 版、本版、本次印刷的时间。列载印数，列载定价。

3. 附书名页列载丛书、多卷书、翻译书、多语种书、会议录等的信息。

- 从书列载丛书名、丛书主编。
- 多卷书列载多卷书的总书名、总卷数、主编或主要作者。

- 翻译书列载翻译书的原作书名、作者、出版者的原文，出版地、出版年及原版次，原版权说明，原作的 ISBN。
- 多语种书列载多语种书的第二种语种及其他语种的书名、作者、出版者。
- 会议录列载会议名称、届次、日期、地点、组织者。

4.2.2 GB/T 12451—2001 图书在版编目数据

图书在版编目数据内容分为著录数据和检索数据两个部分。

1. 著录数据

是对图书识别特征的客观描述。包括 6 个著录项目：书名与作者项、版本项、出版项、丛书项、附注项、标准书号项。

（1）书名与作者项

- 正书名
- 并列书名
- 其他书名信息
- 第一作者
- 其他作者

（2）版本项

- 版次及其他版本形式
- 与本版有关的作者

（3）出版项

- 出版地
- 出版者
- 出版时间

（4）丛书项

- 正丛书名
- 并列丛书名
- 丛书主编
- 国际标准连续出版物号（ISSN）
- 丛书编号
- 附属丛书名

（5）附注项

- 译著的说明
- 翻印书的说明
- 教材及教学参考书的说明

- 各项的附加说明

（6）标准书号项

按 GB/T 5795《中国标准书号》执行。

2. 检索数据

本部分提供图书的检索途径，包括图书识别特征的检索点和内容主题的检索点。

（1）图书识别特征的检索点

- 正书名（包括交替书名、合订书名）
- 其他书名信息
- 第一作者
- 译者
- 其他作者

（2）内容主题的检索点

- 主题词
- 分类号

4.2.3　GB/T 5795—2006 中国标准书号

GB/T 5795—2006 中国标准书号中规定的出版物的元数据信息内容见表 4-1。

表 4-1　出版物元数据信息

数据要素	说　明
ISBN	13 位的中国标准书号
产品形式	表明出版物载体和/或格式的代码，如：精装、平装、电子出版物等或“.lit”、“.pdf”、“.html”、“.pdb”格式
题名	正题名、副题名、并列题名及其他题名信息和/或其他出版物题名
题名的汉语拼音	使用 GB/T 3259
丛书	丛书题名及其他题名信息
著作者	撰稿人身份代码及姓名
版本	初版以后的版次、类别和声明
语种	使用 GB/T 4880.1—2005
出版标记	出版物得以出版的标志或者商标名称
出版者	拥有该出版标志或者商标名称的法人
出版国家	使用 GB/T 2659 填报出版国及地区
出版日期	使用中国标准书号的首版出版日期，按 GB/T 7408（YYYY-MM-DD）
原出版物的 ISBN 号	作为原有出版物的一部分的出版物，应保存其原有出版物的 ISBN 号

续表

数据要素	说　　明
内容概要	出版物主要内容的概述，其字段长度应在 200 个汉字内
定价	本出版物的价格
备注	

4.2.4 GB/T 3792.2—2006 普通图书著录规则

普通图书著录规则中规定的著录项目和著录单元包括如下内容：

- 题名与责任说明项
- 正题名
- 一般文献类型标识
- 并列题名
- 其他题名信息
- 责任说明
- 其他责任说明
- 版本项
- 版本说明
- 并列版本说明
- 与本版有关的责任说明
- 附加版本说明
- 附加版本说明的责任说明
- 文献特殊细节项
- 出版发行项
- 出版发行地
- 出版发行者
- 出版发行日期
- 印刷地、印刷者、印刷日期
- 载体形态项
- 页数或卷（册）数
- 图
- 尺寸
- 附件
- 丛编项
- 丛编正题名

- 丛编并列题名
- 丛编其他题名信息
- 丛编责任说明
- 国际标准连续出版物号（ISSN）
- 丛编编号
- 分丛编题名
- 附注项
- 标准编号与获得方式项
- 国际标准编号（ISBN）
- 装帧
- 获得方式和/或价格
- 限定说明

4.2.5　CY/T 39—2006 图书流通信息交换规则

CY/T 39—2006 图书流通信息交换规则对图书商品的描述使用了以下元素：

- 商品代码
- 书名
- 丛书名
- 附属丛书名
- 著作者
- 出版者
- 本版版次
- 印次
- 定价
- 装帧
- 数据标识
- 标准书号条码
- 并列书名
- 译者
- 合作出版者
- 版权提供者
- 著作权合同登记号
- 出版者国别
- 出版地

- 首版年月
- 本版年月
- 本次印刷年月
- 原版定价
- 长
- 宽
- 厚
- 质量
- 页数
- 附件类型和数量
- 中图法分类
- 统计分类
- 营销分类
- 读者对象
- 语种
- 封面文件
- 精彩图画文件
- 主题词
- 目录
- 内容提要
- 著作者简介
- 精彩页
- 获奖情况
- 出版状态
- 备注

4.3 本标准主要技术内容

4.3.1 范围

本标准规定了图书产品需要标识的数据内容和相应的标识规范。

本标准适用于依法经国家新闻出版行政管理部门批准设立的出版者在图书生产过程中对数据元素的标识。

4.3.2　标识数据的构成

标识数据由基础数据、补充数据两部分构成。基础数据表达了图书的基本特征，在标识过程中可从图书电子文本中直接采集；补充数据为图书文献管理所需要的数据，在标识中由系统自动生成或多渠道采集。

4.3.3　标识数据的描述结构

基础数据按照 GB/T 12450－2001《图书书名页》规定的图书书名页结构顺序划分数据集合分别描述；在每一数据集合下，按照数据属性的特征分层级归纳描述；最终层级为数据元素的描述。

补充数据的描述按照数据属性的特征分级归纳描述；最终层级为数据元素的描述。

4.3.4　数据元素的描述

数据元素的描述格式如下：

（1）所在位置。数据元素处于电子数据中的位置。

（2）CNMARC 标识名称。用 CNMARC 方式标识数据元素时的标识名称，为 CNMARC 的子字段名称或字段名称。字段指示符两位空格省略。

（3）DC 元数据标识名称。用 DC 方式标识数据元素时的标识名称，由 DC 核心元素名称缩写和 DC 修饰词组成。DC 元数据标识名称中英文单词的首字母均大写，词间不加空格。DC 核心元素名称与缩写的对应关系见表 4-2。

表 4-2　DC 核心元素名称与缩写对照表

序　号	DC 核心元素名称	DC 核心元素名称缩写
1	Title	T
2	Creator	C
3	Subject	S
4	Description	D
5	Publisher	P
6	Contributor	Co
7	Date	Da
8	Type	Ty
9	Format	F
10	Identifier	ID

续表

序　　号	DC 核心元素名称	DC 核心元素名称缩写
11	Source	So
12	Language	L
13	Relation	R
14	Coverage	Cv
15	Rights	Ri

（4）数据类型：对所标识数据元素的格式要求，分为字符型和数字型。

（5）使用说明：分为必选、有则必选、任选三种使用规定。默认值为任选。

（6）对数据元素使用的可重复性在使用说明一栏中表示。默认值为不可重复，可重复时做说明。

（7）注释：对数据元素的解释性说明。

4.3.5 标识数据的构成

标识数据划分为图书基本特征、补充数据。它们包含的内容见表 4-3。

表 4-3 本标准包含的数据元素及其对应的 CNMARC 元素及 DC 元素

大类	中类	小类	数据元素	出现位置	CNMARC 标识名称	DC 元数据标识名称	数据类型	使用说明	注
5.1 图书基本特征	5.1.1 扉页		5.1.1.1 正书名	扉页	200$a	T,Proper	字符型	必选，可重复	图书的主要书名，包括交替书名。同一作者有多个书名且无总书名时，重复以本数据元素标识
5.1 图书基本特征	5.1.1 扉页		5.1.1.2 出版物类型代码		200$b	Ty,Documentary	字符型	必选，可重复	参照使用 GB/T 3469—1983《文献类型与文献载体代码》，以 cts 表示
5.1 图书基本特征	5.1.1 扉页		5.1.1.3 合订书名	扉页	200$c	T,Issued WithProper	字符型	有则必选，可重复	即其他责任者的书名，扉页有多个作者的不同书名，且无总书名时，以本数据元素标识
5.1 图书基本特征	5.1.1 扉页		5.1.1.4 并列正书名	扉页	200$d	T,Parallel Proper	字符型	英语并列书名为必选，可重复	ISBN 中心向国际中心上报书目信息的需求，图书上未出现时，书目记录中要补充这一数据元素

续表

大类	中类	小类	数据元素	出现位置	CNMARC 标识名称	DC 元数据标识名称	数据类型	使用说明	注
5.1 图书基本特征	5.1.1 扉页		5.1.1.5 其他书名信息	扉页	200$e	T,Subtitle	字符型	有则必选，可重复	
5.1 图书基本特征	5.1.1 扉页		5.1.1.6 第一作者	扉页	200$f	D,First Author	字符型	有则必选，可重复	包含作者名称与责任方式
5.1 图书基本特征	5.1.1 扉页		5.1.1.7 其他作者	扉页	200$g	D,Other Author	字符型	有则必选，可重复	含编者、译者、校注者等，包含作者名称与责任方式
5.1 图书基本特征	5.1.1 扉页		5.1.1.8 分辑号	扉页	200$h	D,Part Number	字符型	有则必选，可重复	
5.1 图书基本特征	5.1.1 扉页		5.1.1.9 分辑名	扉页	200$i	T,PartTitle	字符型	有则必选，可重复	
5.1 图书基本特征	5.1.1 扉页		5.1.1.10 卷标识	扉页	200$v	D,Title Volume	字符型	只用于连接字段嵌套结构	
5.1 图书基本特征	5.1.1 扉页		5.1.1.11 并列正书名语种		200$z	L,Parallel Proper	字符型	必选，默认值为eng，可重复	
5.1 图书基本特征	5.1.1 扉页		5.1.1.12 正书名汉语拼音	扉页	200$9	T,Phonetic Proper	字符型	必选，可重复	执行 GB/T 3259—1992《中文书刊名称汉语拼音拼写法》，图书上未出现时，书目记录中要补充这一数据元素
5.1 图书基本特征	5.1.1 扉页		5.1.1.13 合订图书书名	附书名页	423$1200$a	T,IssuedWith	字符型	有则必选，可重复	在图书附加题名页上出现的合订书名，以本数据元素标识
5.1 图书基本特征	5.1.1 扉页		5.1.1.14 合订图书个人作者名称	附书名页	423$1701$a	C,IssuedWith PersonalName	字符型	有则必选，可重复	

续表

大类	中类	小类	数据元素	出现位置	CNMARC标识名称	DC元数据标识名称	数据类型	使用说明	注
5.1 图书基本特征	5.1.2 版本记录页	5.1.2.1 版权说明项	5.1.2.1.1 版权说明	版本记录页	209$a	Ri,Copyright Statement	字符型	有则必选	注：由于我国著作权法承认著作权自动产生的原则，故国内出版物不作版权说明。1992年我国加入《世界版权公约》后，对引进图书，除说明原作版权所有的授权情况，并将著作权登记号同时印出。为适应这一情况，增设209字段，按版本记录页记载标识
5.1 图书基本特征	5.1.2 版本记录页	5.1.2.1 版权说明项	5.1.2.1.2 版权提供者	版本记录页	209$b	Ri,Copyright Supply	字符型	有则必选，可重复	
5.1 图书基本特征	5.1.2 版本记录页	5.1.2.1 版权说明项	5.1.2.1.3 著作权合同登记号	版本记录页	209$e	ID,NumberOf Copyright Contract	字符型	有则必选	
5.1 图书基本特征	5.1.2 版本记录页	5.1.2.2 CIP代码	5.1.2.2.1 CIP 国家代码		029$a	ID,CodeOf CountryCIP	字符型	以CN表示	执行GB/T 2659—2000《世界各国和地区名称代码》
5.1 图书基本特征	5.1.2 版本记录页	5.1.2.2 CIP代码	5.1.2.2.2 CIP 中心审定号	版本记录页	029$b	ID,CIPNumber	字符型	有则必选	
5.1 图书基本特征	5.1.2 版本记录页	5.1.2.3 版本说明项	5.1.2.3.1 版本说明	版本记录页	205$a	D,Edition Statement	字符型	必选	
5.1 图书基本特征	5.1.2 版本记录页	5.1.2.3 版本说明项	5.1.2.3.2 附加版本说明	版本记录页	205$b	D,Edition Details	字符型	字符型有则必选，可重复	
5.1 图书基本特征	5.1.2 版本记录页	5.1.2.3 版本说明项	5.1.2.3.3 并列版本说明	版本记录页	205$d	D,Parallel Edition Statement	字符型	有则必选，可重复	

续表

大类	中类	小类	数据元素	出现位置	CNMARC标识名称	DC元数据标识名称	数据类型	使用说明	注
5.1 图书基本特征	5.1.2 版本记录页	5.1.2.3 版本说明项	5.1.2.3.4 印次	版本记录页	205$z	D,Impression	字符型	必选	每一印次,应产生不同的书目记录,表示不同的印刷者、印刷时间、印数、定价等信息
5.1 图书基本特征	5.1.2 版本记录页	5.1.2.4 版本记录	5.1.2.4.1 出版地名称	版本记录页	210$a	P,Place	字符型	必选,可重复	图书上未出现时,书目记录中要补充这一数据元素
5.1 图书基本特征	5.1.2 版本记录页	5.1.2.4 版本记录	5.1.2.4.2 并列出版地名称	版本记录页	210$A	P,Parallel Place	字符型	必选,可重复	ISBN 中心向国际中心上报书目信息的需求,图书上未出现时,书目记录中要补充这一数据元素
5.1 图书基本特征	5.1.2 版本记录页	5.1.2.4 版本记录	5.1.2.4.3 出版者名称	版本记录页	210$c	P,Name	字符型	必选,可重复	
5.1 图书基本特征	5.1.2 版本记录页	5.1.2.4 版本记录	5.1.2.4.4 并列出版者名称	版本记录页	210$C	P,Parallel Name	字符型	必选,可重复	ISBN 中心向国际中心上报书目信息的需求,图书上未出现时,书目记录中要补充这一数据元素
5.1 图书基本特征	5.1.2 版本记录页	5.1.2.4 版本记录	5.1.2.4.5 出版者地址	版本记录页	210$b	D,Publisher Address	字符型	有则必选,可重复	含具体地址、邮编、电话、E-mail、网址
5.1 图书基本特征	5.1.2 版本记录页	5.1.2.4 版本记录	5.1.2.4.6 出版日期	版本记录页	210$d	Da,Publication	字符型	有则必选	
5.1 图书基本特征	5.1.2 版本记录页	5.1.2.4 版本记录	5.1.2.4.7 印刷地	版本记录页	210$e	P,PrintPlace	字符型	可重复	
5.1 图书基本特征	5.1.2 版本记录页	5.1.2.4 版本记录	5.1.2.4.8 印刷者名称	版本记录页	210$g	P,PrinterName	字符型	有则必选,可重复	
5.1 图书基本特征	5.1.2 版本记录页	5.1.2.4 版本记录	5.1.2.4.9 印刷者地址	版本记录页	210$f	D,Printer Address	字符型	有则必选,可重复	
5.1 图书基本特征	5.1.2 版本记录页	5.1.2.4 版本记录	5.1.2.4.10 印刷日期	版本记录页	210$h	Da,Printing	字符型	有则必选	

续表

大类	中类	小类	数据元素	出现位置	CNMARC 标识名称	DC 元数据标识名称	数据类型	使用说明	注
5.1 图书基本特征	5.1.2 版本记录页	5.1.2.4 版本记录	5.1.2.4.11 印刷委托书编号	版本记录页	210$j	ID,NumberOfPrint	字符型	必选	印刷委托书编号格式为“()*******”，即各省（区、市）简称后加 7 位数字。CIP 数据中无此数据元素，ISBN 数据中必选
5.1 图书基本特征	5.1.2 版本记录页	5.1.2.4 版本记录	5.1.2.4.12 出版状态	版本记录页	210$x	D,EditionState	字符型	必选	说明在版或绝版，默认值为在版（即可供）。CIP 数据中无此数据元素，ISBN 数据中必选
5.1 图书基本特征	5.1.2 版本记录页	5.1.2.4 版本记录	5.1.2.4.13 预定出版日期		211$a	Da,Projected Publication	数字型		CIP 数据使用本数据元素，正式书目记录无此数据元素
5.1 图书基本特征	5.1.2 版本记录页	5.1.2.5 载体形态记录	5.1.2.5.1 页数		215$a	D,Pages	字符型	必选	图书上无此数据元素，书目记录中要补充这一数据元素
5.1 图书基本特征	5.1.2 版本记录页	5.1.2.5 载体形态记录	5.1.2.5.2 其他形态细节	版本记录页	215$c	D,OtherForm Details	字符型		
5.1 图书基本特征	5.1.2 版本记录页	5.1.2.5 载体形态记录	5.1.2.5.3 尺寸	版本记录页	215$d	D,Size	数字型	有则必选	本字段著录图书幅面尺寸，也称为开本。开本需符合 GB/T 788—1999《图书杂志开本及其幅面尺寸》的规定。版本记录页按标准中“未裁切单张纸尺寸”记载，以毫米（mm）计算；图书馆界按标准中“已裁切成开本”著录，以厘米（cm）计算。两者可进行转换

续表

大类	中类	小类	数据元素	出现位置	CNMARC 标识名称	DC 元数据标识名称	数据类型	使用说明	注
5.1 图书基本特征	5.1.2 版本记录页	5.1.2.5 载体形态记录	5.1.2.5.4 附件	版本记录页	210$e	D,Appendix	字符型	有则必选，可重复	以图书形式出版，并使用 ISBN 号，其各种附件以本数据元素标识。具有独立题名的附件，应作分析著录，并产生相应载体的书目记录。以其他载体形式出版，并使用非书编号，附有印刷形式的文本，应作为非书资料著录，其文字部分有独立题名者，可作分析著录，并产生相应的书目记录
5.1 图书基本特征	5.1.2 版本记录页	5.1.2.5 载体形态记录	5.1.2.5.5 字数	版本记录页	215$f	D,NumberOf Words	字符型	有则必选	
5.1 图书基本特征	5.1.2 版本记录页	5.1.2.5 载体形态记录	5.1.2.5.6 印数	版本记录页	215$g	D,Printing Number	字符型	必选	本数据元素可不在图书上印刷
5.1 图书基本特征	5.1.2 版本记录页	5.1.2.5 载体形态记录	5.1.2.5.7 印张	版本记录页	215$h	PaperOf Print	字符型	必选	
5.1 图书基本特征	5.1.2 版本记录页	5.1.2.5 载体形态记录	5.1.2.5.8 质量		215$u	D,Weight	数字型	以“g”为单位	CY/T 39—2006《图书流通信息交换规则》中本数据元素名称为重量
5.1 图书基本特征	5.1.2 版本记录页	5.1.2.5 载体形态记录	5.1.2.5.9 长		215$x	D,Length	数字型	以“mm”为单位	
5.1 图书基本特征	5.1.2 版本记录页	5.1.2.5 载体形态记录	5.1.2.5.10 宽		215$y	D,Width	数字型	以“mm”为单位	

续表

大类	中类	小类	数据元素	出现位置	CNMARC标识名称	DC元数据标识名称	数据类型	使用说明	注
5.1 图书基本特征	5.1.2 版本记录页	5.1.2.5 载体形态记录	5.1.2.5.11 厚度		215$z	D,Thickness	数字型	以“mm”为单位	
5.1 图书基本特征	5.1.2 版本记录页	5.1.2.6 标准书号	5.1.2.6.1 ISBN	版本记录页	010$a	ID,ISBN	字符型	有则必选	ISBN 由 13 位数字组成，分为“前缀号-组区号-出版者号-书序号-校验码”5 个部分。中国标准书号（China Standard Book Number）是标识在国家出版管理部门注册的出版者所出版的每个版本的国际性的唯一代码。中国标准书号等效采用国际标准书号
5.1 图书基本特征	5.1.2 版本记录页	5.1.2.6 标准书号	5.1.2.6.2 限定	版本记录页	010$b	D,ISBN Qualify	字符型	有则必选	含装帧形式与其他有关说明
5.1 图书基本特征	5.1.2 版本记录页	5.1.2.6 标准书号	5.1.2.6.3 定价	版本记录页	010$d	D,ISBNPrice	字符型	有则必选，含币种	
5.1 图书基本特征	5.1.2 版本记录页	5.1.2.7 统一书号	5.1.2.7.1 统一书号（UBN）	版本记录页	091$a	ID,UBN	字符型	有则必选	1987 年以后，一般图书已不使用统一书号，但标准出版物和“活页文选”一类出版物，仍使用统一书号
5.1 图书基本特征	5.1.2 版本记录页	5.1.2.7 统一书号	5.1.2.7.2 限定	版本记录页	091$b	D,UBNQualify	字符型		含装帧形式与其他有关说明

续表

大类	中类	小类	数据元素	出现位置	CNMARC标识名称	DC元数据标识名称	数据类型	使用说明	注
5.1 图书基本特征	5.1.2 版本记录页	5.1.2.7 统一书号	5.1.2.7.3 定价	版本记录页	091$d	D,UBNPrice	字符型	有则必选，含币种	
5.1 图书基本特征	5.1.2 版本记录页	5.1.2.8 标准出版物编号	5.1.2.8.1 标准编号	封面	094$a	ID,Standard Number	字符型	标准出版物使用	
5.1 图书基本特征	5.1.2 版本记录页	5.1.2.8 标准出版物编号	5.1.2.8.2 对应的国际标准编号及一致性程度代号	封面	094$i	ID,IDTISO	字符型	标准出版物使用	国际标准指ISO、IEC、ITU 以及ISO 确认并公布的其他国际组织制定的标准。一致性程度代号包括 IDT（等同）、MOD(修改)、NEQ（非等效），以前采用国际标准代号为 idt（等同）、eqv（等效）和 neq（非等效）
5.1 图书基本特征	5.1.2 版本记录页	5.1.2.8 标准出版物编号	5.1.2.8.3 被代替的标准编号	封面	094$z	ID,Replace Standard Number	字符型	标准出版物使用	
5.1 图书基本特征	5.1.2 版本记录页		5.1.2.9 出版单位编号		099$a	ID,Number OfPress	字符型	有则必选	出版者对所出版图书的唯一编号
5.1 图书基本特征	5.1.3 附书名页	5.1.3.1 丛书/多卷书	5.1.3.1.1 丛书/ 多卷书正书名	附书名页	461$1200$a	T,SetProper	字符型	有则必选，可重复	有时在扉页排印
5.1 图书基本特征	5.1.3 附书名页	5.1.3.1 丛书/多卷书	5.1.3.1.2 丛书/ 多卷书卷标识	附书名页	461$1200$v	D,SetVolume	字符型	可重复	

续表

大类	中类	小类	数据元素	出现位置	CNMARC标识名称	DC元数据标识名称	数据类型	使用说明	注
5.1 图书基本特征	5.1.3 附书名页	5.1.3.1 丛书/多卷书	5.1.3.1.3 丛书/多卷书主要个人作者名称	附书名页	461$1701$a	C,SetPersonal Name	字符型	可重复	
5.1 图书基本特征	5.1.3 附书名页	5.1.3.1 丛书/多卷书	5.1.3.1.4 丛书/多卷书主要团体作者名称	附书名页	461$1711$a	C,SetCorporate Name	字符型	可重复	
5.1 图书基本特征	5.1.3 附书名页	5.1.3.1 丛书/多卷书	5.1.3.1.5 分从编正书名	附书名页	462$1200$a	T,Subset Proper	字符型		
5.1 图书基本特征	5.1.3 附书名页	5.1.3.2 翻译书	5.1.3.2.1 原著正书名	附书名页	454$1200$a	T,Translation OfProper	字符型	有则必选，可重复	有时在扉页或版本记录页排印
5.1 图书基本特征	5.1.3 附书名页	5.1.3.2 翻译书	5.1.3.2.2 原著出版地	附书名页	454$1210$a	P,Translation OfPlace	字符型	可重复	
5.1 图书基本特征	5.1.3 附书名页	5.1.3.2 翻译书	5.1.3.2.3 原著出版者名称	附书名页	454$1210$c	P,Translation Of	字符型	可重复	
5.1 图书基本特征	5.1.3 附书名页	5.1.3.2 翻译书	5.1.3.2.4 原著出版日期	附书名页	454$1210$d	Da,Translation OfPublication	字符型	可重复	
5.1 图书基本特征	5.1.3 附书名页	5.1.3.2 翻译书	5.1.3.2.5 原著版本说明	附书名页	454$1205$a	D,Translation OfEdition Statement	字符型	可重复	
5.1 图书基本特征	5.1.3 附书名页	5.1.3.2 翻译书	5.1.3.2.6 原著主要个人作者	附书名页	454$1701$a	C,Translation OfPersonal Name	字符型		

续表

大类	中类	小类	数据元素	出现位置	CNMARC 标识名称	DC 元数据标识名称	数据类型	使用说明	注
5.1 图书基本特征	5.1.3 附书名页	5.1.3.3 多语种图书	5.1.3.3.1 并列书名	附书名页	510$a	T,ParallelTitle Proper	字符型		
5.1 图书基本特征	5.1.3 附书名页	5.1.3.3 多语种图书	5.1.3.3.2 并列其他书名信息	附书名页	510$e	T,Parallel Subtitle	字符型		
5.1 图书基本特征	5.1.3 附书名页	5.1.3.3 多语种图书	5.1.3.3.3 并列分辑号	附书名页	510$h	D,ParallelPart Number	字符型		
5.1 图书基本特征	5.1.3 附书名页	5.1.3.3 多语种图书	5.1.3.3.4 并列分辑名	附书名页	510$i	T,ParallelPart Title	字符型		
5.1 图书基本特征	5.1.3 附书名页	5.1.3.3 多语种图书	5.1.3.3.5 并列书名语种		510$z	L,ParallelTitle Proper	字符型		
5.1 图书基本特征	5.1.3 附书名页	5.1.3.4 会议录	5.1.3.4.1 会议名称						见 5.2.9.1 主要团体作者名称。我国会议出版物，会议名称大多在书名中反映，以会议录形式出版的很少
5.1 图书基本特征	5.1.3 附书名页	5.1.3.4 会议录	5.1.3.4.2 会议届次	附书名页	711$d	D,Conference Number	字符型		有时在扉页排印
5.1 图书基本特征	5.1.3 附书名页	5.1.3.4 会议录	5.1.3.4.3 会议地址	附书名页	711$e	C,Conference Place	字符型		
5.1 图书基本特征	5.1.3 附书名页	5.1.3.4 会议录	5.1.3.4.4 会议日期	附书名页	711$f	Da,Conference	字符型		
5.1 图书基本特征	5.1.3 附书名页	5.1.3.5 重印图书	5.1.3.5.1 原版图书正书名	附书名页	455$1200$a	T,Reproduction OfProper	字符型	有则必选，可重复	关于租型、影印等图书的有关数据元素，有时在版本记录页排印
5.1 图书基本特征	5.1.3 附书名页	5.1.3.5 重印图书	5.1.3.5.2 原版图书出版地	附书名页	455$1210$a	P,Reproduction OfPlace	字符型	可重复	

续表

大类	中类	小类	数据元素	出现位置	CNMARC标识名称	DC元数据标识名称	数据类型	使用说明	注
5.1 图书基本特征	5.1.3 附书名页	5.1.3.5 重印图书	5.1.3.5.3 原版图书出版者	附书名页	455$1210$c	P,Reproduction Of	字符型	可重复	
5.1 图书基本特征	5.1.3 附书名页	5.1.3.5 重印图书	5.1.3.5.4 原版图书出版日期	附书名页	455$1210$d	Da,Reproduction Of Publication	字符型	可重复	
5.1 图书基本特征	5.1.3 附书名页	5.1.3.5 重印图书	5.1.3.5.5 原版图书版本说明		455$1205$a	D,Reproduction OfEdition Statement	字符型	附书名页 可重复	
5.1 图书基本特征	5.1.4 插页		5.1.4.1 内容简介	插页/版本记录页	330$a	D,Summary	字符型	必选	
5.1 图书基本特征	5.1.4 插页		5.1.4.2 并列内容简介	插页	330$a	D,Summary	字符型	必选	ISBN 中心向国际中心上报书目信息的需求，图书上未出现时，书目记录中要补充这一数据元素
5.1 图书基本特征	5.1.4 插页		5.1.4.3 主要个人作者简介	插页	314$a	D,Author Introduction	字符型	有则必选	有时在内封排印。CNMARC314 字段名称为“知识责任附注”
5.1 图书基本特征	5.1.4 插页		5.1.4.4 并列主要个人作者简介	插页	314$a	D,Author Introduction	字符型		
5.1 图书基本特征	5.1.4 插页		5.1.4.5 其他个人作者简介	插页	314$a	D,Author Introduction	字符型		
5.1 图书基本特征	5.1.4 插页		5.1.4.6 并列其他个人作者简介	插页	314$a	D,Author Introduction	字符型		

续表

大类	中类	小类	数据元素	出现位置	CNMARC标识名称	DC元数据标识名称	数据类型	使用说明	注
5.1 图书基本特征	5.1.5 目次页		5.1.5.1 篇章题名	目次页	545$a	T,Chapter Name	字符型		CNMARC545 字段名称为“分部题名”。专著的章节以此数据元素标识；论文集的目次，则以464$1200$a 连接方式标识
5.1 图书基本特征	5.1.5 目次页		5.1.5.2 论文集目次	目次页	464$1200$a	T,Piece Analytic	字符型		CNMARC464 字段名称为“单册分析”
5.1 图书基本特征	5.1.6 其他题名		5.1.6.1 其他书名	图书其他部分	517$a	T,Variant Proper	字符型		凡出现在图书其他部分（如封面、书脊等）与扉页正书名不同的书名，以本数据元素标识
5.1 图书基本特征	5.1.6 其他题名		5.1.6.2 其他书名信息	图书其他部分	517$e	T,Variant Subtitle	字符型	可重复	
5.1 图书基本特征	5.1.6 其他题名		5.1.6.3 其他书名分辑号	图书其他部分	517$h	D,Variant PartNumber	字符型	可重复	
5.1 图书基本特征	5.1.6 其他题名		5.1.6.4 其他书名分辑名	图书其他部分	517$i	T,Variant PartTitle	字符型	可重复	
5.1 图书基本特征	5.1.6 其他题名		5.1.6.5 附注内容		300$a	D,Note	字符型		图书中出现的非属性说明文字，以本数据元素标识
5.2 补充数据			5.2.1 记录标识号		001	ID,Record ID	字符型	必选	本数据元素无字段指示符与子字段标识，由用户自行定义组成方式与长度。也可由出版信息管理部门做统一规定
5.2 补充数据			5.2.2 一般数据		100$a	D,General Data	字符型	必选	

续表

大类	中类	小类	数据元素	出现位置	CNMARC 标识名称	DC 元数据标识名称	数据类型	使用说明	注
5.2 补充数据	5.2.3 语种		5.2.3.1 正文语种		101$a	L,Text	字符型	必选，可重复	执行 GB/T 4881—1985《中国语种代码》，默认值为 chi
5.2 补充数据	5.2.3 语种		5.2.3.2 原作语种		101$c	L,Translation Of	字符型	有则必选，可重复	执行 GB/T 4881—1985《中国语种代码》。一般为译自原创语言。如系从其他语言转译，在附注项说明
5.2 补充数据	5.2.4 出版或制作国别		5.2.4.1 出版国代码		102$a	ID,Codeof Country Publication	字符型	必选，以 CN 表示，可重复	执行 GB/T2659—2000《世界各国和地区名称代码》
5.2 补充数据	5.2.4 出版或制作国别		5.2.4.2 出版地区代码		102$b	ID,CodeOf Region Publication	数字型	必选，可重复	执行 GB/T 2260—2002《中华人民共和国行政区域代码》
5.2 补充数据			5.2.5 读者对象		333$a	D,Audience	字符型	必选	
5.2 补充数据	5.2.6 连接数据		5.2.6.1 补编		421$1200$a	T,Supplement	字符型	可重复	
5.2 补充数据	5.2.6 连接数据		5.2.6.2 正编		422$1200$a	T,ParentOf Supplement	字符型	可重复	
5.2 补充数据	5.2.6 连接数据		5.2.6.3 单册		463$1200$a	T,Piece	字符型	可重复	
5.2 补充数据	5.2.7 主要个人作者		5.2.7.1 主要个人作者名称		701$a	C,Personal Name	字符型	有则必选	
5.2 补充数据	5.2.7 主要个人作者		5.2.7.2 主要个人作者名称附加成分		701$c	D,C-Personal Add	字符型	可重复	

续表

大类	中类	小类	数据元素	出现位置	CNMARC标识名称	DC元数据标识名称	数据类型	使用说明	注
5.2 补充数据	5.2.7 主要个人作者		5.2.7.3 主要个人作者年代		701$f	Da,C-Personal Years	字符型		
5.2 补充数据	5.2.7 主要个人作者		5.2.7.4 主要外国个人作者名称原文		701$g	C,Personal Original	字符型	有则必选	
5.2 补充数据	5.2.7 主要个人作者		5.2.7.5 主要个人作者责任方式		701$4	D,C-Personal Role	字符型	有则必选可重复	
5.2 补充数据	5.2.7 主要个人作者		5.2.7.6 主要个人作者名称汉语拼音		701$9	C,Personal Phonetic	字符型	有则必选	
5.2 补充数据	5.2.8 其他个人作者		5.2.8.1 其他个人作者名称		702$a	Co,Personal Name	字符型		
5.2 补充数据	5.2.8 其他个人作者		5.2.8.2 其他个人作者名称附加成分		702$c	D,Co-Personal Add	字符型	可重复	
5.2 补充数据	5.2.8 其他个人作者		5.2.8.3 其他个人作者年代		702$f	Da,Co-Personal Years	字符型		
5.2 补充数据	5.2.8 其他个人作者		5.2.8.4 其他外国个人作者名称原文		702$g	Co,Personal Original	字符型		

续表

大类	中类	小类	数据元素	出现位置	CNMARC标识名称	DC元数据标识名称	数据类型	使用说明	注
5.2 补充数据	5.2.8 其他个人作者		5.2.8.5 其他个人作者责任方式		702$4	D,Co-Personal Role	字符型	可重复	
5.2 补充数据	5.2.8 其他个人作者		5.2.8.6 其他个人作者名称汉语拼音		702$9	Co,Personal Phonetic	字符型	有则必选	
5.2 补充数据	5.2.9 主要团体作者		5.2.9.1 主要团体作者名称		711$a	C,Corporate Name	字符型	有则必选	含会议名称。本标准不用$b 子字段，因中文团体名称系直序形式，分级著录不利于建立检索点，团体名称全部用本数据元素标识
5.2 补充数据	5.2.9 主要团体作者		5.2.9.2 主要团体作者名称附加成分		711$c	D,C-Corporate Add	字符型	可重复	
5.2 补充数据	5.2.9 主要团体作者		5.2.9.3 主要外国团体作者名作者名称原文		711$g	C,Corporate Original	字符型	有则必选	
5.2 补充数据	5.2.9 主要团体作者		5.2.9.4 主要团体作者责任方式		711$4	D,C-Corporate Role	字符型	有则必选，可重复	
5.2 补充数据	5.2.9 主要团体作者		5.2.9.5 主要团体作者英译名称		711$a	C,Corporate Name	字符型	有则必选	

续表

大类	中类	小类	数据元素	出现位置	CNMARC 标识名称	DC 元数据标识名称	数据类型	使用说明	注
5.2 补充数据	5.2.10 其他团体作者		5.2.10.1 其他团体作者名称		712$a	Co,Corporate Name	字符型		
5.2 补充数据	5.2.10 其他团体作者		5.2.10.2 其他团体作者名称附加成分		712$c	D,Co-Corporate Add	字符型	可重复	
5.2 补充数据	5.2.10 其他团体作者		5.2.10.3 其他外国团体作者名称原文		712$g	Co,Corporate Original	字符型		
5.2 补充数据	5.2.10 其他团体作者		5.2.10.4 其他团体作者责任方式		712$4	D,Co-Corporate Role	字符型	可重复	
5.2 补充数据	5.2.10 其他团体作者		5.2.10.5 其他团体作者英译名称		712$a	C,Corporate Name	字符型	有则必选	
5.2 补充数据			5.2.11 主题名称		610$a	S,Uncontrolled Terms	字符型	有则必选，可重复	
5.2 补充数据	5.2.12 分类号		5.2.12.1 中图法分类号		690$a	S,CLCClass Number	字符型	有则必选	
5.2 补充数据	5.2.12 分类号		5.2.12.2 中图法版次		690$v	D,CLCEdition	字符型		
5.2 补充数据	5.2.13 国内其他分类号		5.2.13.1 分类号		696$a	S,OtherClass Number	字符型		包含营销分类号和出版统计分类号，营销分类号执行 CY/T 51—2008《图书、音像制品、电子出版物营销分类法》

续表

大类	中类	小类	数据元素	出现位置	CNMARC标识名称	DC元数据标识名称	数据类型	使用说明	注
5.2 补充数据	5.2.13 国内其他分类号		5.2.13.2 分类号系统代码		696$2	D,CodeOfOther ClassNumber	字符型		以代码表示，营销分类号代码为YXFLH；出版统计分类号代码为 CBTJFLH
5.2 补充数据	5.2.14 编目机构		5.2.14.1 编目机构国家代码		801$a	ID,CodeOf Country Cataloging	字符型	以CN表示	执行GB/T 2659—2000《世界各国和地区名称代码》
5.2 补充数据	5.2.14 编目机构		5.2.14.2 原始编目机构名称代码		801$b	ID,Original Cataloging AgencyCodes	字符型	必选	以 ISBN 中的出版者号为机构代码
5.2 补充数据	5.2.14 编目机构		5.2.14.3 原始编目处理日期		801$c	Da,Original Cataloging Processing	数字型	8位以YYYYMMDD表示	
5.2 补充数据	5.2.14 编目机构		5.2.14.4 机读格式名称		801$2	F,MARCName	字符型		以 CNMARC 表示
5.2 补充数据	5.2.15 电子资源地址		5.2.15.1 域名		856$a	So,FieldName	字符型		以存储电子文件的计算机域名为标识内容
5.2 补充数据	5.2.15 电子资源地址		5.2.15.2 路径		856$d	So,Route	字符型		以存储电子文件的逻辑目录与子目录为标识内容
5.2 补充数据	5.2.15 电子资源地址		5.2.15.3 电子文件名		856$f	T,Electronic Document	字符型	必选	电子文件包含封面、封底、扉页、内容简介、目次页和正文前10 页的 PDF 文件
5.2 补充数据	5.2.15 电子资源地址		5.2.15.4 统一资源地址（URL）		856$u	So,URL	字符型		以电子资源文件的本地存储路径为标识内容

4.4 本标准的应用

本标准的实施和应用，推动了书目工作的信息化进程。图书印前的电子数据中提供包含上述内容的元数据后，图书销售环节或者图书馆的编目环节都可以重复一致地利用这些数据，提高了效率和准确性。

4.4.1 中文图书标识数据应用实例

以下为 CY/T 62—2009 中文图书标识规则标准附录中给出的应用实例：

001 012007000105▼
010 $a978-7-5013-3441-4$dCNY38.00 元▼
029 aCNb(2007)038652▼
100 $a20070710d2007####em#y0chiy50######ea▼
101 $achi▼
102 aCNb100000▼
200 $a 图书馆学研究的本土化思考 $bcts$dThinking on Indigenization of Library Science Research$f 刘兹恒著▼ $zeng$9Tushuguanxue yanjiu de bentuhua sikao
210 $a 北京 $c 北京图书馆出版社$b100052 北京市西城区文津街 7 号 $c 新华书店 $g 北京华正印刷有限公司 $d 2007 年 7 月 $h 2007 年 7 月 $ABeijing$CBeijing Library Press▼
215 $a243 页 $d787×960 毫米 1/16$f220 (千字) $g3000▼
300 $a 国家“十一五”重点图书出版规划项目▼
314 $a 管理学博士。1955 年生于重庆市。1978 年考入北京大学图书馆学系，1984 年研究生毕业后留校任教，现为北京大学信息管理系教授。长期从事图书馆学基础理论、文献资源建设、图书馆管理等方面的教学与研究，主持及参加过多项国家社科基金、教育部社科基金、科技部软科学项目和国际合作项目的研究工作。出版《信息媒体及其采集》、《图书馆非书资料采访工作手册》等著作 5 部，发表学术论文 90 余篇。曾获教育部人文社会科学研究成果奖、北京市优秀教师、北京大学教学优秀奖等奖励。现兼任中国图书馆学会理事及其编译出版委员会副主任、学术委员会委员、图书馆学理论研究专业委员会主任；教育部高等学校图书馆学学科教学指导委员会副主任、秘书长；中国高校人文社会科学文献中心（CASHL）专家委员会委员；重庆师范大学客座教授；重庆市图书馆顾问等职。▼
314 $a Ph.D. in Management Degree; professor in information management department, at Peking University. He was born in 1955, in Chongqing. In 1978, he attended Peking University as an undergraduate. He received a master’s degree in library science from Peking University in 1984. From then on, he served as a faculty member in Peking University. He has been engaged in teaching and research on basic theory of library science, the construction of literature resources, library management, and etc. He has supervised and participated in a number of research projects of National Social Science Fund, Social Science Fund of Ministry of Education, soft science projects of Ministry of Science and technology, and research projects in international cooperation. He has published 5 works and as well as more than 90 academic papers. For his work at Peking University, he received the outcome award of Humanities and Social Sciences

of Ministry of Education, the outstanding teacher in Beijing, the excellent teaching award of Peking University and other awards. He also serves as a trustee of Library Society of China, the deputy director of the Publications Board, a member of Academic Committee, the director of Professional Committee of basic theoretical research in library science. He also chaired the deputy director and secretary-general of the Steering Committee for Academic Libraries of China, an expert committee of China Academic Humanities and Social Sciences Library (CASHL), the visiting professor at Southwest University and Chongqing Normal University, the consultant in Chongqing library, and so on.▼
330 $a 本文集选收作者 1986—2004 年间公开发表的图书馆学论文 27 篇，内容主要集中在图书馆学基础理论和文献资源建设两个方面，不仅集中反映了作者在这个时期所取得的图书馆学研究成果，也在一定程度上反映出了世纪之交我国图书馆学研究者对图书馆事业发展和图书馆学研究的思考。▼
330 $a The book collects 27 papers by the author in library science published in the period of 1986—2004, which mainly focused on both basic theoretical research in library science and the construction of literature resources. The book not only represents the author's achievement in library science but also reflects, to a certain extent, the thinking of Chinese researchers of library science on the development of library and the study of library science in Millennium.▼
333 $a 出版业管理人员，图书馆员▼
461 $1200 $a 当代中国图书馆学研究文库$v 第一辑▼
464 $1200 $a 试论我国图书情报资源整体布局的原则▼
464 $1200 $a 我国图书馆藏书建设的发展趋势及我们的任务▼
464 $1200 $a 论图书馆在信息社会中的地位及其今后的生存发展▼
464 $1200 $a 论图书馆意识▼
464 $1200 $a 评八十年代我国图书馆学基础理论研究的两次高潮▼
464 $1200 $a 我国图书馆网理论与实践的几个问题▼
464 $1200 $a 对我国高等图书馆学教育走出困境的几点意见▼
464 $1200 $a 西方公共出借权的由来、发展及问题▼
464 $1200 $a 中美图书馆（协）会的比较研究▼
464 $1200 $a 试论虚拟图书馆与传统图书馆的关系▼
464 $1200 $a 对图书馆文献完备性的再认识▼
464 $1200 $a 我国图书馆电子出版物采集工作的问题及对策▼
464 $1200 $a 论图书馆资源建设▼
464 $1200 $a 知识经济、信息经济及我们的对策▼
464 $1200 $a 网络环境下我国图书馆的发展方向▼
464 $1200 $a “网络环境”探析▼
464 $1200 $a 构建网上学术信息资源共建共享系统▼
464 $1200 $a 对“存取”与“拥有”的再思考▼
464 $1200 $a 图书馆学专业学生不愿从事图书馆工作的社会心理因素浅析▼
464 $1200 $a 网络环境下的图书馆员▼
464 $1200 $a 有感于我国图书馆事业之“西学东渐”▼
464 $1200 $a 对图书馆信息资源建设的几点看法▼
464 $1200 $a 论公共图书馆精神在数字时代的弘扬和延伸▼
464 $1200 $a 中国的图书馆研究▼
464 $1200 $a 对图书馆学本土化的思考▼
464 $1200 $a 试论图书馆国际化与本土化的关系▼
464 $1200 $a 试论图书馆学本土化的目的与特征▼

```
610 $a 图书馆学$a 文集▼
690 $aG250-53$v4▼
696 $a09.05.01$2YXFLH
701 $a 刘兹恒$9Liuziheng$4 著▼
801 $aCN$b5013$c20070710$2CNMARC▼
856 $uE:\文库$f 本土化思考▼▲
```

4.4.2　标识性编目

陈源蒸先生在论"标识性编目"一文[1]中介绍了标识性编目的概念及特点，标识性编目是本标准的重要应用。

1. 标识性编目概念的提出

自动编目是在图书印前电子文本上进行编目处理，具体操作是对其中的属性数据进行标识，而不是描述。二次文献（元数据）原本就在一次文献（对象数据）之中，XML 语言为在一次文献的电子文本中进行编目处理提供了技术条件，解决了一般数据库软件解决不了的结构化数据与非结构化数据混合在一起的问题，可以只对属性数据进行标识，将非属性数据排除在外。使从源头上进行书目数据制作，实现更大范围的信息资源共享成为可能。自动编目的软件技术已经有了解决方案，但还要有编目业务操作的相关规定。因而提出了标识性编目的概念。

对于自动编目的数据处理，ISBD《国际标准书目著录》（International Standard Biliographic Description，ISBD）的原则在这里不完全适用。ISBD 面对的是已出版的图书，只能有什么描述什么。自动编目处理的是图书付印前的电子文本，对其具有的属性数据进行标识。

2. 标识性编目与描述性编目的不同操作方式

以《中文图书采访工作手册》为例，该书的基本信息如图 4-1 所示。

```
中文图书采访工作手册　李德跃　主编
出版　北京图书馆出版社（北京西城区文津街 7 号）
经销　新华书店
印刷　北京双桥印刷厂
开本　787×1092 毫米　1/16　印张　23
版次　2004 年 4 月第 1 版　2004 年 4 月第 1 次印刷
字数　540(千字)　印数　1-5000
书号　ISBN 7-5013-2413-1/G・567
北京图书馆出版社　　　　定价　50.00 元
```

图 4-1　《中文图书采访工作手册》基本信息

[1] 陈源蒸. 论"标识性编目"[J]. 数字图书馆论坛，2007（6）：36-40.

对该书进行描述性编目的操作如下：

010 $a**7-5013-2413-1**$d**CNY50.00**
2001 $a **中文图书采访工作手册**$f **李德跃主编**
210 $a **北京**$b **北京西城区文津街 7 号**$c **北京图书馆出版社**$d**2004**
215 $a**352** 页$d**787×1092 毫米 1/16**
注：黑色字符是在编目软件中录入到相应子字段的信息源中的属性数据。

对该书进行标识性编目操作如下：

<T,proper>中文图书采访工作手册**</T,proper>**
<D, firstAuthor>李德跃主编**</D, firstAuthor>**
北京图书馆出版社
<P,place>北京**</P,place>**
出版 **<P,name>**北京图书馆出版社**</P,name>**
(**<D,publisherAddress>**北京西城区文津街 7 号**</D,publisherAddress>**)
经销 新华书店**<Da,publication>**2004 年 4 月**</Da,publication>**
印刷 北京双桥印刷厂 2004 年 4 月**<D,pages>**352 页**</D,pages>**
开本 **<D,size>**787×1092 毫米 1/16**</D,size>**印张 23
版次 2004 年 4 月第 1 版 2004 年 4 月第 1 次印刷
字数 540(千字) 印数 1-5000
书号 ISBN**<ID,ISBN>**7-5013-2413-1**</ID,ISBN>**/G・567
定价 **<D,ISBNprice>**CNY50.00**</D,ISBNprice>**
注：黑色字符是在排版软件中对其中的属性数据插入的结构标签。

3. 标识性编目的特点

（1）在图书出版过程中编目。描述性编目是在图书出版后编目，因而滞后是必然的。标识性编目是在图书出版前标识处理、发布，用户可在图书发行前获得书目数据。

（2）对电子形式文献的数据进行属性标识，而不是对文献上的属性数据按一定规则进行描述，元数据与对象数据完全一致，从根本上消除了校对性的差错。

（3）强调书目数据需要什么，而不是有什么，描述什么。标识数据标准规定一种图书必须具有的属性数据，从而保证了书目数据的完整性。自动编目处理的是图书付印前的电子文本，缺少的数据可以补充。

（4）真正做到一家编目，大家使用。由于出版单位在图书发行前即提供了标准化的书目数据，发行商与图书馆可不用另行编目了。

（5）比特—比特的直接处理。标识处理是“比特—比特的直接处理”，在以计算机进行计算机排版印刷的条件下，再以其印刷版重新描述著录，总是“比特—原子—比特”的反复操作。而以其电子文本自动生成，不仅时间提前了，而且质量有了保证，成本也大大降低。这是提高交流效率的根本路径。

（6）自动化程度比描述性操作要高得多，可采用模块化方式处理。一种图书的书目记录，大约有 50 多个元数据，采用模块化方式，只需对 10 种左右的元数据进行处理。

4. 标识性编目的意义

（1）元数据与对象数据可融为一体。

描述性编目产生的书目数据是在对象数据之外单独存在的。标识性编目产生的书目数据就在对象数据之中，二者融为一体。

（2）图书出版者同时是书目数据的生产者。

过去图书目录是独立编制的，自动编目使两者已逐渐合一，从一次文献生产过程中产生二次文献改变了这一格局。目前全文期刊数据库都包含索引、文摘、引文数据，二者合一是未来发展趋势。图书出版商的情况也会向这个方向发展。

（3）可能出现一种崭新的书目网络形式。

一、二次文献的同时生产，可能出现一种崭新的书目网络形式，即由出版单位、发行商、图书馆共同使用，一、二次文献同时提供，数字与非数字出版物统一发行的网络。

（4）书目质量将有显著提高。

标识性编目产生的中文图书书目数据，内容将更加完整，包含内容简介与章节内容，附带封面图形文件，还可能有精彩页面，可对所有责任者全部进行标识。

（5）数字版与非数字版紧密连接。

书目记录中明确指明该文献数字版的保存与作用途径。

（6）无序生产有序整合的现象将得到改变

无序生产有序整合是一种社会现象，是信息资源生产贫乏时代的产物。人类社会是在不断调整秩序中发展的，各种法律、规章制度，都伴随着社会的进步而产生。标识性编目的出现，是社会进步的表现。

4.4.3 对数字出版的意义

中文图书标识规则的发布实施，对于数字出版的意义主要体现在以下几个方面：

1. 提高出版书目管理的效率

有利于出版业与图书馆界的共同使用，在相关软件技术的支持下，从 CIP 数据、书号实名申报数据，到 ISBN 数据与样书管理数据，均可采用，可方便地实现书目信息的统一全面管理，方便地实现书目信息交流，提高管理效率，不仅可改变各种数据相互脱节的现象，还将有效地抑制各种不规范行为。

2. 促进我国出版业走向世界

本标准规定了较多的并列（英文）元数据，如“510 并列题名”、“314 作者简介”等，使中文图书出版后即具有与国际社会交流的书目数据，也为我国向 ISBN 国际中心上报使用书号信息创造了条件，促进我国出版业走向世界。此外，本标准为印刷版与数字版规定了统一的元数据，使用“856 电子资源地址与检索”字段可在印刷与数字版之间建立连接，有力地促进了数字复合出版工程的进展。

第 5 章

Chapter 5

图书流通信息交换规则

CY/T 39-2006 图书流通信息交换规则由新闻出版总署发布，从 2006 年 4 月 1 日起在行业内实施，是中国书业出台的第一个信息化管理标准，是在中国图书发行行业对外开放、发行企业全面改制、产业平台亟需提升的大背景下出台的。该标准的目的在于促进中国图书出版发行供应链之间的信息交换，通过完整定义图书商品信息以及图书商品在流通环节中的信息交换内容和规则，规范图书出版发行供应链中各企业信息系统的数据接口，使企业间数据库能以标准格式相互提供所需数据，以达到整个出版发行供应链、信息链异构系统的数据传输简单化。每个数据库拥有者只需将自己数据库的内部格式和标准格式进行转化，就可达到供应链中各企业信息的互联。

5.1 CY/T 39—2006图书流通信息交换规则概述

5.1.1 编制背景[1]

中国书业信息化起步较晚、基础薄弱、应用程度较低。改革开放20年，图书发行行业改革的设计是以搞活流通为目标，重点是流通体制改革，体制改革虽打破了新华书店在行业的垄断地位，实现了行业经济成分的多元化，但产业流通方式仍是农贸市场式的初级市场经济的流通方式。流通的手段落后，没有从供应链的角度设计产品信息在流通过程中的穿透、延伸和市场反馈。图书流通供应链中的商流、物流、资金流由于信息不畅，在一定程度上制约了市场的培育和发展。特别是从20世纪90年代开始，图书买方市场形成，农贸市场式的产业流通方式造成产品信息及交易信息不能在供应链上下游对称流动，出版产业链上、中、下游矛盾激增，不仅提高了交易成本，而且制造了交易屏障，扩大了交易风险，并且风险正逐步向上游转移，进而加剧了行业诚信危机。

这种现状引起新闻出版总署领导的高度重视，2004年7月，全国出版物发行标准化技术委员会成立。新闻出版总署以“以应用为核心，急用先行”为原则，从解决行业最急迫和最关键的问题出发，首先下达了制定出版物发行行业标准——《图书流通信息交换规则》的课题任务。这说明制定这个标准对行业发展的重要性，证明了行业对流通信息交换规则需求的迫切性。研究和制定这个标准的目的是为了促进中国图书出版发行供应链之间的信息交换；实现供应链企业间的信息资源共享；推进行业全程业务运行规范，以加速行业信息流通，降低交易成本，减小经营风险，提升行业技术，改变行业经济增长方式，以适应出版发行业市场化、产业化、网络化需要，加快行业发展。

5.1.2 编制过程

2004年7月19日，根据新闻出版总署的指示和要求，按照“急用为先”的原则，全国出版物发行标准化技术委员会成立。

2004年9月1日，《图书流通信息交换规则》起草工作组成立并开始工作。起

[1] 潘明青．书业标准化探索——《图书流通信息交换规则》的制定、实施及思考[J]．出版发行研究，2006（12）．

草工作组工作人员由新闻出版总署发行司、新华书店总店、浙江省新华书店集团公司、上海新华发行集团、电子工业出版社、当当网、国家图书馆组成。工作组确立了编制工作“科学性、先进性、实用性、渐进性”四项原则并对标准课题的命名、工作内容、涉及范围及技术应用等方面做了框架设计。工作组组织浙江省新华书店集团有限公司、新华书店总店、上海市新华发行集团、电子工业出版社、北京科文图书出版业信息技术有限公司（当当网）等多家单位在以往几年工作的基础上又重组力量，合力攻关，通过大量的会议、重点走访、问卷调查等多种形式进行了广泛调查，在认真研究国内外出版物发行行业现状、信息技术变化及未来发展趋势，以及行业现有标准的基础上，采用 ONIX 框架和英格拉姆企业流通信息交换标准的设计思想，参考中国机读目录格式的数据标识定义原则和《会计核算软件数据接口》的数据描述表现形式，对本标准项目的命名、工作内容、涉及范围及技术应用等方面做了全面的设计和开发。同时标准化技术委员会全面征求了 200 多家出版单位、30 余家批发商、67 家零售书店、2 家网上书店、4 家行业软件商以及国家图书馆、中国图书进出口公司、新闻出版总署信息中心等单位的意见，回收了 230 余条反馈意见，从流通的角度，为标准化编制工作打下了坚实的基础。

2005 年 2 月工作组开始标准起草，用四个月的时间完成了《图书流通信息交换规则》（征求意见稿）。随后，工作组在行业内开展了为期三个月的意见征求活动，吸纳合理化建议，并小范围选择了试点单位进行试验。

2005 年 11 月 13 日，新闻出版总署科技发展司在北京主持召开《图书流通信息交换规则》行业标准（送审稿）审查会。审查委员会认真听取了标准起草工作组关于标准的编制说明、测试报告、意见汇总处理等汇报，并结合当时的行业状况、实际的业务流程等对标准（送审稿）进行了讨论。

2005 年 11 月 14 日，全国出版物发行标准化技术委员会 2005 年度工作会议在新闻出版总署召开，新华出版物流通有限公司、浙江省新华书店集团有限公司、江苏新华发行集团、上海新华发行集团、四川新华文轩发行集团、深圳新华发行集团六家发行集团和科学科学出版社、商务印书馆、人民卫生出版社、化学工业出版社、建筑工业出版社、人民文学出版社、机械工业出版社、人民邮电出版社、清华大学出版社、北京大学出版社、外语教学与研究出版社、中国医药科技出版社、人民大学出版社、中国地图出版社、电子工业出版社、人民出版社 16 家出版单位成为《图书流通信息交换规则》的试点单位。

2006 年 1 月 26 日，新闻出版总署（新出办[2006]90 号）批准发布《图书流通信息交换规则》行业标准，其标准编号为 CY/T 39－2006，该标准在 2006 年 4 月 1 日起正式实施。

5.1.3 标准的定位[1]

《图书流通信息交换规则》的标准化对象有四个：

（1）交换的商品对象是“图书”。出版物发行业中图书商品的流通业务运行相对规范，交易量大，所涉及的供应链成员多，将商品对象定位为图书，能在成熟的环境下有效地提供业务信息交换的解决方案。在图书流通领域中，图书是充当物流的角色。

（2）交换的内容对象是“流通信息”。图书商品的流通过程繁杂、业务链最长，商品及业务信息海量，市场对信息响应要求高，将内容对象定位为流通信息能达到以信息链整合带动产业链整合的目标。

（3）约定对象是“交换规则”。目前图书商品在流通过程中，业务活动信息也在以不同的形式进行“交换”，如市场调查、召开局部的信息交流会，但这种信息交换是无序的、自由的和零散的。因此，将该标准约定对象定位为“交换规则”，是通过按一定规则将产业链中计算机异构系统中的流通信息进行科学、规范的技术整合，实现图书流通信息的有序交换，以简捷的技术约定完成复杂的业务处理过程，利用现代信息技术的优势获取上、下游之间有效的、对称的、准确的经济活动信息。

（4）应用对象是行业供应链间的“企业”。在出版物发行集约化管理的大前提下，行业中独立企业的内部信息大多已整合，能够在信息共享的条件下完成企业内部业务链的运作，但企业与企业间异构信息系统缺乏标准，相互之间的业务信息不能及时、有效地传递，延长了商品流通的周期，降低了市场需求的满足率。因此，《图书流通信息交换规则》的着眼点在于解决行业企业间异构信息系统业务。

5.1.4 标准的特色

图书流通信息交换规则作为新闻出版行业标准，从行业现实出发，围绕着图书流通业务构建信息类型及数据记录，具有以下特色。

1. 以图书流通业务为中心[2]

《图书流通信息交换规则》以图书流通业务过程为核心，明确了数据交换的内容。其应用范围涉及七个业务环节，通过十种信息类型，提炼了十八种数据记录，用以完成出版发行行业所涉及的十五种业务处理。

---

［1］潘明青．书业标准化探索——《图书流通信息交换规则》的制定、实施及思考[J]．出版发行研究，2006（12）．

［2］潘明青．《图书流通信息交换规则》的出台和存在问题［EB/OL］．http://v2002.xwcbj.gd.gov.cn/ztbd/ 2006/11_xinxh/11.asp.

产业上游的信息发布通过三种信息类型：出版物商品信息、供货目录信息和库存商品信息。这三类信息用电子数据的方式及时向下游发布，主要目的是方便下游及时、有效地完成向上游的商品采购，同时避免上游产品资源无序地投放市场。其中库存商品信息可以双向使用，下游既可以将上游的库存信息作为采购依据，上游也可以将下游的库存信息作为加印、备货和发货的依据。

《图书流通信息交换规则》中有四种信息类型属于一种信息完成两种业务处理，包括采购单据信息（商品采购、采购确认），发货单据信息（发货、发货确认），退货单据信息（退货、退货确认），对账单据信息（对账、对账确认）。其设计的理由一是便于在计算机系统里实现单据的管理，二是便于在信息交换中保持同一张单据两种业务处理的相关性。这四种信息类型是流通信息交换中的四个重要环节：商品采购、采购确认，完成市场采购和订数确认；发货、发货确认，完成发货信息和实物收货的核对；退货、退货确认，完成退货信息和退货实物的核对；对账、对账确认，是双方财务对已确认的发货和退货账单在结算前的再次核对，只要将这四个环节的业务流程理清楚，结算就顺理成章了。

2. 借鉴国际标准成果，并结合行业实际

在《图书流通信息交换规则》的制定过程中，标准起草小组对国内外行业标准进行了充分研究，吸收相关标准的先进理念和思想。例如，图书商品信息是以欧美通用的在线信息交换标准 ONIX 框架为基础，根据中国图书出版业的实际进行了适当调整。在图书商品信息描述上，一方面尽可能考虑行业内各种应用对象，如出版机构、流通企业、电子商务、图书馆对获取、交换和共享图书商品流通信息的需要；另一方面又能充分体现图书的基本特征和个性特征，把图书商品信息分为商品代码、题名和责任者、版本项、载体形态、交易价格和税率、商品分类、商品内容、出版、发行状态、获奖信息等十个部分四十多个数据元素，尽可能完整地描述图书商品的特征。供应链企业间的业务信息交换类型的确定吸收了英格拉姆企业流通信息交换标准的设计思想，结合中国实际，创造性地解决行业最迫切需要解决的多对多的信息交换接口标准化问题，以交换流通单据信息为重点，共性内容参照《图书流通信息交换规则》的约定，个性内容由交换双方共同约定，在多对多信息交换过程中，既减少了协商工作量，又提供了自由灵活的应用空间。

3. 四角度构建系统[1]

《图书流通信息交换规则》在制定过程中，本着力求实现供应链各企业间流通业务信息的贯通，以信息链整合带动产业链整合的指导思想，从全行业的角度，

[1] 潘明青.《图书流通信息交换规则》的出台和存在问题［EB/OL］. http://v2002.xwcbj.gd.gov.cn/ztbd/ 2006/11_xinxh/11.asp.

总结供应链上、中、下游流通过程中业务内容的共性与个性，以发展的眼光归纳剖析图书供应链企业间的业务活动环节，提取企业间交易业务活动所需交换的信息进行归纳整理，从四个角度建立了行业内企业各异构管理信息系统间对话的“话语体系”。

（1）界定了流通业务过程的对话内容。从图书交易业务中的“发布、采购、发货、退货、对账、结算、统计”七个工作环节中明确了数据交换的范畴，根据范畴定义出“出版物商品信息、供货目录信息、库存商品信息、采购单据信息、发货单据信息、退货单据信息、通知退货信息、对账单据信息、结算单据信息、统计单据信息”等10种信息类型，以支持“发布信息、商品征订、库存沟通、商品采购、采购确认、发货、收货、退货、退货确认、通知退货、对账、对账确认、结算、分销统计、零售统计”十五种业务的信息处理。

（2）梳理了工作环节、信息类型、业务单据之间的逻辑关系，划分了流通信息的交换数据子集，对构成数据子集的每一数据项都进行了反复论证，综合考虑这些数据项在不同数据子集中的共性及个性特征，在最大限度提高业务覆盖面的前提下尽可能减少数据项个数。

（3）规范化定义了构成图书流通过程中的基本词汇，通过对构成图书流通信息数据元素的定义，清晰了行业对话的基础性“名词”，这些名词作为数据字典在“标准”中贯穿使用。

（4）制定了图书流通信息交换的技术规则。为了使行业供应链上各节点企业间的信息交换更加灵活、有效，同时适应目前行业上、中、下游不同企业计算机应用水准的差异，《图书流通信息交换规则》从先进性和实用性出发，采用文本和XML两种文件格式作为计算机软件系统之间信息交换的接口文件格式。两种文件格式的交换规则在逻辑上保持一致，并通过标识符的定义，建立了两种文件类型数据内容的对应关系。采用这两种技术交换规则充分考虑了不同层面信息化程度的因素：对于系统应用处于基础性阶段的企业，文本文件传输方式实现较为简单，能够满足流通环节中的基本业务需求；对于系统应用程度较深且具备一定技术实力的企业，XML传输方式使数据交换完全自动化、流程化，有助于最终达到数据传输工作流的目标。从本质上说，《图书流通信息交换规则》就是信息系统接口标准，即输出数据的规范，它不需要改动企业原有的数据结构和操作流程。《图书流通信息交换规则》如同置于不同系统之间的特殊层次，通过标准模板使异构数据的传送和获取简单化，使企业间数据库能以标准格式相互提供所需数据，以达到整个出版发行供应链、信息链异构系统的数据传输简单化。其目的是为了促进中国图书出版发行供应链之间的信息的交换，实现供应链企业间的信息资源共享，推进行业全程业务运行规范。

4. 重视实用性[1]

《图书流通信息交换规则》以可操作性为出发点，兼顾行业供应链上各节点企业信息化发展的差异，使供应链企业间的信息交换更加灵活、有效，最大限度地扩大使用范围。实用性体现在以下几个方面。

（1）适应不同企业身份。

面对出版物发行渠道的多元化发展趋势，《图书流通信息交换规则》从行业视角解读图书流通过程，充分考虑供应链上各环节企业的适用性。在图书流通过程中的每一个供求关系节点上，不同身份的企业在流通过程中的业务角色是变化的，出版单位是供货方，零售店是需求方，而批发商既是供货方又是需求方。

《图书流通信息交换规则》不是将出发点定位于某一类型的企业，而是以流通过程中的供、需两类业务对象为基点，定义供货方为“供货商”、需求方为“采购商”，企业的供求关系随业务内容而变化，使图书流通供应链上各种身份的企业根据所发生的业务内容定位自身的“供”、“需”角色，通过合理引用《图书流通信息交换规则》实现信息交换。《图书流通信息交换规则》在交换信息类型、数据元素的定义上遵从这一逻辑，以适应不同身份的企业在供求关系中的不同需要，增加了使用的有效性。

（2）适应不同经营模式。

为适应当前图书流通领域变革所形成的多样化经营模式，《图书流通信息交换规则》从工作环节、业务单据、数据内容的设计上，力求满足零售店、批发商、连锁店、电子商务、发行集团等各种经营模式企业的应用需要；同时，丰富的图书商品基本特征数据项，不仅为电子商务运作建立了数据交换通道，也为行业共享资源数据库的数据结构奠定了基础，增加了使用的广泛性。

（3）适应不同业务水准。

《图书流通信息交换规则》既要能够支撑发展进程较快的企业，又要照顾到不发达地区的实际情况，使不同业务水准的用户在同一标准平台上完成各自的数据交换需求。《图书流通信息交换规则》从业务单据的划分、数据元素的确定、技术规则的选择上都对不同层次企业的业务运行有所兼顾，增加了使用的可操作性。

（4）适应不同信息系统。

综合目前行业信息系统的应用状况，《图书流通信息交换规则》定义了文本文件和XML两种交换规则。对于系统应用处于基础性阶段的企业，文本文件传输方式的实现较为简单，能够满足流通环节中的基本业务需求；对于系统应用程度较深且具备一定技术实力的企业，XML传输方式更为自动化、流程化。从现实看，文本文件格式应用覆盖率相对高些，从发展来看，XML的先进性有助于最终达到数据传输工作流的目标，使数据交换完全自动化，增加使用的灵活性。

---

[1] 白晓伟. 推动图书流通信息化的新成果——解读《图书流通信息交换规则》[J]. 信息与电脑，2006（9）：35-40.

5.2 标准主要技术内容

5.2.1 概述

《图书流通信息交换规则》明确了图书商品流通过程中的信息交换环节，统一了图书流通信息交换环节中的内容，定义了图书流通信息交换中的数据元素，制定了图书流通信息的交换规则，规范了图书出版发行供应链中各企业信息系统的数据接口，使企业间数据能以标准格式相互提供所需数据，以达到整个出版发行供应链、信息链异构系统的数据传输简单化。

《图书流通信息交换规则》从先进性和实用性出发，考虑出版物发行行业现行状况和网络技术发展趋势，交换文件采用文本和 XML 两种文件格式作为计算机软件系统之间信息交换的格式。其中，文本文件引用 GB/T 2901－1992《书目信息交换用磁带格式》(即国际标准 ISO 2709)，并通过标识符的定义，建立了文本和 XML 两种文件类型数据内容的对应关系，以使两种数据格式的信息交换规则在逻辑上保持一致，从而确保了标准的技术先进性和可行性。两种格式的信息交换规则在逻辑上保持一致，并通过标识符的定义，建立了两种文件类型数据内容的对应关系。

5.2.2 图书流通信息交换的内容

《图书流通信息交换规则》以图书流通过程为核心，明确了数据交换的内容。根据交易业务的“发布、采购、发货、退货、对账、结算、统计”七个环节，定义了“出版物商品信息、供货目录信息、库存商品信息、采购单据信息、发货单据信息、退货单据信息、通知退货信息、对账单据信息、结算单据信息、统计单据信息”十种信息类型，支持“发布信息、商品征订、库存沟通、商品采购、采购确认、发货、收货、退货、退货确认、通知退货、对账、对账确认、结算、分销统计、零售统计”十五种业务处理流程。

其中发布环节涉及传送标题和图书商品两个数据记录，这两个数据记录构成了业务处理过程中的发布信息。采购环节涉及商品征订、库存沟通、商品采购和采购确认四个业务处理过程，包含供货目录、图片文件、库存商品、采购单据总目和采购单据细目五个数据记录。发货环节涉及发货和收货两个业务处理过程，包含发货单据总目和发货单据细目两个数据记录。退货流程也涉及退货和退货确认两个业务处理流程，包含退货单据总目和退货单据细目两个数据记录。在对账业务环节，关联的业务处理流程是对账和对账确认，包含通知退货信息、对账单据总目和对账单据细目三个数据记录。结算环节主要涉及结算业务处理，关联的数据记录是结算单据总目和结算单据细目。统计环节主要涉及分销统计和零售统计两个业务处理流程，关联的数据记录也是两个，统计单据总目和统计单据细目。

标准涉及的业务环节、信息类型、业务处理、数据记录的具体情况见表5-1。

表5-1 标准涉及的业务环节、信息类型、业务处理、数据记录

业务环节	信息类型	业务处理	数据记录名称
1.发布	1.出版物商品信息	1.发布信息	1.传送标题
			2.图书商品
2.采购	2.供货目录信息	2.商品征订	3.供货目录
			4.图片文件
	3.库存商品信息	3.库存沟通	5.库存商品
	4.采购单据信息	4.商品采购	6.采购单据总目
			7.采购单据细目
		5.采购确认	采购单据总目
			采购单据细目
3.发货	5.发货单据信息	6.发货	8.发货单据总目
			9.发货单据细目
		7.收货	发货单据总目
			发货单据细目
4.退货	6.退货单据信息	8.退货	10.退货单据总目
			11.退货单据细目
		9.退货确认	退货单据总目
			退货单据细目
	7.通知退货信息	10.通知退货	12.通知退货信息
5.对账	8.对账单据信息	11.对账	13.对账单据总目
			14.对账单据细目
		12.对账确认	对账单据总目
			对账单据细目
6.结算	9.结算单据信息	13.结算	15.结算单据总目
			16.结算单据细目
7.统计	10.统计单据信息	14.分销统计	17.统计单据总目
			18.统计单据细目
		15.零售统计	统计单据总目
			统计单据细目

本标准中定义的十八种数据记录的具体情况见表 5-2。

表 5-2 标准定义的数据记录

数据记录编号	数据记录名称	标识符	数据标识的内容	说明
1	传送标题	910a	Header	交换双方的说明信息
2	图书商品	910b	Product	图书商品的基本特征信息
3	供货目录	910c	Supply	可供商品的基本特征信息及供货信息
4	图片文件	910d	Picture	图书商品图片文件的信息
5	库存商品	910e	Storage	某时点的图书商品库存信息
6	采购单据总目	910f	Order Catalogue	采购或采购确认单据的公共信息
7	采购单据细目	910g	Order	采购或采购确认单据所属的图书商品细目信息
8	发货单据总目	910h	Shipment Catalogue	发货或收货确认单据的公共信息
9	发货单据细目	910i	Shipment	发货或收货单据所属的图书商品细目信息
10	退货单据总目	910j	Returns Catalogue	退货或退货确认单据的公共信息
11	退货单据细目	910k	Returns	退货或退货确认单据所属的图书商品细目信息
12	通知退货信息	910l	Returns Notification	通知采购商按要求退回图书商品的退货信息
13	对账单据细目	910m	Account Catalogue	对账或对账确认单据的公共信息
14	对账单据细目	910n	Account	对账或对账确认单据所属的图书商品细目信息
15	结算单据总目	910o	Settlement Catalogue	结算单据的公共信息
16	结算单据细目	910p	Settlement	结算单据所属的图书商品细目信息
17	统计单据总目	910q	Statistic Catalogue	图书商品发货或销售统计单据的公共信息
18	统计单据细目	910r	Statistic	图书商品发货或销售统计单据所属的图书商品细目信息

上述十八种数据记录中有六对总目和细目数据记录，其中总目用以说明单据相对应的公共信息，而细目则用于说明所涉及图书商品的特有信息。

本标准通过上述业务环节、数据记录、业务处理流程等完整定义了图书商品信息，以及图书商品在流通各环节中的信息交换内容和规则，规范了图书出版发行供应链中各企业信息系统的数据接口，使企业间数据库能以标准格式相互提供所需数据，以达到整个出版发行供应链、信息链异构系统的数据传输简单化。每个数据库拥有者只需将自己数据库的内部格式和标准格式进行转化，就可达到供应链中各企业信息的互联，促进了中国图书出版发行供应链之间的信息交换。

5.2.3　图书流通信息数据元素

数据元素是用一组属性描述名称、标识、定义、注释的数据单元，是图书流通信息交换输出数据不可分割的基本单位。若干数据元素组成的数据记录是图书流通信息交换中传送的数据条目。

1. 数据元素的描述规范

本标准数据元素中有关图书特征部分按 GB/T 12451—2001、GB/T 12450—2001 的规定。数据元素的描述格式如下：

数据元素的名称：数据元素的中文名称。

数据元素的标识符：本标准文本文件中数据元素的标识。

数据元素的说明：数据元素含义的描述。主要是用来说明元素所代表的定义和具体内容。

数据元素的注释：数据元素的要求及其他说明。包括对元素是否是必选项的说明；对于时间计量、价格计量等元素的格式以及数字表示形式的要求（如，时间精确到秒，单价元素单位为元，数字保留两位数等）；对元素所采用标准的说明（如，“商品代码”元素，可在数据元素的注释中说明采用国际标准书号的图书商品编码符合 GB/T 5795）；对可以选择状态的数据元素可选状态的说明等。其中“必选项”是相应的数据记录中必须提供数据内容的数据元素。

2. 数据元素的自定义

本标准规定用于交换单位之间自定义的扩展信息传递的数据元素标识符为 945、946、947、948、949，相应的子字段为 a～z；自定义的扩展信息需要向标准维护中心备案。

《图书流通信息交换规则》在制定过程中明确了“科学性、先进性、实用性、渐进性”四原则，而数据元素的自定义很好地满足了实用性及渐进性的原则。就实用性而言，标准不可能全部涵盖出版发行领域所有单位的情况，数据元素的自定义考虑到不同单位工作的特殊性；就渐进性而言，随着行业环境的发展以及技术的进步，在图书流通领域必将出现大量新的现象和信息，自定义元素为定义这些新现象和信息提供了依据。数据元素的自定义增加了标准的扩展性和兼容性。

3. 数据元素具体情况

《图书流通信息交换规则》一共定义了 134 个信息数据元素。其中有 12 个数据元素为必选项：数据标识、传送文件 ID、传送标识（可选状态包括首次、重复、作废）、数据传送方、数据接收方、传送记录数量、数据产生时间、单据类型（可选状态包括发送和回告）、商品代码、数量、单据号码和发货退货标识。

这 134 个信息元素可以归纳成十大类，分别是：出版物商品信息、供货目录信息、库存商品信息、采购单据信息、发货单据信息、退货单据信息、通知退货信息、对账单据信息、结算单据信息、统计单据信息。具体情况见表 5-3。

表 5-3 数据元素

信息类型	数据记录名称	数据元素	说明
1．出版物商品信息	1．传送标题	1．数据标识 2．传送文件 ID 3．传送标识 4．数据传送方 5．数据接收方 6．传送记录数量 7．数据产生时间 8．单据类型 9．供货商名称 10．供货商 ID 11．供货商组织结构代码 12．供货商纳税号 13．供货商电话号码 14．供货商通信讯地址 15．供货商邮编 16．供货商电子邮件地址 17．供货商开户行 18．供货商账号 19．采购商名称 20．采购商 ID 21．采购商组织结构代码 22．采购商纳税号 23．采购商电话号码 24．采购商通信地址 25．采购商邮编 26．采购商电子邮件地址 27．采购商开户行 28．采购商账号 29．备注	除了 1、2、3 为数据传送的辅助信息之外，其他的都用以描述信息接收双方的基本情况、双方的 ID、联系方式及财务方面的基本情况

续表

信息类型	数据记录名称	数据元素	说明
	2．图书商品	1．商品代码 2．书名 3．丛书名 4．附属丛书名 5．著作者 6．出版者 7．本版版次 8．印次 9．定价 10．装帧 11．数据标识 12．标准书号条码 13．并列书名 14．译者 15．合作出版者 16．版权提供者 17．著作权合同登记号 18．出版者国别 19．出版地 20．首版年月 21．本版年月 22．本次印刷年月 23．原版定价 24．长 25．宽 26．厚 27．质量 28．页数 29．附件类型和数量 30．中图法分类 31．统计分类 32．营销分类 33．读者对象 34．语种 35．封面文件 36．精彩图画文件 37．主题词 38．目录 39．内容提要 40．著作者简介 41．精彩页 42．获奖情况 43．出版状态 44．备注	从著者、版本、装帧、分类等方面全面对图书流通交流中的核心元素进行了描述，涉及的元素在十八种数据记录中是最多的，这也充分证明了本标准将“图书”这一商品作为核心

续表

信息类型	数据记录名称	数据元素	说明
2．供货目录信息	3．供货目录	1．商品代码 2．书名 3．丛书名 4．附属丛书名 5．著作者 6．出版者 7．版本版次 8．印次 9．定价 10．装帧 11．数据标识 12．供货商名称 13．供货商 ID 14．供货商商品 ID 15．征订代码 16．新品标记 17．标准书号条码 18．译者 19．合作出版者 20．版权提供者 21．出版者国别 22．出版地 23．本版年月 24．原版定价 25．税率 26．销售单价 27．折扣率 28．附件类型和数量 29．中图法分类 30．统计分类 31．营销分类 32．读者对象 33．语种 34．封面文件 35．精彩图画文件 36．主题词 37．目录 38．内容提要 39．著作者简介 40．多卷（册）标识 41．每包扎数 42．每扎册数 43．数量 44．备注	描述了商品的基本特点、供货商的基本情况，以及商品本身的数量等

续表

信息类型	数据记录名称	数据元素	说明
	4．图片文件	1．商品代码 2．书名 3．丛书名 4．附属丛书名 5．著作者 6．出版者 7．本版版次 8．印次 9．定价 10．装帧 11．数据标识 12．供货商商品 ID 13．采购商商品 ID 14．封面文件 15．精彩图片文件 16．备注	图书商品图片文件的信息及采购商信息
3．库存商品信息	5．库存商品	1．商品代码 2．书名 3．丛书名 4．附属丛书名 5．著作者 6．出版者 7．本版版次 8．印次 9．定价 10．装帧 11．数据标识 12．供货商商品 ID 13．采购商商品 ID 14．商品存货所有者 15．商品存货保管者 16．销售单价 17．数量 18．税率 19．库存日期 20．备注	某时点的图书商品库存信息

续表

信息类型	数据记录名称	数据元素	说明
4．采购单据信息	6．采购单据总目	1．数据标识 2．单据号码 3．数据细目记录数 4．合计品种 5．合计数量 6．总金额 7．总实际金额 8．备注 9．采购日期 10．要求到货日期 11．结算期限 12．付款方式 13．退货期限 14．采购依据 15．采购联系人 16．运输费用支付方 17．收获地址及单位 18．运输方式 19．到站	采购或采购确认单据的公共信息，包括商品的种类、数量、金额、运输方式等情况，与实际工作紧密相连
	7．采购单据细目	1．商品代码 2．书名 3．丛书名 4．附属丛书名 5．著作者 6．出版者 7．本版版次 8．印次 9．定价 10．装帧 11．数据标识 12．单据号码 13．当前记录数 14．供货商商品 ID 15．采购商商品 ID 16．数量 17．销售单价 18．折扣率 19．备注 20．征订代码 21．缺货处理	采购或采购确认单据所属的图书商品细目信息，除商品基本信息外还涉及商品的数量、单价等财务和统计信息

续表

信息类型	数据记录名称	数据元素	说明
5．发货单据信息	8．发货单据总目	1．数据标识 2．单据号码 3．单据细目记录数 4．合计品种 5．合计数量 6．总金额 7．总实际金额 8．备注 9．发货日期 10．退货期限 11．付款方式 12．运输商名称 13．结算期限 14．采购依据 15．采购联系人 16．运输费用支付方 17．运号 18．件数 19．收货地址及单位 20．运输方式 21．到站 22．收货日期 23．实收合计品种 24．实收合计数量 25．实收总金额 26．实收总实际金额 27．残损合计品种 28．残损合计数量 29．残损总金额 30．残损总实际金额	发货或收货确认单据的公共信息，包括运费支付方式、收获信息、实际金额等
	9．发货单据细目	1．商品代码 2．书名 3．丛书名 4．附属丛书名 5．著作者 6．出版者 7．本版版次	发货或收货单据所属的图书商品细目信息，包括收到商品的数量、单价等

续表

信息类型	数据记录名称	数据元素	说明
		8. 印次 9. 定价 10. 装帧 11. 数据标识 12. 单据号码 13. 当前记录数 14. 供货商商品 ID 15. 采购商商品 ID 16. 数量 17. 销售单价 18. 折扣率 19. 备注 20. 征订代码 21. 实收数量 22. 残损数量 23. 差错说明 24. 采购依据 25. 包号 26. 每包扎数 27. 每扎册数	
6. 退货单据信息	10. 退货单据总目	1. 数据标识 2. 单据号码 3. 单据细目记录数 4. 合计品种 5. 合计数量 6. 总金额 7. 总实际金额 8. 备注 9. 退货日期 10. 运输商名称 11. 收货地址及单位 12. 运输方式 13. 到站 14. 运号 15. 件数 16. 实收合计品种 17. 实收合计数量 18. 实收总金额 19. 实收总实际金额	退货或退货确认单据的公共信息，包括商品的数量、品种及金额等财务管理方面的数据

续表

信息类型	数据记录名称	数据元素	说明
	11．退货单据细目	1．商品代码 2．书名 3．丛书名 4．附属丛书名 5．著作者 6．出版者 7．本版版次 8．印次 9．定价 10．装帧 11．数据标识 12．单据号码 13．当前记录数 14．供货商商品 ID 15．采购商商品 ID 16．数量 17．销售单价 18．折扣率 19．备注 20．退货依据 21．实收数量 22．差错说明	退货或退货确认单据所属的图书商品细目信息，包括退货的依据及差错的说明，为管理者提供更好的决策信息
7．通知退货信息	12．通知退货信息	1．商品代码 2．书名 3．丛书名 4．附属丛书名 5．著作者 6．出版者 7．本版版次 8．印次 9．定价 10．装帧 11．数据标识 12．单据号码 13．退货要求 14．退货期限 15．供货商商品 ID 16．采购商商品 ID 17．备注	通知采购商按要求退回图书商品的退货信息

续表

信息类型	数据记录名称	数据元素	说明
8．对账单据信息	13．对账单据总目	1．数据标识 2．单据号码 3．单据细目 4．记录数 5．合计品种 6．合计数量 7．总金额 8．总实际金额 9．备注 10．原始单据号码 11．运号 12．运输方式 13．付款方式 14．发货退货标识 15．拒付金额	对账或对账确认单据的公共信息
	14．对账单据细目	1．商品代码 2．书名 3．丛书名 4．附属丛书名 5．著作者 6．出版者 7．本版版次 8．印次 9．定价 10．装帧 11．数据标识 12．单据号码 13．当前记录数 14．供货商商品 ID 15．采购商商品 ID 16．数量 17．销售单价 18．折扣率 19．备注 20．原始单据号码	对账或对账确认单据所属的图书商品细目信息

续表

信息类型	数据记录名称	数据元素	说明
9．结算单据信息	15．结算单据总目	1．数据标识 2．单据号码 3．单据细目记录数 4．合计品种 5．合计数量 6．总金额 7．总实际金额 8．备注 9．结算日期 10．付款方式	结算单据的公共信息
	16．结算单据细目	1．商品代码 2．书名 3．丛书名 4．附属丛书名 5．著作者 6．出版者 7．本版版次 8．印次 9．定价 10．装帧 11．数据标识 12．单据号码 13．当前记录数 14．供货商商品 ID 15．采购商商品 ID 16．数量 17．销售单价 18．折扣率 19．备注 20．托收单号 21．原始单据号码 22．发货退货标识	结算单据所属的图书商品细目信息，考虑到实际业务流程中的退货与折扣情况

续表

信息类型	数据记录名称	数据元素	说明
10. 统计单据信息	17. 统计单据总目	1. 数据标识 2. 单据号码 3. 单据细目记录数 4. 合计品种 5. 合计数量 6. 总金额 7. 总实际金额 8. 备注 9. 发行起始日期 10. 发行截止日期 11. 发货对象名称 12. 发货对象区域	图书商品发货或销售统计单据的公共信息
	18. 统计单据细目	1. 商品代码 2. 书名 3. 丛书名 4. 附属丛书名 5. 著作者 6. 出版者 7. 本版版次 8. 印次 9. 定价 10. 装帧 11. 数据标识 12. 单据号码 13. 当前记录数 14. 供货商商品 ID 15. 采购商商品 ID 16. 数量 17. 销售单价 18. 折扣率 19. 备注 20. 交易次数 21. 中图法分类 22. 统计分析 23. 营销分类	图书商品发货或销售统计单据所属的图书商品细目信息

5.2.4 文本文件交换规则

本标准中所指的文本文件（text file）是以字符、符号、字、句、表格或其他字符排列形式出现的数据形成的文件。

1. 字符集

本标准所用的字符集应符合 GB/T 1988—1998、GB/T 13000.1 、GB/T 2312 的要求。

2. 文件格式要求

本标准规定的图书流通信息交换规则的文本形式输出格式依据 GB/T 2901—1992、参照 WH/T 0503—1996 确定。

本标准规定记录头标各位置的字符格式值如下：

记录长度（字符位置 0～4）：包含记录头标和记录分隔符在内的一个记录的字符位总数，用五位十进制数字表示，向右看齐。当不是五位时，左边用“0”充满。

记录状态（字符位置 5）：一个单一的字符，它描述记录的状态，字符格式值取“n”。

执行码（字符位置 6～9）：字符格式值取“am0#”。

指示符长度（字符位置 10）：用一位十进制数字表示指示符的字符位数，字符格式取值“2”。

数据基地址（字符位置 12～16）：用五位十进制数字表示，向右对齐。当不足五位时，左边用“0”充满。其值等于记录头标和包括目次区尾部的字段分隔符在内的目次区的字符总数。

由用户系统定义（字符位置 17～19）：字符格式值取“###”

目次区说明（字符位置 20～23）：用四位字符代码为地址目次区中每个地址目次项的结构提供说明，字符格式值取“450#”。

注：“#”标识空位。

本标准规定的图书流通信息交换规则输出文件的结构如下：

（1）文件中数据记录按照表 5-2 所列的数据记录名称划分。

（2）传送标题数据记录位于文件的第一条，为不可重复记录；传送标题为文件的必选数据记录。

3. 数据内容

本标准规定的图书流通信息文本文件输出的数据记录内容参见表 5-4 中的数据结构，数据标识元素为每条记录的必选项。本标准并不要求数据文件将表中所列的各项数据元素全部输出，可按照实际需要确定文件输出的数据元素。

表 5-4 文本数据文件的数据结构

数据记录名称	数据元素	说明
1．传送标题	1．数据标识 2．传送文件 ID 3．传送标识 4．数据传送方 5．数据接收方 6．传送记录数量 7．数据产生时间 8．单据类型 9．供货商名称 10．供货商 ID 11．供货商组织结构代码 12．供货商纳税号 13．供货商电话号码 14．供货商通信地址 15．供货商邮编 16．供货商电子邮件地址 17．供货商开户行 18．供货商账号 19．采购商名称 20．采购商 ID 21．采购商组织结构代码 22．采购商纳税号 23．采购商电话号码 24．采购商通信地址 25．采购商邮编 26．采购商电子邮件地址 27．采购商开户行 28．采购商账号 29．备注	其中 1～8 为必选项
2．图书商品	1．商品代码 2．书名 3．丛书名 4．附属丛书名 5．著作者 6．出版者 7．本版版次	其中 1、11 为必选项

续表

数据记录名称	数据元素	说明
	8．印次 9．定价 10．装帧 11．数据标识 12．标准书号条码 13．并列书名 14．译者 15．合作出版者 16．版权提供者 17．著作权合同登记号 18．出版者国别 19．出版地 20．首版年月 21．本版年月 22．本次印刷年月 23．原版定价 24．长 25．宽 26．厚 27．质量 28．页数 29．附件类型和数量 30．中图法分类 31．统计分类 32．营销分类 33．读者对象 34．语种 35．封面文件 36．精彩图画文件 37．主题词 38．目录 39．内容提要 40．著作者简介 41．精彩页 42．获奖情况 43．出版状态 44．备注	

续表

数据记录名称	数据元素	说明
3. 供货目录	1. 商品代码 2. 书名 3. 丛书名 4. 附属丛书名 5. 著作者 6. 出版者 7. 版本版次 8. 印次 9. 定价 10. 装帧 11. 数据标识 12. 供货商名称 13. 供货商 ID 14. 供货商商品 ID 15. 征订代码 16. 新品标记 17. 标准书号条码 18. 译者 19. 合作出版者 20. 版权提供者 21. 出版者国别 22. 出版地 23. 本版年月 24. 原版定价 25. 税率 26. 销售单价 27. 折扣率 28. 附件类型和数量 29. 中图法分类 30. 统计分类 31. 营销分类 32. 读者对象 33. 语种 34. 封面文件 35. 精彩图画文件 36. 主题词 37. 目录	其中 1、11、43 为必选项

续表

数据记录名称	数据元素	说明
	38．内容提要 39．著作者简介 40．多卷（册）标识 41．每包扎数 42．每扎册数 43．数量 44．备注	
4．图片文件	1．商品代码 2．书名 3．丛书名 4．附属丛书名 5．著作者 6．出版者 7．本版版次 8．印次 9．定价 10．装帧 11．数据标识 12．供货商商品 ID 13．采购商商品 ID 14．封面文件 15．精彩图片文件 16．备注	其中 1、11 为必选项
5．库存商品	1．商品代码 2．书名 3．丛书名 4．附属丛书名 5．著作者 6．出版者 7．本版版次 8．印次 9．定价 10．装帧 11．数据标识 12．供货商商品 ID 13．采购商商品 ID 14．商品存货所有者	其中 1、11、17 为必选项

续表

数据记录名称	数据元素	说明
	15. 商品存货保管者 16. 销售单价 17. 数量 18. 税率 19. 库存日期 20. 备注	
6. 采购单据总目	1. 数据标识 2. 单据号码 3. 数据细目记录数 4. 合计品种 5. 合计数量 6. 总金额 7. 总实际金额 8. 备注 9. 采购日期 10. 要求到货日期 11. 结算期限 12. 付款方式 13. 退货期限 14. 采购依据 15. 采购联系人 16. 运输费用支付方 17. 收货地址及单位 18. 运输方式 19. 到站	其中 1、2 为必选项
7. 采购单据细目	1. 商品代码 2. 书名 3. 丛书名 4. 附属丛书名 5. 著作者 6. 出版者 7. 本版版次 8. 印次 9. 定价 10. 装帧 11. 数据标识 12. 单据号码	其中 1、11、12、16 为必选项

续表

数据记录名称	数据元素	说明
	13．当前记录数 14．供货商商品 ID 15．采购商商品 ID 16．数量 17．销售单价 18．折扣率 19．备注 20．征订代码 21．缺货处理	
8．发货单据总目	1．数据标识 2．单据号码 3．单据细目记录数 4．合计品种 5．合计数量 6．总金额 7．总实际金额 8．备注 9．发货日期 10．退货期限 11．付款方式 12．运输商名称 13．结算期限 14．采购依据 15．采购联系人 16．运输费用支付方 17．运号 18．件数 19．收货地址及单位 20．运输方式 21．到站 22．收货日期 23．实收合计品种 24．实收合计数量 25．实收总金额 26．实收总实际金额 27．残损合计品种 28．残损合计数量 29．残损总金额 30．残损总实际金额	其中 1、2 为必选项

续表

数据记录名称	数据元素	说明
9. 发货单据细目	1. 商品代码 2. 书名 3. 丛书名 4. 附属丛书名 5. 著作者 6. 出版者 7. 本版版次 8. 印次 9. 定价 10. 装帧 11. 数据标识 12. 单据号码 13. 当前记录数 14. 供货商商品 ID 15. 采购商商品 ID 16. 数量 17. 销售单价 18. 折扣率 19. 备注 20. 征订代码 21. 实收数量 22. 残损数量 23. 差错说明 24. 采购依据 25. 包号 26. 每包扎数 27. 每扎册数	其中 1、11、12、16 为必选项
10. 退货单据总目	1. 数据标识 2. 单据号码 3. 单据细目记录数 4. 合计品种 5. 合计数量 6. 总金额 7. 总实际金额 8. 备注 9. 退货日期 10. 运输商名称	其中 1、2 为必选项

续表

数据记录名称	数据元素	说明
	11．收货地址及单位 12．运输方式 13．到站 14．运号 15．件数 16．实收合计品种 17．实收合计数量 18．实收总金额 19．实收总实际金额	
11．退货单据细目	1．商品代码 2．书名 3．丛书名 4．附属丛书名 5．著作者 6．出版者 7．本版版次 8．印次 9．定价 10．装帧 11．数据标识 12．单据号码 13．当前记录数 14．供货商商品 ID 15．采购商商品 ID 16．数量 17．销售单价 18．折扣率 19．备注 20．退货依据 21．实收数量 22．差错说明	其中 1、11、12、16 为必选项
12．通知退货信息	1．商品代码 2．书名 3．丛书名 4．附属丛书名 5．著作者 6．出版者	其中 1、11、12 为必选项

续表

数据记录名称	数据元素	说明
	7. 本版版次 8. 印次 9. 定价 10. 装帧 11. 数据标识 12. 单据号码 13. 退货要求 14. 退货期限 15. 供货商商品 ID 16. 采购商商品 ID 17. 备注	
13. 对账单据总目	1. 数据标识 2. 单据号码 3. 单据细目 4. 记录数 5. 合计品种 6. 合计数量 7. 总金额 8. 总实际金额 9. 备注 10. 原始单据号码 11. 运号 12. 运输方式 13. 付款方式 14. 发货退货标识 15. 拒付金额	其中 1、2、14 为必选项
14. 对账单据细目	1. 商品代码 2. 书名 3. 丛书名 4. 附属丛书名 5. 著作者 6. 出版者 7. 本版版次 8. 印次 9. 定价 10. 装帧 11. 数据标识	其中 1、11、12、16 为必选项

续表

数据记录名称	数据元素	说明
	12．单据号码 13．当前记录数 14．供货商商品 ID 15．采购商商品 ID 16．数量 17．销售单价 18．折扣率 19．备注 20．原始单据号码	
15．结算单据总目	1．数据标识 2．单据号码 3．单据细目记录数 4．合计品种 5．合计数量 6．总金额 7．总实际金额 8．备注 9．结算日期 10．付款方式	其中 1、2 为必选项
16．结算的单据细目	1．商品代码 2．书名 3．丛书名 4．附属丛书名 5．著作者 6．出版者 7．本版版次 8．印次 9．定价 10．装帧 11．数据标识 12．单据号码 13．当前记录数 14．供货商商品 ID 15．采购商商品 ID 16．数量 17．销售单价 18．折扣率 19．备注	其中 1、11、12、16、22 为必选项

续表

数据记录名称	数据元素	说明
	20．托收单号 21．原始单据号码 22．发货退货标识	
17．统计单据细总目	1．数据标识 2．单据号码 3．单据细目记录数 4．合计品种 5．合计数量 6．总金额 7．总实际金额 8．备注 9．发行起始日期 10．发行截止日期 11．发货对象名称 12．发货对象区域	其中 1、2 为必选项
18．统计单据细目	1．商品代码 2．书名 3．丛书名 4．附属丛书名 5．著作者 6．出版者 7．本版版次 8．印次 9．定价 10．装帧 11．数据标识 12．单据号码 13．当前记录数 14．供货商商品 ID 15．采购商商品 ID 16．数量 17．销售单价 18．折扣率 19．备注 20．交易次数 21．中图法分类 22．统计分析 23．营销分类	其中 1、11、12、16 为必选项

5.2.5　XML 文件交换规则

1. 字符集

本标准所用的字符集应符合 GB/T 1988—1998、GB/T 13000.1 、GB/T 2312 的要求。

2. 文件要求

XML Schema 和实例应符合 GB/T 18793—2002 的要求。

图书流通信息交换规则的 XML Schema 为数据元素引入了名称为 Pointer 的属性，并为数据记录添加了名称为 Pointer 的属性，其目的是与文本文件格式的数据建立对应关系。在《图书流通信息交换规则》的附录 A 中给出了完整的图书流通信息 XML Schema。

5.2.6　XML 文件输出实例分析

《图书流通信息交换规则》的附录 D 给出了 XML 文件的输出实例。

1. 图书商品信息文件输出实例


```
<? xml version="1.0" encoding="UTF-8"?>
<图书流通信息>
<传送标题>
  <数据标识>Header</数据标识>
  <传送文件 ID>20050524000101</传送文件 ID>
  <传送标识>首次</传送标识>
  <数据传送方>新华书店总店</数据传送方>
  <数据接收方>北京市新华书店</数据接收方>
  <单据类型>发送</单据类型>
  <传送记录数量>3</传送记录数量>
  <数据产生时间>2005-05-24</数据产生时间>
</传送标题>
<图书商品>
   <数据标识>Product</数据标识>
   <商品代码>7-111-16404-0</商品代码>
   <标准书号条码>978711116403</标准书号条码>
   <书名>SolidWorks 基本零件建模</书名>
   <丛书名>SolidWorks Office Professional 官方认证培训教程</丛书名>
   <著作者>作者（美）SolidWorks 公司</著作者>
   <译者>生信实维公司</译者>
   <定价>42.00</定价>
```

<出版者>机械工业出版社</出版者>
<首版年月>2005-04</首版年月>
<本版年月>2005-04</本版年月>
<本次印刷年月>2005-04</本次印刷年月>
<印次>1</印次>
<本版版次>1</本版版次>
<出版地>北京</出版地>
<长>240</长>
<厚>15</厚>
<宽>168</宽>
<读者对象>青年（14-20 岁），普通成人</读者对象>
<页数>405</页数>
<装帧>平装</装帧>
<中图法分类>TH13-39</中图法分类>
<主题词>机械元件//计算机辅助设计//应用软件//SolidWorks//技术培训//教材</主题词>
<内容提要>本书是“SolidWorks Office Professional 官方认证培训教程”系列丛书的基本零件建模部分，共分为 13 章。重点介绍了利用 SolidWorks 建立零件最常见的基本方法和相关技术，并穿插介绍了 SolidWorks 中建立工程视图和出详图的基本知识。 本书为 SolidWorks 公司指定的培训教材，有助于机械工程师快速有效地掌握 SolidWorks 应用技术。本书可作为 SolidWorks 用户学习和加强 SolidWorks 应用技术的参考书，也可作为参加 SolidWorks Certified Professional （CSWP）认证考试人员的复习资料和培训教程，还可以作为 SolidWorks 爱好者、在校机械类相关专业大中专业学生学习 SolidWorks 软件的教材。</内容提要>
</图书商品>
<图书商品>
<数据标识>Product</数据标识>
<商品代码>7-111-16194-7</商品代码>
<标准书号条码>9787111161943</标准书号条码>
<书名>业务建模与数据挖掘</书名>
<丛书名>数据库技术丛书</丛书名>
<著作者>作者（美）派尔</著作者>
<译者>杨冬青</译者>
<定价>55.00</定价>
<出版者>机械工业出版社</出版者>
<首版年月>2005-04</首版年月>
<本版年月>2005-04</本版年月>
<本次印刷年月>2005-04</本次印刷年月>
<印次>1</印次>
<本版版次>1</本版版次>
<出版地>北京</出版地>
<长>240</长>

```
    <厚>18</厚>
    <宽>185</宽>
    <读者对象>研究人员，普通成年人</读者对象>
    <页数>429</页数>
    <装帧>平装</装帧>
    <中图法分类>TP311.13</中图法分类>
    <主题词>数据库系统//建立模型//数据采集</主题词>
    <内容提要>本书展示了如何系统地表达现实世界中的业务问题，从而可以利用数据挖掘技术来解决。重点介绍如何将业务问题的口头表达或模糊的描述首先转换为定性的模型，然后再转换为定义明确的定量模型用于解决问题。最后描述了通过数据挖掘所发现的这些结论如何转换为战略的或技术的实现。本书回答了各行各业各个层次的经营管理者，数据挖掘工具的真正用户所面临的许多非常切实的问题，例如，数据挖掘技术能够在哪些领域中最有效地应用？如何建立挖掘模型，从而把业务问题转化为数据挖掘能够解决的形式？如何为数据挖掘工具准备数据？等等，并给出了实际解决方案。</内容提要>
</图书商品>
</图书流通信息>
```

2. 发货单据信息文件输出实例

```
<? xml version="1.0" encoding="UTF-8"?>
<图书流通信息>
<传送标题>
    <数据标识>Header</数据标识>
    <传送文件 ID>2005060100103</传送文件 ID>
    <传送标识>首次</传送标识>
    <数据传送方>新华书店总店</数据传送方>
    <数据接收方>北京市新华书店</数据接收方>
    <单据类型>发送</单据类型>
    <传送记录数量>4</传送记录数量>
    <数据产生时间>2005-06-01</数据产生时间>
    <供货商名称>新华书店总店<供货商名称>
    <供货商通信地址>北京市西城区北礼士路 135 号<供货商通信地址>
    <供货商邮编>100037<供货商邮编>
    <采货商名称>北京市新华书店<采货商名称>
    <采货商通信地址>北京市西城区西绒线胡同甲 7 号<采货商通信地址>
    <采货商邮编>100031<采货商邮编>
</传送标题>
<发货单据总目>
    <数据标识>Shipment Catalogue</数据标识>
    <单据号码>F20050600003</单据号码>
    <单据细目记录数>2</单据细目记录数>
```

```
    <合计品种>2</合计品种>
    <合计数量>80</合计数量>
    <总金额>3800.00</总金额>
    <总实际金额>2650.0000</总实际金额>
    <发货日期>20050601</发货日期>
    <付款方式>现金</付款方式>
    <采购依据>图书馆订货会用书</采购依据>
    <采购联系人>丁一</采购联系人>
    <运输费用支付方>供货商</运输费用支付方>
    <收货地址>北京市海淀区学院南路 15 号</收货地址>
    <运输方式>汽运</运输方式>
    <件数>1</件数>
</发货单据总目>
<发货单据细目>
    <数据标识>Shipment Catalogue</数据标识>
    <单据号码>F20050600003</单据号码>
    <当前记录数>1</当前记录数>
    <供货商商品 ID>250498</供货商商品 ID>
    <采购商商品 ID>134415</采购商品 ID>
    <商品代码>7-111-16404-0</商品代码>
    <书名>SolidWorks 基本零件建模</书名>
    <丛书名>SolidWorks Office Professional 官方认证培训教程</丛书名>
    <出版者>机械工业出版社</出版者>
    <本版版次>1</本版版次>
    <印次>1</印次>
    <定价>42.00</定价>
    <装帧>平装</装帧>
    <数量>40</数量>
    <折扣率>66.00</折扣率>
</发货单据细目>
<发货单据细目>
    <数据标识>Shipment Catalogue</数据标识>
    <单据号码>F20050600003</单据号码>
    <当前记录数>2</当前记录数>
    <供货商商品 ID>267987</供货商商品 ID>
    <采购商商品 ID>134398</采购商品 ID>
    <商品代码>7-111-16194-7</商品代码>
    <书名>业务建模与数据挖掘</书名>
    <丛书名>数据库技术丛书</丛书名>
```

```
    <著作者>作者（美）派尔</著作者>
    <出版者>机械工业出版社</出版者>
    <本版版次>1</本版版次>
    <印次>1</印次>
    <定价>55.00</定价>
    <装帧>平装</装帧>
    <数量>40</数量>
    <折扣率>66.00</折扣率>
</发货单据细目>
</图书流通信息>
```

5.3 本标准的应用

《图书流通信息交换规则》是顺应中国出版发行业标准化、信息化、市场化发展的必然产物。本标准的应用有助于实现以下目标[1]。

5.3.1 打通行业信息链，提升供应链价值

《图书流通信息交换规则》的出台从统一标准的高度解决了中国出版发行业中信息发布、采购、发货及收货、退货、对账、结算、市场反馈等流通方面存在的问题。图书流通环节各环节上、下游现状及标准提供的针对性解决方案见表 5-5。

表 5-5 标准提升供应链价值

流通环节	上游情况	下游情况	解决方案
信息发布	商品信息发布途径：①纸质目录；②商品订货会；③商品主发（供应商主动发货）。 问题：既无法实时向下游传达信息，又不能迅速地获得市场信息。信息的不畅，使市场交易频率不高，经营风险加大	商品获得途径：①依靠书目订购；②商品主发。 问题：接受商品信息被动，信息滞后；纸质书目信息没有体现动态的、变化的可供商品信息，缺少第一手、第一时间的商品信息	① 建立电子书目信息，把变化的商品信息及时提供给下游； ② 供求双方开放商品库存的电子信息，按市场需求分配商品资源，提高交易频率，降低采购成本，减少经营风险

[1] 白晓伟. 推动图书流通信息化的新成果——解读《图书流通信息交换规则》[J]. 信息与电脑，2006（9）：35-40.

续表

流通环节	上游情况	下游情况	解决方案
采购	① 商品主发为交易的主要手段，商品资源分配缺乏市场依据； ② 缺乏对下游需求的响应手段，造成市场机会的丢失	① 被动接受上游新书主发，商品资源分配不均； ② 从交易角度，没有准确的商品信息，采购成本增加，市场机会丢失； ③ 从管理角度，缺少上游商品信息，下游采购缺乏采购依据	① 减少商品盲目主发，下游依据供货商商品可供信息进行采购，形成采购信息，将商品资源交给市场配置，增加交易频率； ② 增加对采购商采购需求的响应手段
发货和收货	① 发货缺乏采购依据； ② 商品发出后无法获得下游正确的收货情况，商品的在途损失等，为日后结算增加难度	① 收货缺乏采购依据； ② 无法事先得到货物信息，造成库房资源调配不合理； ③ 没有上游商品信息，系统录入信息消耗人力、物力、时间资源； ④ 影响商品在市场的流通速度； ⑤ 缺乏向上游反馈到货的验收信息	① 采购信息作为重要的发货收货依据； ② 发货后及时提供电子发货信息，加快下游收货速度，减少人力资源投入，提高库房使用周转率； ③ 下游及时向上游反馈实际收货信息，消除结算障碍
退货	① 退货率居高不下； ② 无法预知退货信息； ③ 退货实物与清单不一致情况严重； ④ 缺乏与下游核对退货信息的手段	① 退货随意无规律，不能获得上游的指导意见； ② 上游确认的收退信息不畅，造成结算障碍； ③ 不能将退货信息上传	① 退货也要有依据，必须经过系统操作； ② 退货后要向上游提供退货信息； ③ 上游收到退货要有与下游核对，确认收退货信息
对账	① 对账困难，收款成本过高； ② 收款金额与发货金额不符	① 对账困难； ② 不按时付款有 N 个理由	在做好发货确认、退货确认的前提下，减少对账的困难、费用、周期
结算	对账困难造成回款难，资金占用周期长	结算不及时	减少对账难度，加快回款速度
市场反馈	① 缺乏市场销售信息反馈的手段和途径； ② 得到的市场信息不完全	① 下游市场销售信息收集困难，造成市场销售信息的不完全； ② 缺乏反馈机制、手段和途径	建立下游定期向上游反馈市场销售信息的机制和途径

《图书流通信息交换规则》通过上述解决方案打通行业信息链，可以达到以下目标：变粗犷管理为精细管理，使商品流通的品种、数量更准确；缩短供应链流通周期，使对商品内容、市场信息的反应更及时，加速商品流通；合理调配行业资源，减少交易成本，降低交易风险。

5.3.2 掌握出版动态，满足市场需求

"出版物商品信息"、"供货目录信息"、"库存商品信息"三大类信息构成了出版物供应的商品发布体系，可使分销商及时、准确地了解行业商品供应状况。目前，供货商向发行商提供商品信息采用的是一对一的个性化数据交换方式。从个体上看，供应链上的任何一个企业，要想获取上游（或向下游传递）商品信息，都要完成企业对象数量的转换模式，从整体上看，需要建立多对多的数据交换规则，才可实现上、下游间的商品信息沟通，这对于商品信息的迅速、有效沟通造成极大障碍。《图书流通信息交换规则》通过制定"出版物商品信息"、"供货目录信息"、"库存商品信息"三种与商品相关的信息，有效地解决了这一问题。

从信息内容上看，"出版物商品信息"以出版物商品的静态特征为主，"供货目录信息"以商品的供应状态为主线，以"出版物商品信息"的基本信息为基础，增加了商品的供应状态内容，体现了商品以及供应商的供货特征。一方面，供货商用于征订目录的发布；另一方面，适应分销商的订购需求。"库存商品信息"是一个以库存商品为主要出发点，重点表述商品库存的责任者及其存货数量的信息，而库存责任者不仅是上游供货商，还可以是下游分销商，在实际的应用中，上、下游库存者的双向信息沟通，可以带动商品的有效流通。

5.3.3 实现资源共享，加速商品流通

与其他商品不同，出版物商品的营销类别受地域影响较大，而每类商品的生产量与市场需要是成一定比例的，由于信息的不通畅，难以实现跨地区、跨企业的商品调剂，大大降低了市场满足率，行成了买书难、卖书难的局面。《图书流通信息交换规则》为各企业间的库存信息沟通提供了解决方案，企业间商品资源可以通过信息的传递实现合理的调配，一方面提高了市场供应的满足率，另一方面则减少了商品的库存压力。

出版物发行业务处理的主要障碍是信息与实物处理的不均衡性。信息与实物的处理速度存在极大的差距，实物送达后需要经过企业信息系统的接收处理，由于企业间异构系统的数据不连通，完全依赖人工录入，这一过程延长了实物

的上架时间，而《图书流通信息交换规则》提供了异构系统间数据相互导入的接口平台，信息资源的共享缩短了实物接收时的数据处理时间，加速了商品向市场的流动。

5.3.4 合理利用资源，降低交易成本

在商品采购环节中，传统的采购方式是通过一年两次的全国图书订货会或纸质图书的可供目录，不仅形成了较大的人工、办公成本，也大大增加了企业的差旅费用。《图书流通信息交换规则》的应用使得供需双方以信息方式沟通交易内容，减少了采购成本。在实物收发过程中，无论是发货还是退货，实物发出方的数据内容与实物接收方需建立的数据内容是一致的。《图书流通信息交换规则》的使用还可以通过企业间的信息资源共享，减少数据的重复录入，降低行业的信息采集成本。在库房管理工作中，《图书流通信息交换规则》的使用使各企业间商品库存信息充分透明，为库存结构的合理化提供了根本的依据，减少了企业的存货成本。

5.3.5 引用信息技术，规范业务行为

《图书流通信息交换规则》规范行业供应链企业间业务的作用主要体现在以下四个方面：

（1）业务环节，《图书流通信息交换规则》以企业间的业务行为为划分原则，从商品流通的源头到流通的最终目标，将出版物流通的过程归纳为七个业务环节（发布、采购、发货、退货、对账、结算、统计），明确了交易流程。

（2）业务单据，《图书流通信息交换规则》规范了行业内各企业所使用的业务单据，确定了十五种企业间交易过程中业务处理的单据。

（3）单据内容。

（4）行业用语，《图书流通信息交换规则》在用词和定义上规范了行业用语，使行业内对同一业务含义能有相同的理解。

第6章
Chapter 6

中文机读目录格式

机读目录（Machine Readable Catalog，MARC），是指以代码形式和特定结构记录在计算机存储介质上的，用计算机识别阅读的目录[1]。

凡遵循国际标准书目著录（International Standard Bibliographic Description，ISBD）标准、以ISO 2709格式存储的MARC数据，能够被标准的图书馆自动化系统所采用，就能实现网络环境下文献书目信息资源的共建与共享。出版单位、图书经销商具有得天独厚的掌握图书资源的条件，可以以最快的速度、最准确的方式为图书馆提供MARC数据，进行横向书目资源的整合，在一定意义上，能够最大限地度满足用户对图书信息的需求。因此，利用已经积累有庞大数据资源的MARC格式创建能够覆盖数字时代全部出版物的书目信息体系，对于数字出版而言至关重要。

[1] 何小明，王韬．中文机读目录格式（CNMARC）分析［J］．农业图书情报学刊，2003（3）：64-66．

6.1 机读目录格式概述

6.1.1 机读目录的起源[1]

1964 年，美国图书馆资源委员会开始对机读目录进行可行性研究，设想将美国国会图书馆目录卡片上的书目数据转换成为机读形式，以达到由计算机编排印刷卡片的目的。1966 年，美国国会图书馆成功推出机读目录，也称为 MARC Ⅰ。经过几年的试验，在 MARC Ⅰ 的基础上，研制出了 MARC Ⅱ，通常将这一时期的 MARC 称为 LCMARC。1969 年，美国国会图书馆开始正式向美国和其他一些国家的书目中心每月发行一次英文图书的 MARC 磁带，促使计算机编目技术由一馆发展至多馆，由一国发展至多国。1971 年，美国国家标准局正式批准 MARC 格式为美国国家标准。此后，人们将美国国会图书馆研制的 MARC 改称为 USMARC。USMARC 的问世带动了世界各国机读目录的发展。到了 70 年代中期，美国国会图书馆还发行了影片、地图、连续出版物的机读目录。当今，美国国会图书馆的机读目录格式已被世界上许多国家的图书馆、信息中心所采用，成为其自动化系统与网络系统的重要数据来源。

继美国之后，不少国家纷纷进行 MARC 的规划、研制工作，开发本国的机读目录系统。例如，英国于 1969 年开始发行机读目录试验磁带 UKMARC。20 世纪 70 年代，瑞典、意大利、比利时、挪威、丹麦、尼日利亚等国先后建立了本国的机读目录系统，我国也开始机读目录的研制工作。然而，这一时期，各个国家的 MARC 格式各异，编目规则也不同，MARC 格式不可能完全确定地给出记录的数据形式，只是规定出全面的数据项目，供不同的图书馆使用。规范与标准的使用范围仅仅限于本国，限制了数据的交流与交换。

1977 年，国际图书馆协会联合会（IFLA）为解决机读书目数据和内容标识符不统一，无法在国际范围内交换书目数据的问题，主持制定了《国际机读目录格式》（Universal MARC Format，UNIMARC）。1977 年初版，1980 年出版修订版，1994 年又出版了 UNIMARC 手册第 2 版。UNIMARC 是在 USMARC 的基础上研制出来的，是一种用于国家书目机构之间机读书目数据的国际交换格式。它作为一种国际通用格式，要求各国建立专门的机构，按本国标准编制 MARC 供本国使用，然后将这种 MARC 转换成 UNIMARC，从而实现国际机读目录数据共享。

[1] 马骊. 中国机读目录（CNMARC）的研究［D］. 天津师范大学，2004.

机读目录的问世是图书馆目录史上的一次划时代的变革。机读目录的产生在书目记录规范控制、记录索引编制、目录维护与组织、数据库维护等方面对编目工作产生了巨大的冲击。利用机读目录免去了编目、数据加工的大量重复劳动，节省了人力、财力和时间，同时，它所首创的机读格式也成为许多国家，尤其是国际间制定交换书目信息标准格式的基础，机读目录的出现推动了图书馆工作的计算机化，加强了文献的可检索性，促进了传统手工编目向计算机编目的转化，有利于计算机联机编目网络的建设，加速了信息资源共享的步伐。

6.1.2 MARC 的特点

根据世界科学情报系统的国际书目著录中心（UNIBID）的规定，一种机读格式必须具备三个基本组成部分：

（1）载体形式。指为计算机信息系统定义的文件和记录结构，包括对数据载体的物理描述和逻辑组织形式说明。在 MARC 中表现为遵循 ISO 2709 磁带格式，规定了头标区、目次区、数据区和记录分隔符等。

（2）数据单元定义。对独立加以识别的基本数据单元构成形式及反映的内容作详细规定。在 MARC 中表现为一系列字段与子字段的设置与标识。

（3）数据单元组。指构成某一特定逻辑记录单元的一组数据单元，用以反映某一特定的文献实体与其他文献实体的相互关系。在 MARC 中表现为具有嵌套结构的 76X-78X 连接款目的设置，用来表示与其他记录或资源的关系。如果把数据单元定义和数据单元组统称为内容特征，可将 MARC 格式的组成归纳为两个部分：即载体形式和内容特征。

MARC 数据格式符合文献的著录要求，能够提供多种检索途径，检索速度快、效果好，并且具有格式统一、自动排序、节省空间、维护方便等特点。尤其是它作为机读目录的通信格式能够做到一家著录、大家共享，为图书馆各项业务的开展带来了极大的便利。使用 MARC 记录格式不仅能提高图书馆的工作效率，方便用户检索信息，而且也为实现文献信息共建共享打下了基础。

机读目录的显著特点是一次输入可生成多种形式输出。数据越完整，检索点越多，利用的范围就越广。MARC 作为一种书目数据交换格式，提供了充分全面的检索点，并且通过款目连接块字段的连接功能，可提供定向性的检索点。各图书馆可根据自己的需要选择这些字段，以确定自己系统的检索点。MARC 的使用加强了文献的记录功能，加深了文献的标引深度，使读者可以充分利用书目数据资源。

6.1.3 CNMARC 的产生

CNMARC 是我国的机读目录格式。20 世纪 70 年代末 80 年代初，北京图书馆、北京大学图书馆、清华大学图书馆、中国科学院图书馆等单位成立了“北京地区机读目录研制协作组”，开始研制机读目录。1986 年，北京图书馆自动化发展部依据 UNIMARC，开始编写我国的 MARC 格式，1987 年到 1989 年 9 月作补充修订。1991 年，原书目文献出版社正式出版《中国机读目录通讯格式》。

为了推进我国书目数据规范与统一，加速文献信息网络的建设，实现国内各单位之间，以及国内与国外之间书目信息的交换与共享，文化部科技司于 1993 年 3 月向北京图书馆下达制定我国文化行业标准《中国机读目录格式》的研究任务。1996 年 2 月 6 日，文化部发布行业标准 WH/T 0503—1996 中国机读目录格式（China MARC format，CNMARC），规定全国公共图书馆自 1996 年 7 月起均须采用 CNMARC 进行文献编目，这是我国采用 CNMARC 的开端。

6.2 CNMARC 主要技术内容

6.2.1 范围

WH/T 0503—1996 中国机读目录格式供中国国家书目机构同其他国家书目机构之间，以及中国国内图书馆情报部门之间，以标准的计算机可读形式交换书目信息。

WH/T 0503—1996 中国机读目录格式在数据规范方面为书目数据库的建立和书目数据处理提供参照或依据。

WH/T 0503—1996 中国机读目录格式规定了专著、连续出版物、测绘资料、乐谱、声像等各类资料机读形式书目记录的字段标识符、指示符和子字段代码，以及记载在磁带、软盘、光盘等载体上的书目记录内容标识的逻辑和物理的格式。

6.2.2 CNMARC 格式结构

CNMARC 格式是 ISO 2709 及 GB 2901 的一个特定形式。它对每一个用于交换的书目记录规定了必须遵循的标准记录结构。每一条 MARC 记录由记录头标、地址目次区、数据字段和一个记录分隔符 4 个部分组成，如图 6-1 所示。

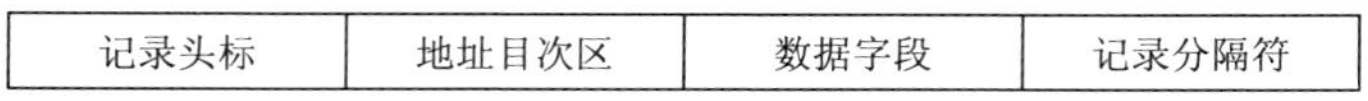

图 6-1　CNMARC 格式结构

1. 记录头标

按照 ISO 2709 的规定，每个记录头部要有一个 24 个字符的记录标识。它含有ISO 2709定义的关于记录结构的数据和为ISO 2709的特定形式而定义的几项数据元素。这些数据元素有：记录类型、目录级别、记录完整程度和是否完全或部分采用 ISBD 规则。头标中的数据元素主要是为满足记录处理和间接标识书目实体本身的需要。

2. 地址目次区

在记录头标之后为地址目次区。目次区的每个款目包含三部分：三位数字表示的字段号，四位数字表示的数据字段长度和五位数字表示的字段起始字符位置。此外，不再允许有其他字符。

地址目次区的第二部分给出了该字段的字符个数，即字段长度。字段长度包括该字段全部字符：指示符、子字段标识、行文或代码数据和字段结束（分隔）符。在字段长度之后，是字段起始字符位置，即该字段第一个字符处于数据字段区中的位置。第一个数据字段的第一个字符的位置为 0（零）。该字符在整个记录中的位置，由头标第 12-16 位的数字标明。

字段号长度为 3 个字符，“字段长度”由四位数字表示，“起始字符位置”由五个数字填充，共 12 个字符。若干组与记录中每个数据字段相对应的 12 个字符，构成目次区的全部款目。在地址目次区之后是字段分隔符 IS2（ISO 646 的 1/14）。地址目次区中各款目是按字段号的第一个数字符号排序的。本格式建议在使用时尽可能按整个字段号排序。记录中的数据字段本身不需要排序，因它的位置完全是由地址目次区确定的。

3. 数据字段

在地址目次区之后为变长数据字段。它所含的信息为如下两种形式，如图 6-2 和图 6-3 所示。

图 6-2　数据（控制）字段（00-）结构

图 6-3　数据字段（01-～999）结构

除嵌套字段中含有字段号外，所有数据字段均不载入字段号。字段号仅出现在地址目次区中。每个字段（00-字段除外）均由两个指示符及随后的任意数目的子字段组成。每个子字段的开头为一个子字段标识符，即子字段分界符（ISO 646的IS1）和一个标识该子字段的子字段代码。

在子字段标识符之后是代码数据或任意长度的正文数据，如果字段长度是固定的，则格式中将有说明。字段中最后一个子字段的结尾为字段分隔符或称字段结束符（ISO 646的IS2）。

001字段由记录标识号、数据和字段结束符组成。在记录最后一个数据字符之后是字段结束符IS2，而在IS2之后是记录结束符（或称记录分隔符）IS3。

6.2.3 记录头标详细内容

记录头标（字符位置0～23，简称头标），位于每个记录的开头，是按照ISO 2709的规定设立的。它包括处理记录时可能需要的有关记录的一般性信息。记录头标的作用在于描述记录特征，提供处理记录的参数。每个记录都必须具备头标，但不可重复。头标中不包含字段标识符、字段指示符和子字段标识。

整个头标区固定为24个字符长，由固定长数据元素组成，这些数据元素通过字符位置来标识。头标区的固定长数据一览表见表6-1。

表6-1 头标区固定长数据一览表

序号	数据元素名称	字符数	字符位置
1	记录长度	5	0～4
2	记录状态	1	5
3	执行代码	4	6～9
4	指示符长度	1	10
5	子字段标识符长度	1	11
6	数据基地址	5	12～16
7	记录附加定义	3	17～19
8	地址目次项结构	4	20～23

1. 记录长度（字符位置0～4）

五个十进制数字，右对齐，不足五个数字时前置零（0）补齐。表示整个记录的字符总数，包括记录头标区、地址目次区、数据字段区和记录分隔符。记录长度由计算机自动生成。

2. 记录状态（字符位置5）

用一个字符的代码表示记录的处理状态。代码含义如下：

- c：修改的记录，对原已发行且记录状态为 n、o、p 的记录，经过修改更新后的记录，其记录状态应置于 c 并重新发行，以替换原记录。
- d：删除的记录，表示原发行的记录不再有效，应删除的记录需保留原来的数据字段，且应增加一个长度为 300 个字符的字段，说明该记录删除的原因。
- n：新记录，表示新发行的记录。如果代码"o"适用，则不用"n"。
- o：已发行的较高层次记录，该记录为低于最高层次的新记录。
- p：曾发行不完整的记录或出版前记录：用于替代出版前记录（如 CIP 记录）的记录。

3. 执行代码（字符位置 6～9）

执行代码包括四种，分别是记录类型、书目级别、层次等级代码和未定义。

记录类型（字符位置 6），用一个字符的代码表示记录的类型，代码含义如下：

- a：印刷的文字资料
- b：手写的文字资料
- c：印刷的乐谱
- d：手写的乐谱

书目级别（字符位置 7），用一个字符的代码表示书目的级别，代码含义如下：

- a：分析性资料（组成部分），包含在一本图书中的书目资料。例如，论文集中的单篇论文，著作集中的单独著作等。
- m：专著，以一册或若干分卷册出版的出版物。例如，单册专著，多卷书，多卷书的单卷册，丛书里的单书，计划分若干单书出版的丛书等。
- s：连续出版物，以连续的分卷册并计划无限期连续出版的出版物。例如，仍在出版的杂志，已停刊的整套杂志、报纸、丛刊等。
- c：合集，人为汇集的书目资料。例如，函装的小册子集，由各种格式的文稿汇集在一起的纪念文集，某位作家的全部手稿等。

层次等级代码（字符位置 8），用一个字符的代码表示该记录以层次关系与其他记录连接，并揭示该记录在层次中的相对位置，便于系统将同一文件内该多层次出版物的各层次记录连接在一起。代码含义如下：

- ƀ：未定义层次级别，对多层次出版物不使用多层次著录方法，或不拟连接各层次记录。
- 0：无层次的记录（注：不是丛书的单本）
- 1：最高层次的记录（注：整套丛书）
- 2：低于最高层次的记录，即所有低层次的记录。例如，记录状态为 0，则其层次级别代码应为 2。（注：整套丛书中的一本）

未定义（字符位置 9），填空（用ƀ表示，下同）。

4. 指示符长度（字符位置 10）

表示指示符长度的一个十进制数字，本格式固定取值为 2。

5. 子字段标识符长度（字符位置 11）

表示子字段标识符长度的一个十进制数字，本格式固定取值为 2。

6. 数据基地址（字符位置 12-16）

五个十进制数字，右对齐，不足五个数字时前置零（0）补齐。表示第一个数据字段相对于记录开始的起始字符位置。由于记录的第一个字符从 0 算起，因此数据基地址的值等于头标区和目次区的总字符数。该数值由计算机自动生成。

7. 记录附加定义（字符位置 17-19）

包括编目等级、著录编目格式和未定义。

编目等级（字符位置 17）：用一个字符的代码表示机读目录的完整程度以及建记录时是否查阅过原图书。代码含义如下：

- ȸ：完全级，记录完整且查阅过原图书
- 1：次级 1，建记录时未查阅过原图书
- 2：次级 2，预编记录（书未出）
- 3：次级 3，记录不完整（书的部分不完整）

著录编目格式（字符位置 18）：用一个字符的代码表示记录的 200～225 字段是否遵循 ISBD 的规定。代码含义如下：

- ȸ：完全遵循 ISBD 规定
- n：未遵循 ISBD 的规定，记录内的数据不符合 ISBD 的规定
- i：部分遵循 ISBD 的规定，但未完全遵循 ISBD 的规定

未定义（字符位置 19），填空。

8. 地址目次项结构（字符位置 20～23）

包括数据字段长度、起始字符位置和未定义。

数据字段长度（字符位置 20），一个十进制数，表示目次项“数据字段长度”部分所占的字符数。本格式固定取值为 4。

起始字符位置（字符位置 21），一个十进制数，表示目次项“起始字符位置”部分所占的字符数。本格式固定取值为 5。

执行定义部分（字符位置 22），一个十进制数，表示目次项“执行定义部分”所占的字符数。本格式不含此部分，固定取值为 0。

未定义（字符位置 23），填空。

以“00893nas0ȸ22002651ȸȸ450ȸ”为例，该实例表示的是一个连续出版物新记录的头标。该头标的生成是依据 ISBD 手工记录，而没有参照出版物本身。其构成见表 6-2。

表 6-2 记录头标实例

字符位	值	注释
0	0	字符数为 893，前两位字符填 0
1	0	
2	8	
3	9	
4	3	
5	n	新记录
6	a	文字资料印刷品
7	s	连续出版物
8	0	无层次关系
9	ƀ	未定义
10	2	指示符长度，取值总为 2
11	2	子字段标识符长度，取值总为 2
12	0	头标和地址目次区的字符总数为 265，即数据基地址（数据紧接在目次区之后）为 265
13	0	
14	2	
15	6	
16	5	
17	1	本记录根据手工记录提供，为次级 1
18	ƀ	记录完全采用 ISBD 格式
19	ƀ	未定义
20	4	每个地址目次款目中的“字段长度”，取值总为 4
21	5	每个地址目次款目中的“起始字符位置”，取值总为 5
22	0	“执行定义部分”长度，本格式，取值总为 0
23	ƀ	未定义

6.2.4 数据字段详细内容

数据字段分为四个层次，即功能块、字段、子字段及数据元素。数据元素为 MARC 记录中被明确标识的最小信息单元。子字段由数据元素构成，若干个子字段构成一个字段，若干个字段再构成一个功能块。

字段是指由字段标识符标识的被定义的字符串。字段标识符由 3 位数字字符组成，用于标识字段，储存在目次区款目内。字段指示符指的是字段中头两个字符位的值，提供字段内容、字段之间的相互关系，以及数据处理过程所需操作的附加信息。字段指示符的值一般是数字或空位。子字段标识符由两个字符组成，用以识别可变长数据字段中的不同子字段。第一个字符为 ISO2709 规定的专用字符（子字段分隔符），第二个字符为字母或数字。

CNMARC 记录中的 00X 字段为可变长控制字段，由单个或多个数据元素组成，通过字符位置识别相关数据元素，均无字段指示符和子字段代码，大多数字段的长度为固定长度。CNMARC 记录中的 01X～9XX 为可变长度数据字段，由单个或多个子字段组成，通过子字段标识相关数据元素，均有字段指示符和子字段代码。

CNMARC 每一个可变长数据字段包括若干子字段。CNMARC 的数据字段被划分为九个功能块，字段标识符的第一个数字（最左边）表示字段所属的功能块。

0——标识块

1——编码信息块

2——著录信息块

3——附注块

4——款目连接块

5——相关题名块

6——主题分析块

7——知识责任块

8——国际使用块

9——国内使用块

1.【0--】标识块

本标识块包含标识记录或标识出版物实体并记载在实体上的号码。标识块定义的字段如下：

001 记录标识号

005 记录处理时间标识

010 国际标准书号（ISBN）

011 国际标准连续出版物号（ISSN）

014 论文标识号

020 国家书目号

021 版权登记号

022 政府出版物号

040 CODEN

071 出版者作品号（录音和音乐）

091 统一书刊号

092 订购号

094 标准号

标识块的常用字段说明如下：

001 字段，记录标识号。本字段包含与记录唯一相关的标识符号，如编制本书目记录机构的记录控制号，为必备字段，不可重复。本字段没有指示符，无子字段标识符，无子字段。

005 字段，记录处理时间标识。本字段包含记录的最后处理日期和时间。本字段选择使用，不可重复。本字段没有指示符和子字段标识符。日期采用 ISO 2014 标准形式 YYYYMMDD，其中 YYYY 表示年，MM 表示月，DD 表示日。时间以 HHMMSS.T 形式记载，其中 HH 表示小时，MM 表示分钟，SS 表示秒，T 表示 1/10 秒。各项数据均右对齐，不足时左边空位填 0（零）。

示例“005　19850501141236.0”，表示该记录最后处理时间为：1985 年 5 月 1 日 14 时 12 分 36 秒。

010 字段，国际标准书号（ISBN）。本字段包含国际标准书号及其限定字样。当记录含有多个 ISBN 时，该限定字样可将其区分开。本字段对应 ISBD 的标准书号和获得方式。即使没有 ISBN，本字段也可包含获得方式和/或定价。本字段选择使用，当有多个有效的 ISBN 数据时，可重复。

本字段未定义指示符。

本字段包含 4 个子字段：

- $a　ISBN：包含连接符“-”的正确使用的 ISBN。ISBN 由各个国家指定的机构分配。本子字段不重复。
- $b　限定：子字段$a 的 ISBN 范围标记。通常为出版单位名称、出版物装订标记或 ISBN 属某集或某卷的关系说明。本子字段不重复。
- $d　获得方式和/或定价：作品的定价和有关获得方式的注释。不重复。
- $z　错误的 ISBN：错误使用的或无效的 ISBN。可能是分配给两个出版物而后又被取消，或许是印刷错误。本子字段可重复。

示例：“010ƀƀ$a978-7-5013-3441-4$b 精装$dCNY38.00”，表示该出版物为精装版，其 ISBN 号为“978-7-5013-3441-4”，价格为人民币 38 元。

011 字段，国际标准连续出版物号（ISSN）。本字段包含由 ISDS（国际连续出版物数据系统）分配的 ISSN（包括已分配和已取消的），获得方式和/或价格。本字段选择使用，当记录含有多个 ISSN 时，可重复。

020 字段，国家书目号。本字段包含由国家书目机构对每条书目记录分配的国家书目号码，以及该机构的国家代码。本字段选择使用，可重复。

021 字段，版权登记号。本字段包含由国家版权机构分配给作品的号码。本字段选择使用，可重复。

022 字段，政府出版物号。本字段包含由政府机构分配给政府出版物或以政府名义出版的出版物号码。本字段选择使用，可重复。

040 字段，CODEN（连续出版物）。本字段包含由国际 CODEN 组织分配给连续出版物题名的一种唯一的没有二义性的代码。本字段选择使用，可重复。

094 字段，标准号。本字段包含中国国家标准主管部门分配给有关国家标准、行业标准出版物的号码。本字段选择使用，可重复。

示例："094ƀƀaCNbGB/T 5795-2006"，指的是该出版物的标准号为"GB/T 5795—2006"。

2. 【1--】编码信息块

本块包含固定长代码数据元素。这些固定长字段中的数据是以字符位置定义的。子字段标识符后的第一个字符位定义为"0"位。如果编目机构不能在给定字段中提供任何代码信息，则该字段可省略（必备字段除外）；如果在一个字段中提供的数据不完全，则字段中空缺位置以填充字符补齐。编码信息块定义的字段如下：

100 通用处理数据

101 作品语种

102 出版或制作国别

105 编码数据字段：文字资料、专著

106 编码数据字段：文字资料——形态特征

110 编码数据字段：连续出版物

115 编码数据字段：投影片、录像制品和电影片

116 编码数据字段：书画刻印作品

117 编码数据字段：三维制品和实物

120 编码数据字段：测绘资料——一般性数据

121 编码数据字段：测绘资料——形态特征

122 编码数据字段：文献内容涵盖期间

123 编码数据字段：测绘资料——比例尺与坐标

124 编码数据字段：测绘资料——特殊资料标志

125 编码数据字段：录音资料与印刷乐谱

126 编码数据字段：录音资料——形态特征

127 编码数据字段：录音资料与印刷乐谱播放时间

128 编码数据字段：音乐演奏与乐谱

130 编码数据字段：缩微资料——形态特征

131 编码数据字段：测绘资料——大地、坐标网格与垂直测量

135 编码数据字段：计算机文件（暂定）

191 编码数据字段：拓片

192 编码数据字段：民族音乐

编码信息块的常用字段说明如下：

100 字段，通用处理数据。本字段包含用于记录任何媒体资料的固定长代码数据。本字段为必备字段，不可重复。

本字段未定义指示符。

本字段含有一个子字段$a，通用处理数据。该子字段中记载的全部数据是由

字符位置标识的，字符位数从 0～35 记数。所定义的字符位置必须呈现在该子字段中。该子字段不可重复。

$a 子字段各固定长度数据元素及其说明表见表 6-3。

表 6-3 100 字段$a 子字段各固定长度数据元素表

序号	数据元素名称	字符数	字符位置	说明
1	记录生成时间（必备）	8	0～7	以八位数字按国际标准（ISO 2014）的标准形式表达入档时间：YYYYMMDD。YYYY 为年，MM 为月，DD 为日，若有空位补“0”。该时间通常是书目记录生成并转换为机读形式的时间，可使人们对记录生成的期限有所了解。由于键入或编辑的错误而修正记录时，该时间将不改动。在交换时，该记录将永远保持其原始时间
2	出版时间类型	1	8	用一位字符代码标示出版物的出版时间类型，它是考虑到出版物有十种类型的出版状态而拟定的。该代码定义的出版年 1 和出版年 2 都是四位字符的年标识
3	出版年 1	4	9～12	四位字符的年标识
4	出版年 2	4	13～16	四位字符的年标识
5	阅读对象代码	3	17～19	三位字母代码，依主次从左至右顺序填写，不用的位填空格。 a：青少年，一般性（当 b、c、d 或 e 未使用或不适用时） b：学龄前儿童（0～5 岁） c：学龄儿童（5～10 岁） d：少年儿童（9～14 岁） e：青年（14～20 岁） k：成人、学术性 m：成人、通用性 u：不详
6	政府出版物代码	1	20	一位字母代码标示该记录的实体是否为政府出版物及发行该出版物的政府等级。政府出版物系指由政府机构颁行或拨款出版的文献，科研院所、学术团体不属于政府机构。 a：中央（国家、联邦）级 b：省、直辖市、自治区、州 c：县、省辖市 d：市、乡、镇 e：中央级以下行政机构联合出版物 f：国际机构 g：流亡政府 h：级别不详 u：无法确定是否为政府出版物 y：非政府出版物 z：其他政府级别

续表

序号	数据元素名称	字符数	字符位置	说明
7	记录变更代码（必备）	1	21	以一位字符代码表示现有字符集是否充分满足录制出版物文字数据的需求。由于计算机配置的代码字符集的局限，为了适应特殊文字（如按字音译）或特殊的数学公式、希腊字母以及超出文本的手写符号处理，录入数据时不得不对原有字符作必要的变更。如果不变更，若题名页含有字符集没有的符号或图形时，则题名的数据就无法录入 0：记录无变更 1：记录有变更
8	编目语种代码（必备）	3	22～24	三位字符代码，表示编目使用的语种。如果源记录含多语种，即题名页以外全部的数据则以多种语言的重复加以描述，若需要，可对每种语言分别依本格式各做一条记录。本格式没有对个别字段所用语言加以标识的机制
9	音译代码	1	25	本格式采用国际标准。在ISO/IEC 10646尚未普遍采用之前，涉及文字转换领域的国际标准还不能充分满足使用的需要，有时不得不采用非国际标准方案。该代码表示记录中是否采用ISO国际音译方案。当将来采用了ISO/IEC 10646，则此位取y值 a：ISO（国际标准化组织）音译表，包括汉语拼音方案 b：其他音译方案 c：多种音译体系，ISO或其他方案 y：未使用音译
10	字符集（必备）	4	26～29	以两个字符代码标识记录在通信交换时使用的主要字符集。第26～27位标识G0集，第28～29位标识G1集
11	补充字符集	4	30～33	以两个字符代码标识记录在交换中使用的补充字符集。第30～31位标识G2集，第32～33位标识G3集。如果没有补充字符集，则上述位置填空格
12	题名文种代码	2	34～35	以两位字符代码标示正题名或连续出版物识别题名采用的文字体系。这里指的是原出版物的文种，而不是该记录的字符集 ba：拉丁文 ca：基里尔文 da：日文——文字类型未指定 db：日文——汉字 dc：日文——假名 ea：中文——文字类型未指定 eb：中文——汉字

续表

序号	数据元素名称	字符数	字符位置	说明
				ec：中文——汉语拼音 fa：阿拉伯文 ga：希腊文 ha：希伯来文 ia：泰文 ja：梵文 ka：朝鲜文 la：泰米尔文 zz：其他 当该文种与 101$g 子字段填写的语种一致时，或者 101 字段中$g、$a 空缺时，则选用此文种代码

示例 1："100ƀƀ$a19931125d1992ƀƀƀƀemƀy0chiy0121ƀƀƀƀea"，指的是 1992 年出版的单行本专著，用户对象为青年、普通人。

示例 2："100ƀƀ$a20000905e20051937kmƀy0chiy0121ƀƀƀƀea"，指的是原书 1937 年出版，2005 年影印复制。

101 字段，作品语种。本字段包含作品实体的整体、部分和题名的语种代码，以及该作品为译作时，其原作的语言标识。凡是有语言文字的作品均为必备字段，不可重复。

本字段的指示符 1 为翻译指示符，标示作品是否为译作或含译文。指示符的含义为：

- 0　原作语种
- 1　作品为原作译本或非原作的中间语种的译本
- 2　作品包含译文（文摘除外）

本字段包含如下 10 个子字段：

- $a：正文、声道等语种，可重复
- $b：中间语种（作品非译自原作），可重复
- $c：原作语种，可重复
- $d：提要或文摘语种，可重复
- $e：目次页语种（与正文语种不同时），可重复
- $f：与正文语种不同的题名页语种，可重复
- $g：正题名语种（与正文或声道的第一语种不同时），不重复
- $h：歌词等的语种（适用于含有文字资料的声乐制品），可重复
- $i：附件语种（非文摘、提要或歌词），可重复
- $j：字幕语种（与配音语种不同时），可重复

示例 1：“1010ƀ$aeng”，指的是文献为英文原著。

示例 2：“1011ƀ$achi$ceng”，指的是文献为中文译著，原文为英文。

示例 3：“1012ƀ$aeng$achi$ceng”，指的是文献为编译作品，正文中包含译文。

102 字段，出版或制作国别。本字段包含著录实体的一个或多个出版或制作国的国别代码。本字段选择使用，不可重复。

本字段未定义指示符，含有两个子字段：$a 出版国代码和$b 出版地区代码。出版国代码采用 ISO 3166 即 GB 2659 的两位字符国家代码。当一个出版物有多个出版或制作国时，该字段可重复。国内出版地区代码采用 GB/T 2260 中华人民共和国行政区划代码。

示例：“102ƀƀaCNb110000”，表示作品由北京出版。

105 字段，编码数据字段：文字资料、专著。本字段包含有关专著性印刷文字资料的编码数据。本字段选择使用，不可重复。

本字段未定义指示符。

本字段含一个子字段$a，专著编码数据。在该字段中，记入$a 中全部数据是以字符位置标示的，共 13 个字符位。字符位置计数是从 0 至 12，全部字符位的定义必须出现在该子字段中。该子字段不可重复。

$a 子字段各固定长度数据元素及其说明见表 6-4。

表 6-4　105 字段$a 子字段各固定长度数据元素表

序号	数据元素名称	字符数	字符位置	说明
1	图表代码	4	0～3	四个字符位，从左至右顺序填写适用的图表代码，未用的位填空格。如可用的代码超过四个，则按下列次序选择靠前的四个。这些代码通常与作品的载体形态有关。如果四个字符位置仅分配了部分代码，则其余位填空格。如使用“y”，则其他三位填空格。如果四位都不使用，则用填充符填补。 a：图表（不包括下面列出的特定图表类型） b：地图 c：肖像、画像（单张或成套） d：航行图（为领航员设计的专用图） e：设计图（如建筑平面设计图） f：图版（无论有无文字说明的单页（张）图，但不属于系列图的一部分） g：乐谱（专著性的文字资料，音响资料的附属文字资料用代码“m”） h：摹真本、拓本（不仅仿制了整个或部分作品原件的文字，而且还仿制了作品原貌的再制品）

续表

序号	数据元素名称	字符数	字符位置	说明
				i：纹章（如印谱） j：谱系表 k：表格 l：样本 m：音响资料（如书内附带的唱片、录音带） n：透明图片（如附在书袋中的透明图片） o：彩饰（图）（即人工彩绘） y：无图（只能使用一次） ƀ：不用的字符位
2	内容类型代码	4	4～7	四个字符位，从左至右顺序填写适用的内容形式代码，未用的位填空格。如可用的代码超过四个，则按下表所列次序顺序选择。这些代码用于标示著录实体所包含的一种资料形式或者用于标示除代码“c”（索引）外的全部资料形式。如代码“c”用于该著录实体仅为一种索引的情况。又如，当文献是一种目录时，则使用代码“b”；若该文献含有目录同时还带有其他资料，也可使用代码“b”。 如果某一文献类型未列入表内，可使用代码“z”。 如该数据项未选用，则 4～7 字位须用填充符填入。 a：书目，指具有一种或多种用途的书目出版物，如主题、出版地目录 b：目录，指汇集性目录或展览目录，由特定机构—如出版商或书商—编制的目录 c：索引，指按一定顺序排列的条目，如提供出处的名称或主题的条目，以便人们查找作品。若一部作品中含有正文的索引，则用索引指示符在第 10 字符位标示 d：文摘或摘要，指含描述性、标示性和信息性的文摘或提要 e：字典、词典，指按字母或文字排序的作品，附有含义、用法简释或其他文字说明 f：百科全书，指对某一主题带有详细解释的、有序的名称与款目的集合 g：指南、名录，指人名录、地名录、机构名录 i：统计资料，指多为表格式，按某一专题汇集的数字资料 j：成套教材，指循序渐进式系列化教材 k：专利文献，指包括授予发明者版权或销售权确切年限的新发明说明、专利应用说明 l：技术标准，指官方机构为确保产品质量专门制定的文件 m：学位论文或毕业论文，指高级学位、职称、奖励获得者提交的研究报告或论文

续表

序号	数据元素名称	字符数	字符位置	说明
				n：法律、法令和法规，如正文为条约，应使用代码“s” o：数字（值）表，指表格式信息资料，如为统计资料，应使用代码“i” p：技术报告，指科技课题调查与研究成果的文献 q：试题（卷），指用于考试的题集 r：述评文献，指对作品或某一特定领域活动动态的述评 s：条约，指国家间正式签订和批准的协议或协定，其他法律文献用代码“n” t：动画或连环画，指成人或儿童读物 z：其他 ƀ：不用的字符位
3	会议代码	1	8	以一位字符代码标示文献是否含各类会议的会议录、报告或会议纪要。 0：非会议出版物 1：会议出版物
4	纪念文集指示符	1	9	以一位字符代码标示文献是否为纪念文集。包括各类为纪念名人、机构、学会以及周年纪念而发行（赠送）的收录研究成果的文集、通讯录、书目或学术论文集等。 0：非纪念文集 1：纪念文集
5	索引指示符	`1	10	以一位字符代码标示文献是否含有其正文的索引。如该著录实体为其他著作的索引，应使用本子字段第（2）项内容形式代码（字符位置 4～7）。 0：无索引 1：有索引
6	文学体裁代码	1	11	以一位字符代码标示文学作品的体裁。 a：小说，包括长篇、中篇、短篇小说及小小说 b：剧本，包括电视、电影剧本等 c：散文，包括杂文、随笔等。幽默、讽刺小品应用代码“d”标示 d：幽默、讽刺作品，如笑话、滑稽、相声等，不包括漫画 e：书信，指文学体裁或涉及文学的书信。对于传记性通信录，须参考传记代码第 12 位字符 f：短篇故事，寓言、神话、传说、传奇等 g：诗词，包括词、曲、赋、歌谣以及用诗句写作的非文学作品 h：演说词、访谈录 y：非文学作品 z：其他或多种文学体裁，指非前述体裁的文学作品或含两种以上文学体裁的作品

续表

序号	数据元素名称	字符数	字符位置	说明
7	传记代码	1	12	以一位代码标示作品的传记类型。 a：自传，包括书信集、通讯录 b：个人传记（别传） c：传记集（合传），指作品为两个或两个以上的个人或家族的传记 d：含传记资料，如人物指南、人名录 y：非传记

示例："105ƀƀ$afbckigzƀ101yd（福州市地方志）"，表示该作品含插图、地图、名人肖像和统计表格，含统计资料、人名录、地名录及其他，为政府出版物，非纪念文集，含索引，非文学作品，含传记资料。

106 字段，编码数据字段：文字资料——形态特征。本字段含有文字资料物理形态的编码数据。本字段选择使用，不可重复。

本字段未定义指示符。

本字段含 1 个子字段$a，文字资料代码——物理媒体标志，以一位字符代码标示出版物实体的物理介质。使用下列代码：

- d：大型印刷品
- e：报纸形式
- f：盲文本
- g：微型印刷品
- h：手写本（抄本、手稿、手绘本）
- i：多种媒体（如带有缩微平片附件的普通印刷出版物）
- j：小型印刷品
- r：普通印刷品
- z：其他形式

示例："106ƀƀ$ae"，表示该出版物为报纸。

3.【2--】著录信息块

本块包含 ISBD 所规定的有关著录项目，但附注项和标准号除外。ISBD 数据项目的定义和使用方面的更进一步的说明，可在 ISBD 的文献中查到。著录信息块定义的字段如下：

200 题名与责任说明

205 版本说明

206 资料特殊细节项：测绘资料——数学数据

207 资料特殊细节项：连续出版物卷期编号

208 资料特殊细节项：印刷乐谱的特别说明
210 出版发行等
211 预定出版日期
215 载体形态
225 丛编
230 资料特殊细节项：计算机文件特征

著录信息块的常用字段说明如下：

200 字段，题名与责任说明。本字段包含题名、其他题名信息和与题名相关的责任说明，以及用其他语言重复的并列信息（并列题名、并列责任说明等）。这些数据项常以其在文献上出现的形式和次序进行著录。本字段与 ISBD 的题名及责任说明项相对应。本字段是必备的，不可重复。

本字段定义的指示符 1 为题名有无检索意义指示符，此项规定表明编目机构编制的记录是否把记入第一个$a 子字段的正题名作为检索点处理。它对应于根据编目条例确定的题名附加款目或题名主要款目。指示符取值为 0 表示题名无意义，该题名不宜作附加款目；指示符取值为 1 表示题名有意义，题名作检索点。

本字段包括 12 个子字段：

- $a：正题名，作品的主要题名，包括交替题名，但不包括其他题名信息（如副题名）和并列题名。对于同一著者的附加题名可重复。该子字段必备。
- $b：一般资料标识，一般资料标识子字段包含一个概括性词语。它以编目机构所采用的语言和形式，说明出版物所属的资料类别。与 ISBD 的一般资料标识相对应。本子字段可重复。
- $c：另一著者的正题名，与第一题名责任者不同的另一著者作品的主要题名。二者包括在同一文献内，又无共同题名。对于每一个其他著者的附加题名，本子字段可重复。
- $d：并列题名，出现在$a 或$c 子字段的正题名的另一种语言和/或文字的题名。对于每个附加并列题名，本子字段可重复。
- $e：副题名及其他题名信息，它从属于作品的正题名。对于每个其他题名信息和并列的其他题名信息，本子字段可重复。本子字段不包括书脊题名、封面题名，以及在主要信息源以外找到的其他题名。其他题名信息可以排列在子字段$a、$c 或$d 中出现的题名之后。
- $f：第一责任说明，第一责任说明对应于出现在子字段$a、$c 或$d 中的题名，或对应于在$h 或$i 中出现的分辑号或分辑名。$f 在每个具有责任说明或并列责任说明的子字段$a、$c、$d、$h 或$i 之后重复出现。
- $g：其余责任说明，在第一责任说明之后出现的与同一题名有关的其他责任说明。对于其余责任说明和并列的其余责任说明，本子字段可重复。

- $h：分辑号，作品分辑或分册的编次，是由一种通用的辑、册等名称标识的。对于每个分辑或低层分集或并列分册的编号，本子字段可重复。
- $i：分辑名，作品的分辑或分册名选用较通用的名称。对于每个分册名或低层分册或并列分册名称，本子字段均可重复。
- $z：并列题名语种，$d 子字段的并列题名的语种代码标识。如果$d 是重复的，则本子字段也应重复，语种标识顺序反映并列题名顺序。本子字段（包括重复的）总是出现在 200 字段的末尾。
- $v：卷标识，用于标识本实体与另一实体相关的特定分卷册。本子字段仅在 200 字段被嵌套在 4--连接字段中时使用。它进一步定义了由 4-字段指明的被连接实体的特定分卷册的关系。例如，一种出版物可能是丛编的一卷，在这种情况下，可将丛编题名和卷标识记入嵌套的 200 字段。卷标识可以是数字、年代等。本子字段不可重复。
- $A：正题名汉语拼音，其数据可由计算机自动生成。

示例："2001 ƀ $a 数字信号处理$Ashu zi xin hao chu li$e 理论、算法与实现$f 胡广书编著"。

205 字段，版本说明项。本字段包含版本说明以及与版本相关的附加版次说明和责任说明等内容。它与 ISBD 的版本项对应。本字段选择使用，可重复。

本字段未定义指示符。

本字段包括 5 个子字段：

- $a：版本说明，使用标准著录用的词、短语或一组字符，说明出版物的版本情况。附加版本说明记入$b。本子字段不重复。
- $b：版次和附加版本说明，本子字段包含有关版次或附加版本的说明，包括既定版本的正规标识，在内容上有别于所属的大型版本的其他版次，子字段 $a 中版本名称的交替标识。

本子字段的内容与 ISBD 的附加版本说明相对应。并列的或附加的版次说明可重复。

- $d：并列版本说明，是指与$a 子字段中的版本说明在语言或文字上不同的说明。每种使用其他语言的版本说明均可重复。
- $f：与版本有关的责任说明，它可能伴随子字段$a、$b 或$d 出现。对于并列的主要责任说明和与附加版本说明相关的主要责任说明，本子字段可重复。
- $g：与版本有关的次要责任说明，伴随子字段$f 出现。每个附加责任说明和并列责任说明均可重复。

示例："205ƀƀ$a 第 2 版$b 修订版"。

210 字段，出版发行等。本字段包含出版、发行和制作及其相关日期的信息。本字段对应于 ISBD 的出版、发行（等）项。本字段选择使用，不可重复。

本字段未定义指示符。

本字段包括 8 个子字段：

- $a：出版、发行地，文献出版者或发行者所在的城市或其他地点的名称。如果该地名鲜为人知或有失准确或过时，可根据 ISBD 的规定，在方括号内补充说明。每个地名均可重复，以其他文种表示的出版地也可重复。
- $b：出版、发行者地址，对于不太有名的出版者或发行者，通常将其完整的邮政地址标示在圆括号或方括号内。本子字段可重复。
- $c：出版、发行者名称，出版者或发行者名称可采用易于识别的简略形式。如需说明发行者的职能，可著录在本子字段的方括号内。本子字段可重复。
- $d：出版、发行日期，本子字段包含出版日期或估计出版日期、版权日期或制作日期，也可包括开放式日期或跨段区间日期（起迄年）。如果除出版日期外，还要著录发行日期，本子字段可重复。
- $e：制作地，文献的制作地，如图书的印刷地。如果该地名鲜为人知或有失准确或过时，可根据 ISBD 的规定，在方括号内补充说明。本子字段可重复。
- $f：制作者地址，对于不太有名的制作者，通常将其完整的邮政地址著录在本子字段。本子字段可重复。
- $g：制作者名称，如印刷者，可采用易于识别的简略形式。本子字段可重复。
- $h：制作日期，文献的制作日期，用于补充出版日期。本子字段可重复。

示例 1："210ƀƀ$a 北京$c 电子工业出版社$d2012"（210 字段的$d 出版日期与 100 字段的出版日期类型、出版日期 1 和出版日期 2 对应。210 字段的$a 出版地与 102 字段的$b 出版地代码相对应。）

示例 2："210ƀƀ$a 北京$a 上海$c 三联书店$d2012"（如果有两个出版地，重复 210$a 子字段；与之类似，如果有两个出版单位，并且属于一个出版地，重复$c 子字段。）

示例 3："210ƀƀ$a 北京$c 电子工业出版社$a 上海$c 三联书店$d2012"（如果有两个出版单位，分属于不同的出版地，则依次著录两个出版地和出版单位。如果有三个及三个以上出版地，则按顺序著录第一个出版地及出版单位，后加"等"字，其余的可在 306 字段说明。）

215 字段，载体形态项。本字段含有作品形态特征方面的信息。同 ISBD 载体形态项相对应。本字段选择使用，可重复。

本字段未定义指示符。

本字段包括 4 个子字段：

- $a：特种资料标识和文献的数量及单位，文献所属特定资料类型的名称和/或表示其组成部分的编号。可重复。
- $c：其他形态细节，有关文献的载体形态数据，例如，插图的细节、是否彩色或有无声音等，在本字段的其他子字段或附注字段中未记载的数据。不可重复。

- $d：尺寸，文献的线性尺寸和/或与使用该文献所需设备的尺寸规格。可重复。
- $e：附件，文献的附加资料简述，附件与文献同时使用。可重复。

示例："215ƀƀ$a345 页$c 彩图$d24cm$e 说明书 1 册"。

225 字段，丛编。本字段包含按文献上出现的形式和顺序著录的丛编题名，以及与该丛编题名有关的其他题名信息和责任说明，包括用其他语种重复的丛编题名。本字段对应于 ISBD 的丛编项。本字段选择使用，当文献从属于多个丛编时，可重复。

本字段定义的指示符 1 为题名形式指示符，表示本字段的丛编题名是否与 410 字段中记录的检索点形式相同。指示符 2 未定义。

本字段包括 9 个子字段：

- $a：丛编题名，所编文献上出现的丛编题名。不可重复。
- $d：并列丛编题名，与出现在$a 子字段丛编题名相关的另一种文字和/或符号的丛编题名。每个并列丛编题名均可重复。
- $e：其他题名信息，文献上出现的从属于$a、$d、$i 等名称的副题名和其他题名信息。其他题名信息和并列的其他题名信息均可重复。
- $f：责任说明，出现在$a 或$d 中的题名的责任说明，或出现在$h、$i 中的丛编的编号部分或名称部分的责任说明。附加责任说明和并列责任说明均可重复。
- $h：分丛编号，包含$a 子字段所述丛编的分丛编号。每一级分丛编号或并列分丛编号均可重复。
- $i：分丛编名称，包含$a 子字段所述丛编的分丛编的名称。每一级分丛编或并列分丛编名称均可重复。
- $v：卷册标识，本子字段包含$a 子字段所述丛编的卷编号。可重复。
- $x：丛编的 ISSN，由 8 位数字表示，其第 4～5 位数字之间为一个连接符。"ISSN"四个字母可省略，输出时由程序自动生成。如丛编和分丛编均有各自的 ISSN，则本子字段可重复。
- $z：并列题名语种，本子字段包含出现在$d 子字段中的并列题名的语种识别代码。若$d 子字段重复出现，本子字段也随之重复，并依并列题名顺序标示。本子字段及其重复的子字段总是位于本字段的尾部。

4.【3--】附注块

本块包含的附注是以自由行文方式对著录项目或检索点作进一步陈述的信息，涉及文献或其内容的物理组成的各个方面。附注块定义的字段如下：

300 一般性附注

301 标识号附注
302 编码信息附注
303 著录信息一般性附注
304 题名与责任说明附注
305 版本与书目史附注
306 出版发行等附注
307 载体形态附注
308 丛编附注
310 装订及获得方式附注
311 连接字段附注
312 相关题名附注
313 主题附注
314 知识责任附注
315 资料（或出版物类型）特殊细节附注
320 书目、索引附注
321 被索引、摘要和引用附注
322 制作者附注（投影、录像资料和录音）
323 演出者附注（投影、录像资料和录音）
324 原作版本附注
325 复制品附注
326 出版周期附注（连续出版物）
327 内容附注
328 学位论文附注
330 提要、文摘或全文
332 引文
333 使用对象附注
336 计算机文件类型附注
337 计算机文件技术细节附注（暂定）
345 采访信息附注

附注块的常用字段说明如下：

300 字段，一般性附注。本字段包含书目文献或与其相关记录的任何方面的附注。本字段选择使用，可重复。它可以取代字段 301 至 315 中的任何一个附注字段，或者，当源格式没有提供与本格式相同的附注类型时，取代任何一个不能分配在一个较为具体的附注字段的字段。

本字段未定义指示符。

本字段包括 1 个子字段$a，附注内容，不重复。

示例："300ƀƀ$a 本书另有地图两页置于书后袋中"。

320 字段，书目、索引附注。本字段里的附注是说明文献含有书目或索引，有时也包括书目及索引所在的页码。本字段选择使用，可重复。

本字段未定义指示符。

本字段包括 1 个子字段$a，附注内容，不重复。

示例："320ƀƀ$a 书目：第 210 页"。

330 字段，提要、文摘或全文。本字段包含所编文献的提要、文摘或全文。本字段选择使用，如需多个语种记录提要，可重复。

本字段未定义指示符。

本字段包括 1 个子字段$a，附注内容，不重复。

示例："330ƀƀ$a 本书介绍了近两个世纪以来世界上最重要的交响乐作品，其中有法、英、美等 16 个国家 82 位著名作曲家的 350 多部作品"。

5.【4--】款目连接块

记录中的每个连接款目字段所包含的数据字段，均嵌入被连实体的字段号、指示符和子字段代码，以标识被连实体。本字段必须包括足够的数据，以标识被连实体的记录或实体本身（如无记录）。

以下所列字段标明被连接的记录类型。例如，410 从编字段是在一个附属丛编记录中用以连接丛编的，其附属丛编为该从编的一部分。

款目连接块定义的字段如下：

（1）从编、补编等

410 从编

411 附属丛编

421 补编、增刊

422 正编、正刊

423 合订、合刊

（2）先前款目

430 继承

431 部分继承

432 替代

433 部分替代

434 吸收

435 部分吸收

436 由……，……和……合并而成

437 分自

（3）后继款目

440 由……继承

441 由……部分继承

442 由……替代

443 由……部分替代

444 并入

445 部分并入

446 分成……，……和……

447 与……，……合并而成……

448 改回

（4）其他版本

451 同一载体其他版本

452 不同载体版本

453 译为

454 译自

455 复制自

456 复制为

（5）层次

461 总集

462 分集

463 单册

464 单册分析

（6）其他关系

470 被评论作品

488 其他相关作品

所有 4--字段的结构都是相同的，即未定义指示符 1，将指示符 2 定义为附注指示符，用以标识提供记录的机构是否利用此字段的数据产生附注。所有的 4--字段都包括 1 个子字段$1 连接数据，每个$1 子字段均包含具有字段号、指示符和子字段代码的完整的数据字段。每个嵌套的字段均可重复。

示例："461ƀ0$100177-10346$12000ƀ$a 欧州各国$v 第 2 卷"，其中：

"ƀ0"为 461 字段的指示符

"$1"为子字段标识符

"001"为嵌套字段的标识符

"77-10346"为 001 字段的数据

"$1"为子字段标识符

“200”为嵌套字段的标识符

“0ƀ”为嵌套的 200 字段的指示符

“$a”为 200 字段的子字段标识符

“题名”为 200 字段的数据

“$v”为 200 字段的子字段标识符

“第 2 卷”为 200 字段的数据

此例描绘了从一卷到多卷集层次上的连接。所编的作品第二卷是多卷集中的一个单册。连接字段由嵌套的 001 字段（包括多卷集的记录标识符）和用以详细说明多卷集及其中单卷名称的 200 字段组成。多卷记录和单册记录应存于同一文件中，多卷集 001 字段的记录标识符为：77-10346。编制记录的机构不为所编的卷册作有关多卷集的附注，因此指示符 2 为 0。

款目连接块的常用字段说明如下：

410 字段，丛编。本字段用于实现著录实体与含有该实体的丛编的连接。当著录实体为一辑或专著时，410 字段包含对其丛编的向上连接。如需上连丛编及其附属丛编，则 410 字段可重复用于连接丛编及其附属丛编，较高层的先于较低层的。如果记录结构强调连接层次等级中的个别记录，则可通过 461 总集字段连接丛编，通过 462 分集字段连接附属丛编。

示例：“2001ƀ$a 经济政策信息

410ƀ0$12001ƀ$a 复印报刊资料”

411 字段，附属丛编。本字段用于实现所编的连续出版物（丛编）及从属于它的附属丛编的连接。本字段仅用于连续出版物（丛编）记录对其附属丛编的向下连接。该附属丛编是记入 200 字段的连续出版物题名的一部分。

421 字段，补编、增刊。本字段用于实现本著录实体与其补编、增刊的连接。

422 字段，正编、正刊。本字段用于实现所编的补编、增刊对其正编、正刊的连接。

423 字段，合订、合刊。本字段用于实现本著录实体与同其一起发行的另外的书目实体（如与之合订、合刊的作品）的连接。

430 字段，继承；431 字段，部分继承；432 字段，替代；433 字段，部分替代；434 字段，吸收；435 字段，部分吸收；437 字段，分自。这些字段用于实现所编连续出版物与其先前题名的连接，当需要详细说明“先前”关系时，431～437 字段优先于 430 字段。使用上述字段时，应作如下区分：

继承：新题名取代较早题名，且编号延续。

替代：新题名取代较早题名，但编号不延续。

吸收：一连续出版物吸收了另一连续出版物，且仍延续其原有的编号。

分自：新题名曾为现今仍存在的题名的一部分。

436 字段，由……，……和……合并而成。当被编目的连续出版物是由两个或多个连续出版物合并而成时，本字段用于连接被合并的各出版物，重复本字段分别记载被合并的每种出版物的题名、ISSN 等有关数据。

440 字段，由……继承；441 字段，由……部分继承；442 字段，由……替代；443 字段，由……部分替代；444 字段，并入；445 字段，部分并入。这些字段用于实现所编连续出版物与其后继题名的连接，当需要详细说明“后继”关系时，441～445 字段优先于 440 字段。使用上述字段时，应作如下区分：

由……继承：新题名取代较早题名，且编号延续。

由……替代：新题名取代较早题名，且编号不延续。

并入：所编连续出版物已停止出版，但是 444 或 445 字段所涉及的连续出版物继续出版，并沿用其先前的编号。

446 字段，分成……，……和……。当被编目的连续出版物分成若干种连续出版物，重复本字段，分别记载每种新出版物的有关数据。

447 字段，与……，……合并而成……。当被编目的连续出版物和若干连续出版物合并成一个新的连续出版物，对被合并的每一实体分别用本字段记载其题名、ISSN 等数据，最后一个 447 字段用于记载合并后的新出版物的有关数据。

448 字段，改回。当被编目的连续出版物经过改名后又恢复原题名，本字段记载原题名。

451 字段，同载体的其他版本。本字段用来连接和本著录实体载体相同的其他版本，如其他文种的印刷版本等。

452 字段，不同载体的其他版本。本字段用来连接和本著录实体载体不同的其他版本。

453 字段，译为。本字段用来连接本著录实体的译文。

454 字段，译自。当本著录实体为译文时，本字段用来连接原文实体。

455 字段，复制自。本字段含有对原作的描述，或对描述原作记录的连接。

456 字段，复制为。本字段含有对复制品的描述，或对所描述复制品记录的连接。

461～464 字段用来连接那些需要显示在一起的记录，因为这些记录中所描述的作品存在着层次的关系。记录结构要用这些连接类型连接来自不同层次的各个记录，而不是把其他层次的数据归到一个记录里。CNMARC 定义了四个层次，分别是：

总集：具有一个共同题名，而物理上分开的一组作品。包括丛书、丛刊、配套文集和多卷集。

分集：具有一个共同题名，属总集的一部分，而物理上各自分开的一组作品。

单册：一个物理上单独的书目实体。

单册分析：是单册的一部分，而物理上和单册不分开的书目实体。

所有低层次记录在记录头标的字符位置 8，层次级代码为“2”，只能有一个向上的连接。仅有最高层记录（在记录头标的字符位置 8，层次级代码为“1”的有向下的连接。

461 字段，总集。本字段用来连接总集层次的实体，其记录头标第 8 字符位置层次级代码为“1”，而本著录实体为单册或分集。本字段包含其总集的有关数据。

462 字段，分集。本字段用来连接分集层次的实体。本记录是属于总集级、分集级或单册级，本字段包含被连接的分集的有关数据。

463 字段，单册。本字段用于标识对单册一级实体的连接。被连的记录处于单册一级，而含有本字段的记录处于单册分析、分集或总集级。

464 字段，单册分析。本字段用于标识对单册分析一级实体的连接。被连接的记录处于单册分析级，而含有本字段的记录处于单册级。

470 字段，被评论作品。本字段用于连接所编作品（评论）与被评论作品的记录。

488 字段，其他相关作品。本字段用于实现编目实体与其他 4--字段未提供的、或不能根据源格式确定的特定关系的实体的连接。

6.【5--】相关题名块

本块含有除正题名外又通常出现在出版物实体上的，与所编文献相关的题名，本块包括下列字段：

（1）统一题名

500 统一题名

501 作品集统一题名

503 统一惯用标目

（2）不同题名

510 并列正题名

512 封面题名

513 附加题名页题名

514 卷端题名

515 逐页题名

516 书脊题名

517 其他题名

（3）其他相关题名

520 前题名，适用于连续出版物

530 识别题名（Key Title），适用于连续出版物

531 缩略题名，适用于连续出版物

532 完整题名，适用于连续出版物

540 编目员补充的附加题名

541 编目员补充的翻译题名

545 章节题名

相关题名块的常用字段说明如下：

500 字段，统一题名。本字段含有的特别题名是由书目机构选取的，可通过该特殊题名识别具有不同题名的作品。为使该题名取得唯一性，可以对其附加一些数据元素。统一题名可以是主款目，或有个人或团体名称主款目。本字段选择使用，可重复。

本字段定义指示符 1 为题名意义指示符，说明统一题名是否作为独立的题名检索点处理，即是否由该题名产生检索点（或附加款目）；指示符 2 为主款目指示符，说明统一题名是否为主款目，即没有著者（7--）主款目，而且编目机构按统一题名著录该记录。

本字段包括如下子字段：

- $a：统一题名，作品因该题名而广为人知，无任何限定，也不涉及任何分册。凡用 500 字段，本子字段必须出现，不可重复。
- $b：一般资料标识，一般资料类型标识的文字说明。本子字段可重复。
- $h：分辑号，组成部分的编号。对该实体选取的统一题名仅为统一题名所涉作品的一部分。次级组成部分编号可重复。
- $i：分辑名称，组成部分的名称。对该实体选取的统一题名仅为统一题名所涉作品的一部分。次级组成部分名称可重复。
- $k：出版日期，文献的出版日期。如需在统一题名中加出版日期时选用。不可重复。出版日期仍应记入 210 字段。
- $l：形式副标目，附加给标目的标准短语，以便进一步说明统一题名。不可重复。
- $m：语种（用作标目的组成部分时），文献的语种。如需将语种作为统一题名的组成部分时选用。不可重复。如果作品有多个语种，则应将多个语种记入一个$m 子字段。
- $n：其他信息，其他子字段未曾提及的任何信息。可重复。
- $q：版次（或版次日期），文献描述的作品版本识别；可以是版次名称或版次的原始日期。不可重复。
- $r：演奏媒体（音乐用），文献要求的演奏乐器等。可重复。
- $s：序号标识（音乐用），由曲作者或他人给出的一个编号，用以区分作品。该号可以是连续号、乐曲号或主题索引号，或用日期作为编号。可重复。
- $u：调名（音乐用），音乐调名用作统一题名的组成部分。不可重复。

- $v：卷标识，用于说明与另一个文献相关的文献的特殊部分。本子字段只用于嵌套在 4--连接字段中的 500 字段。本子字段还定义了含有由 4--标识符所示关系的被连文献的组成部分。不可重复。
- $w：改编乐曲说明（音乐用），说明音乐作品为改编的乐曲。不可重复。
- $x：主题复分，用于主题标目的题名附加用语，进而说明该主题标目所表示的主题。本子字段只用于嵌套在“名称和题名主题”的 604 字段的 500 字段中。可重复。
- $y：地理复分，用于主题标目的题名附加用语，说明该主题标目所表示的主题与一个地区有关。本子字段只用于嵌套在“名称和题名主题”的 604 字段中的 500 字段。可重复。
- $z：年代复分，用于主题标目的题名附加用语，说明该主题标目所表示的主题与年代有关。本子字段只用于嵌套在“名称和题名主题”的 604 字段中的 500 字段。可重复。
- $2：系统代码，以代码形式出现的标识，说明所用的主题标目系统。本子字段只用于嵌套在“名称和题名主题”的 604 字段中的 500 字段。不可重复。
- $3：规范记录号，标目用的规范记录控制号。本子字段只用于嵌套在“名称和题名主题”的 604 字段中的 500 字段。不可重复。

示例：“2001ꝺ$a 石头记$f 曹雪芹著

　　50010$a 红楼梦”

红楼梦作为统一题名，并作为附加检索点。

510 字段，并列题名。本字段含有的并列题名，即不同语言或文字的正题名，用于生成附注或检索点。本字段选择使用，可重复。

本字段定义指示符 1 为题名意义指示符，说明是否用并列题名生成检索点（或附加款目）。

本字段包含如下子字段：

- $a：并列题名，文献的主要题名，它与 200$a，正题名的语种和/或文字有关，不包括该语种的其他信息。不可重复。
- $e：其他题名信息，从属于$a 并列题名，并作为检索点的组成部分或附注的副题名和其他题名信息。可重复。
- $h：分辑号，由主要题名和分册题名标识，并与$a 并列题名有关的文献的章节或组成部分的编号。可重复。
- $i：分辑名称，由主要题名和分册题名标识，并与$a 并列题名的语种相同的文献的章节或组成部分的名称。可重复。
- $j：与题名有关的卷号或日期，与交替题名有关的多卷集作品或连续出版物的组成部分。不可重复。

- $n：其他信息，原为在附注中显示的文字。例如，“varies slighty”（微小变化），“paperback edition”（简装版）。也可放在与其他子字段有关的、编目部门认为需要显示的地方。不可重复。
- $z：题名语种，标识并列题名的语种。本子字段的出现，使记录的接收一方有可能删除一些他们不用的并列题名附加款目。不可重复。

示例：“200 1ƀ$a 笑$e 幽默心理学$d=Laughing$eA psychology of humor$zeng
510 1ƀ$aLaughing$eA psychology of humor$zeng”

7.【6--】主题分析块

本块包含由词语或符号的构成的不同系统主题数据。主题分析块已定义下列字段：

（1）主题标目

600 个人名称主题

601 团体名称主题

602 家族名称主题

604 名称和题名主题

605 题名主题

606 学科名称主题

607 地名主题

610 非控主题词

615 主题类目（暂定）

620 出版地/制作地检索点

626 技术细节检索点（计算机文件）（暂定）

（2）主题分析

660 地区代码（GAC）

661 年代范围代码

670 保留词间关系标引法（PRECIS）

（3）分类号

675 国际十进制分类法分类号（UDS）

676 杜威十进制分类法分类号（DDC）

680 美国国会图书馆图书分类法分类号

686 其他分类号

690 中国图书馆图书分类法分类号（CLC）

692 中国科学院图书馆图书分类法分类号

6--块中的字段均为选择使用。常用字段说明如下：

606 字段，学科名称主题。本字段包含用作主题标目的普通名词或短语。本字段选择使用，可重复。

本字段定义指示符 1 为主题词的级别，用于区别主要词和次要词，未定义指示符 2。

本字段包含如下子字段：

- $a：款目要素，所用主题标引系统规定的术词形式。不可重复。
- $x：学科主题复分，学科主题标目的附加术词，说明该主题标目所描述的状况。可重复。
- $y：地区复分，学科主题标目的附加术词，说明某个地名与该主题标目所描述的课题有关。可重复。
- $z：年代复分，学科主题标目的附加术词，说明该段时间与该主题标目所描述的课题有关。可重复。
- $2：系统代码，用主题标引系统的代码形式标识。不可重复。子字段$2 应在每个 606 字段中出现。
- $3：规范记录号，标目的规范记录控制号。本子字段可与 UNIMARC 规范格式一起使用。不可重复。

示例 1：“200 1ɏ $a 物流企业管理

606 0ɏ $a 物资企业$x 企业经营管理$x 高等院校$j 教材”

示例 2：“200 1ɏ $a 吴世昌点评红楼梦

606 0ɏ $a 古典小说$x 文学研究$y 中国$z 清代$j 文集”

690 字段，中国图书馆图书分类法分类号（CLC）。本字段包含分配给文献的分类号，该号按中国图书馆图书分类法给出。本字段可重复。

本字段未定义指示符。

本字段包括如下子字段：

- $a：分类号，取自中国图书馆图书分类法分类表。不可重复。
- $v：版次，子字段$a 中的分类号取自该版。不可重复。

示例：“200 1ɏ$a 信息时代的图书情报事业

690 ɏɏ$aG250$v4”

692 字段，中国科学院图书馆图书分类法分类号。本字段记录中国科学院图书馆图书分类号，使用方法与 690 相同。

示例：“692ɏɏ$a29.87$v3”

8.【7--】知识责任块

本块包含对所编实体的知识内容的创作负有某种责任形式的个人或团体的名称。需要建立检索点的知识责任泛指所有与实体有关的个人、团体或家族及出版者。

下列字段已定义：

（1）个人名称

700 个人名称——主要知识责任

701 个人名称——等同知识责任

702 个人名称——次要知识责任

（2）团体或会议名称

710 团体名称——主要知识责任

711 团体名称——等同知识责任

712 团体名称——次要知识责任

（3）家族名称

720 家族名称——主要知识责任

721 家族名称——等同知识责任

722 家族名称——次要知识责任

知识责任块常用字段说明如下：

700 字段，个人名称——主要知识责任。本字段含有的名称，是在假定按照承认主款目概念的编目条例制作记录下，以检索点形式出现的对作品内容负有主要知识责任的个人作者。本字段不可重复。由于一个记录只能有一个具有主要知识责任的检索点，所以在同一个记录中不可能同时出现 710 团体名称——主要知识责任或 720 家族名称——主要知识责任这两个字段。如果编目条例中不存在主款目概念，或源格式不区分主款目概念，则本字段不出现，并且用 701 字段著录所有的个人名称标目。

本字段通常情况下未定义指示符 1，但对于记载的译本中印有外国责任者的原文名时，该指示符可取“A”值；定义指示符 2 为名称形式指示符时，标识名称要要考虑是按直序（西方著者的名）著录，还是按倒序著录，即按姓氏、家族姓、源于父名（或祖先名）的姓等著录。

本字段包括如下子字段：

- $a：款目要素，名称在标目中用作目要素的部分，该部分名称以一定顺序记入。本子字段不可重复，若记录出现 700 字段，该子字段必用。中国人的姓与名可一起记入该子字段。
- $b：名称的其他部分（不包括款目要素），名称的其余部分，用于款目要素为姓或家族名称时。它包括教名（forename）及其他不包括姓的名字。选用本子字段时，名称形式指示符应置为“1”。首字母缩写的展开形式应记入$g 子字段。不可重复。
- $c：年代以外的名称附加，它不是名称本身的必要组成部分，包括头衔、称号或职位的表示。对于第二个或后续出现的这种附加子字段可重复。

- $d：罗马数字，与教皇、皇室成员和牧师的名称相关的罗马数字。如果一个称号（或父名）与读数有关，该称号也应包括在内。选用本子字段时，名称形式指示符应置为“0”，不可重复。
- $f：年代（包括朝代），与个人名称（连同缩写）相关的年代，或是年代性质的其他说明。年代类型的任何说明（例如，创作繁荣期、生年、卒年等）均应以完整的或缩略的形式记入在本子字段。本字段中给出的个人名称的所有年代均应记入$f。本子字段不可重复。
- $g：首字母名的展开形式，当首字母以所选形式记入$b 子字段，并且首字母形式及其完整形式均需出现时，其名字的完整形式。
- $p：任职机构/地址，该子字段包含作者在准备所编作品时的任职机构。
- $3：规范记录号，用作标目的规范记录的控制号。本子字段可与 UNIMARC 规范格式一起使用。不可重复。
- $4：关系词代码，用于标明字段中给出的个人与记录所涉书目文献之间关系的代码。本子字段可重复。

示例：“700ƀ0$a 茅盾$4 著”

701 字段，个人名称——等同知识责任。本字段含有的名称，是以检索点形式出现的对作品负有等同知识责任的个人名称。如果记录是按照不承认主款目概念的编目条例编制的，或源格式不分别标识主款目，则所有用作检索点的个人名称均可记入在 701 字段。本字段选择使用，可重复。

本字段指示符及子字段与 700 字段相同。

示例：“701ƀ0$a 易海秋$4 主编

701ƀ0$a 赵卫滨$4 主编”

出版物为易海秋、赵卫滨二人主编。

702 字段，个人名称——次要知识责任。本字段含有的名称，是以检索点形式出现的对作品负有次要知识责任的个人名称。本字段可重复。根据大多数编目条例规定，记录中具有次要知识责任的个人的存在，并不一定意味着具有主要知识责任的个人也存在。因此，702 字段可以在没有 700、710 或 720 字段的情况下出现。

本字段指示符及子字段与 700 字段相同。

示例：“702ƀ0$a 罗焕章$4 主编

702ƀ0$a 陈红$4 注释

702ƀ0$a 杜莉$4 注释”

710 字段，团体名称——主要知识责任。本字段含有的名称，假定记录是在按照承认主款目概念的编目条例制作的，并且在源格式又分别标识主款目的情况下，以检索点形式出现的对作品负有主要知识责任的团体名称。本字段不可重复，由于一个记录中只可能有一个具有主要知识责任的检索点，所以同一个记录中不可能同时出现 700 个人名称——主要知识责任或 720 家族名称——主要知识责任这两个字段。如果主款目概念不存在于编目条例中，或源格式不区分主款目概念，则本字段不出现。

本字段定义指示符 1 为会议指示符，说明该团体是否为会议；指示符 2 为名称形式指示符，指团体名称的著录形式。

本字段包含的子字段如下：

- $a：款目要素，标目中用作款目要素的名称部分，这部分名称按顺序记入，即名称的这一部分是第一个排序键。本子字段不可重复，如果字段出现，本子字段也必须出现。
- $b：次级部分，具有层次结构的次级部分名称；或按地名著录时的团体名称。本子字段不包括编目员为区分相同名称的其他机构而作的附加信息（见$c、$g、$h 子字段）。如果层级中有多个次级部分，本子字段可重复。
- $c：名称附加或修饰词，可以是编目员给团体名称作出的任何附加信息，但不是会议届次、地点和日期。可重复。
- $d：会议届次，会议属一系列编号时的会议届次。可重复。
- $e：会议地址，需作标目的组成部分时的会议召开地。不可重复。
- $f：会议日期，需作标目的组成部分时的会议召开日期。不可重复。
- $g：倒置成分，自名称的开始部分移开的团体名称的任何部分，以便用一个便于查询的词著录该团体。不可重复。
- $h：名称的其他部分（不包括款目要素和倒置成分），在有倒置成分的标目中，倒置部分之后的名称部分。可重复。
- $p：机构/地址，该子字段包含团体的地址。不可重复。
- $3：规范记录号，用作标目的规范记录的控制号。本子字段与 UNIMARC 规范格式一起使用。不可重复。
- $4：关系词代码，用于标明字段中给出的团体与记录所涉文献之间的关系。可重复。

示例："710 02$a 国家技术监督局$b 标准化司$b 二处$4 编"

711 字段，团体名称——等同知识责任。本字段含有的名称，是以检索点形式出现的对作品负有等同知识责任的团体名称。如果记录是按照不承认主款目概念的编目条例编制的，或者源格式不分别标识主款目，则所有用作检索点的团体名称都可包容在 711 字段中。本字段可重复。

本字段对指示符的定义及包含的子字段与 710 字段相同。

示例："711 02 $a 西安交通大学$b 图书馆$b 编目中心$4 编"

712 字段，团体名称——次要知识责任。本字段含有的名称，是以检索点形式出现的对作品负有次要知识责任的团体名称。本字段可重复。

本字段对指示符的定义及包含的子字段与710字段相同。

示例："712 02$a中日食品流通开发委员会$4译"

9.【8--】国际使用块

本块包含国际上一致约定的不适于在0--～7--处理的字段。已定义的字段如下：

（1）801 记录来源

（2）802 ISDS中心

801字段，记录来源。本字段包含记录来源的说明，包括下述情况之一：产生数据的机构，将数据录制成机读形式的机构，更改原始记录或数据的机构以及发行现行记录的机构。本字段为必备字段。对于每个负有职责功能的机构，本字段可重复。

本字段未定义指示符1，将指示符2定义为功能指示符，标识子字段$b中给出的机构的功能。

本字段包含的子字段如下：

- $a：国家，以两个字符代码形式表示编制或发行的国家。不可重复。
- $b：机构，采用机构名称的英文缩写形式表示，也可以用全名。
- $c：处理日期，本子字段记载的是记录更改或发行的日期，采用YYYYMMDD格式。不可重复。
- $g：编目规则（著录条例），本子字段包含用于书目著录和检索的编目规则的缩略代码。仅用于指示符2的值为0（原始编目机构）或2（更改机构）的情况下。本子字段选择使用，可重复。

示例："801ƀ0aCNbSJT$c20030923"。其中$a为国家，$b为机构名称和代码，$c为处理日期。

802字段，ISDS中心。该字段包含负责分配ISSN和识别题名（Key-title）的ISDS中心的代码。本字段不可重复。

本字段未定义指示符。

本字段包含的子字段如下：

$a：ISDS中心代码，每个中心（国家或地区）都有由国际连续出版物数据系统国际中心（International Serials Data System International Centre）分配的代码。ISDS中心代码由一位或两位字母数字构成。中国ISDS中心代码为22。不可重复。

示例："802ƀƀ$a22"

10.【9--】国内使用块

本块包含中国国内各系统在使用本格式基础上处理一些本单位馆藏等超出通用范围但又有交换意义的数据字段。本块是供选择使用的。

6.3 CNMARC 应用及记录样例

WH/T 0503—1996 中国机读目录格式颁布后，国家图书馆、高校系统等都制定了相应的机读目录使用手册，如全国图书馆联合编目中心、国家图书馆图书采选编目部编制的《中文图书机读目录格式使用手册》[1]、北京大学出版社出版的《CALIS 联机合作编目手册》[2] 以及科学技术文献出版社出版的《中国机读目录格式使用手册》[3]。这些手册都为 CNMARC 的实际应用提供了统一、规范、可操作的规则，但他们对字段、子字段的定义、使用规则、著录格式等规定方面都存在差异。

以上海人民出版社 2012 年出版的《数字出版与传播研究》一书为例，国家图书馆的 MARC 数据见表 6-5，CALIS 的 MARC 记录见表 6-6，CSDL 的 MARC 记录见表 6-7。

表 6-5 国家图书馆采用的 MARC 记录样例[4]

LDR	nam0 22 450
001	5743325
005	20120731132113
010	|a 978-7-208-10517-1 |d CNY18.00
100	|a 20120421d2012 em y0chiy50 ea
1010	|a chi
102	|a CN |b 310000
105	|a y z 000yy
106	|a r
2001	|a 数字出版与传播研究 |9 shu zi chu ban yu chuan bo yan jiu |b 专著 |f 夏德元著
210	|a 上海 |c 上海人民出版社 |d 2012
215	|a 168 页 |d 21cm
300	|a 上海远程教育集团学术著作出版基金资助
330	|a 本书内容包括：电子媒介人的崛起与出版新视界、中国出版数字化转型中的文化冲突、数字时代的媒介互动与传播媒体的象征意义、数字时代编辑的政治素养与道德修养等。
6060	|a 电子出版物 |x 出版工作 |x 研究
6060	|a 电子出版物
6060	|a 出版工作
690	|a G237.6 |v 5

[1] 周升恒．中文图书机读目录格式使用手册［M］．北京：华艺出版社，2000.
[2] 谢秦芳．CALIS 联机合作编目手册［M］．北京：北京大学出版社，2000.
[3] 潘太明，等．中国机读目录格式使用手册［M］．上海：科学技术文献出版社，2001.
[4] http://opac.nlc.gov.cn/F/PK71RAMRPH24L3Y1QV7BVGVY656L5XJTMQXSV3XSSM4RBYLHNV-01917?func=full-set-set&set_number=202562&set_entry=000005&format=999.

续表

LDR	nam0 22 450
701 0	|a 夏德元 |9 xia de yuan |4 著
90	|a G237 |b xdy
96	|a G237 |b xdy
801 0	|a CN |b 110017 |c 20120328
CAT	|a ZWCF006 |b 01 |c 20120421 |l NLC01 |h 1507
CAT	|a ZWCF006 |b 01 |c 20120712 |l NLC01 |h 0951
CAT	|a ZWCF006 |b 01 |c 20120731 |l NLC01 |h 1321
49	|a A210000LPL |b UCS01005233190 |c 012004585482
OWN	|a ZC131
SYS	5743325

表 6-6　CALIS 采用的 MARC 记录样例

MARC Leader #####nam0 22#####　450
o 001　CAL 012012165529
y 005　20120620174133.1
i 010　978-7-208-10517-1|dCNY18.00
Z39.50 099　CAL 012012165529
y 100　20120401d2012　em y0chiy0121　ea
y 101 0　chi
y 102　CN|b310000
y 105　y　a　000yy
y 106　r
t 200 1　数字出版与传播研究|Ashu zi chu ban yu chuan bo yan jiu|f 夏德元著
p 210　上海|c 上海人民出版社|d2012
r 215　168 页|d21cm
n 300　上海远程教育集团学术著作出版基金资助
n 320　有书目
n 330　共分七个部分，内容包括：电子媒介人的崛起与出版新视界、中国出版数字化转型中的文化冲突、数字时代的媒介互动与传统媒体的象征意义、数字时代编辑的政治素养与道德修养、数字时代编辑的心理素质、思维特征与审美取向、传播学原理在图书宣传中的应用、数字时代出版机构公共传播行为研究综述。
d 606 0　数字技术|Ashu zi ji shu|x 应用|x 出版工作|x 研究
k 690　G230.7|v5
v 701　0 夏德元|Axia de yuan|4 著
y 801　0 CN|bZJU|c20120401

表 6-7 CSDL 联合目录数据库的 MARC 记录样例

字段	标识	字段内容
000		nam0
010		$a978-7-208-10517-1$dCNY18.00
001		012012a01406393
005		20120820111551
100		$a20120712d2012 km y0chiy0120 ea
101	0	$achi
102		aCNb310000
105		$ay z 000yy
106		$ar
200	1	$a 数字出版与传播研究$9shu zi chu ban yu chuan bo yan jiu$f 夏德元著
210		$a 上海$c 上海人民出版社$d2012.1
215		$a168 页$d21cm
300		$a 本书获得上海远程教育集团学术著作出版基金资助
330		$a 本书内容包括：电子媒介人的崛起与出版新视界、中国出版数字化转型中的文化冲突、数字时代的媒介互动与传播媒体的象征意义、数字时代编辑的政治素养与道德修养等。
606	0	$a 电子出版物$x 出版工作$x 研究
606	0	$a 数字技术$x 应用$x 传播学$x 研究
690		$aG206-39$v4
690		$aG237.6$v4
692		$a37.5$v3
701	0	$a 夏德元$9xia de yuan$4 著
801	0	aCBbBJ01

国家图书馆、CALIS 中心以及 CSDL 是全国主要的联合编目中心，数据被许多图书馆采用。但从以上几个 MARC 样例可以看出，虽然三家都采用了 CNMARC，但在具体的数据著录标准上分别采用了不同的细则，因此他们之间的 CNMARC 数据存在不少差异，在字段的使用及字段内容的著录方面也都有所不同。从标准化的角度看，如果全国各个编目中心能采用统一的著录标准，将会更好地实现书目信息资源的共享和开发利用。

6.4 数字出版环境下 MARC 的发展

从广义上说，数字出版是利用数字化（二进制）技术手段从事的出版活动。数字出版指出版活动，而非出版介质，即不论终端阅读介质是什么，只要记录在介质上的内容是数字化的，并且记录方式是数字化的，这种出版活动就是数字出版。它包括：原创作品的数字化、编辑加工的数字化、印刷复制的数字化、发行销售的数字化和阅读消费的数字化。

新闻出版总署在《关于加快我国数字出版产业发展的若干意见（新出政发［2010］7号）》认为目前数字出版产品形态主要包括电子图书、数字报纸、数字期刊、网络原创文学、网络教育出版物、网络地图、数字音乐、网络动漫、网络游戏、数据库出版物、手机出版物（彩信、彩铃、手机报纸、手机期刊、手机小说、手机游戏）等。数字出版产品的传播途径主要包括有线互联网、无线通信网和卫星网络等。这样看来，数字出版形式随着互联网的发展在不断发展。互联网的出现曾迫使传统纸质图书转型，而如今电子书的出现和快速发展更是加速着传统纸质媒介的没落与转型。据英国《卫报》报道，继2010年美国Kindle设备上电子书的销量超过纸质书后，2012年英国电子书的销量也已经超过了精装和平装纸质图书的总和。数据显示，自2012年初以来，亚马逊平均每销售100本纸质图书的同时，就有114本电子书被消费者下载，这些数字中包括尚未推出Kindle版的电子书，但并未包括免费电子书的下载量[1]。在这样的背景下，出版物呈现载体形式多样、表现形式复杂等特点，对传统的资源标识和描述方式不断提出新的要求，以描述传统纸质文献为主的MARC（包括CNAMRC）记录也随着互联网的发展，和出版数字化的发展不断回应着这些要求，力求能够全面完整地描述不同的出版物资源。主要的发展变化有如下几个方面。

1. 对磁盘、光盘、计算机文档等电子资源的描述与著录

电子资源是以计算机文件形式出现的，其中许多又以光盘出版物发行，出版的方式也很复杂。目前基本上根据出版的电子资源类型特征，选择正确的著录方式。对于单层次（或称无层次）出版物，采用基本著录方式，即以单种作品为著录对象，按照规定的著录项目进行著录；对于多层次出版物，则采用多层次著录方式，即将描述信息按照两层或多层著录。第一层包含整个出版物共同的描述信息；第二层和以下各层包含有关单卷的描述信息。

电子资源的编目信息源，一般可分为内部信息源和外部信息源。内部信息源包括：电子资源安装之后所显示的题名屏或文件本身的其他可获取的内部信息，诸如在线文档、主菜单、程序说明、首先显示的信息等；外部信息源包括实体上的标签、盒封、封套等上面的信息以及相应书刊上的信息。电子资源出版物选取信息源的原则是：资源的内部信息应优先于其外部信息。

在描述性元素上，电子资源的著录范围与印刷资源基本相同，主要不同处在于

---

[1]亚马逊：Kindle 电子书在英国的销售已经超过纸质书[EB/OL]. http://www.ifanr.com/news/129859.

215 字段载体形态项，但在 200 字段（题名与责任说明）、205 字段（版本说明项）、230 字段（计算机文档特征项）等方面也有所区别。在组织性元素上，为方便检索安排的说明性数据，包括 6--主题分析块、7--知识责任块、9--国内使用块等也有所显示。

如果是随书一起的电子资源，如光盘，采用同一记录的编目方式。采用 215 字段（载体形态项）末尾子字段中描述附件名称与数量的方式来表达（USMARC 中使用 300 字段）。同时在附注项中指明此电子资源的收藏地点，即在原书编目数据中直接将电子资源内容信息凸显。这样著录简捷便利，既不占用数据库空间，又能使用户一目了然。如果需要突出附在图书中的电子资源，使其成为检索点，基本在 010、215 和 300 字段作相应调整。

示例：010ƀƀ$a ISBN 号$d 人民币价格（含光盘）

215ƀƀ$a 500 页$c 图$d 尺寸$e 光盘 1 片

300ƀƀ$a 本书（刊）附有光盘，在电子阅览室可供阅览

单独的电子资源如光盘、DVD 和计算机软件等，或者与图书一起出版但有不同标识号码（如 ISBN）的电子资源，基本按照 CNAMRC 格式著录，但涉及电子资源的特征字段需特别著录。按照著录顺序，电子资源的著录说明如下：

- 001：记录头标。设定电子数据记录标识号的头两位资料类型代码时，与书刊数据有所区别，以便进行不同类型资料数据库的维护和管理。例如，“001 202004000199”。
- 016：ISRC 号。该字段是电子资源的专有字段，用于著录国际标准音像制品，ISRC 是规定分配给声频、视频或视听作品的唯一代码，由 12 个数字组成，例如，“016$aCN-A08-07-014-00”。根据 ISRC 号获得光盘资源的录制年，在 210 字段进行相关著录，如$d2007 年。
- 071：出版者作品号（录音和音乐）。本字段含有出版者赋予作品的编号，用于录音制品和音乐出版物。本字段选择使用。例如，“071 $aSTMA 8007$bTam la Motown”指一种录音资料的出版发行标志，出版者为 Tam la Motown，生成的附注为“Tam la Motown：STM A 8007”。
- 101：作品语种字段。凡是有语言文字的作品，本字段为必备。在$a 后著录正文和声道语种，一般影像资料的光盘都会有字幕，在字幕语种和声道语种不同时，需要在$j 后著录字幕语种。例如，“101$achi$jeng”代表该光盘资源主体为汉语和英语，字幕语种为汉语。因为乐曲没有语言，如果是 CD 或者是 MP3 等纯音乐类型资源，可以不著录。
- 135：记录电子资源相关的编码数据。该字段是电子资源专有字段，适用于 ISBD（ER）定义的电子资源。包含的元素有电子资源的类型、特殊资料标识、颜色、尺寸、声音、文件格式数量、压缩级别、重定格式、质量保证指标等，而其他类型特征的附注则用 336 字段来揭示。

- 215：该字段与文献有比较大的不同，主要包含电子资源的物理形态、数量及其单位标识、尺寸、附件等信息。例如，“215$a1 光盘（VCD，Ver2.0）（54 分）$c 有声，彩色$d12cm”。
- 230：电子资源的专有字段，记录有关电子资源类型和容量等文件特征的信息。常用的语言有计算机程序和数据、文本、图像等。例如，“230$a 计算机数据（1 文件）和程序设计（12 文件）”。
- 327：电子资源内容附注。记录电子资源所包含文字的内容说明。
- 336：计算机文件类型附注。记录有关电子资源类型特征的信息。例如，“336ƀƀ$ a 数字（学生成绩统计）”。
- 337：电子资源的专有字段，主要描述电子资源对计算机的要求和对外围设备的要求等。例如，“337$ a 系统要求①硬件系统：586 以上机型，32MB 以上内存。②软件系统：中文 Windows98 /2000 操作系统”。
- 在主题分析字段常用 606 和 690，即普通主题词选择和中图分类号重复著录。
- 856：为了使图书编目的内容能反映电子资源的情况，解决用户对电子资源的索取和利用问题，1993 年 USMARC 首先提出增加一个电子信息定位与检索（Electronic location and access）字段，即 856 字段。该字段包含了定位电子资源所需的一切信息。856 字段可为重复字段，当某一文献有多种电子资源时，可分别使用 856 字段进行著录。结构为 856$u。第一指示符反映电子资源的检索方式，第二指示符未定义。

以国家图书馆的 CNMARC 记录为例，可以发现其在 200 字段的子字段$b 规定了电子资源；在 215 字段，规定电子资源的载体形态；230 字段著录不同的电子资源。具体样例见表 6-8。

表 6-8 电子资源的著录样例

FMT	EL
LDR	nlm0 22 450
001	5907063
005	20120801124823
010	|a 978-7-88537-373-3|d CNY10.00
100	|a 20120723d2012 bm y0chiy50 ea
1010	|a chi
102	|a CN |b 420000
135	|a hongannnauudn
2001	|a 智能开发 |h 2 |i 音乐游戏 |b 电子资源.CD |9 zhi neng kai fa
210	|a 武汉 |c 湖北长江出版集团 |c 九通电子音像出版社 |d 2012

续表

FMT	EL
LDR	nlm0 22 450
215	|a 1 光盘 (CD) (40 min) |c 有声 |d 12cm
230	|a 音频数据
300	|a 适合 0~3 岁使用
304	|a 题名取自盘面标签
3271	|a 音乐游戏 |a 1.数字歌 |a 2.两只老虎 |a 3.世上只有妈妈好 |a 4.小老鼠上灯台 |a 5.祝你生日快乐 |a 6.小青蛙 |a 7.妈妈你歇歇吧 |a 8.小燕子 |a 9.一分钱 |a 10.老师，您早 |a 11.一头小毛驴 |a 12.泥娃娃 |a 13.捉泥鳅 |a 14.小鸭子 |a 15.读书郎 |a 16.小龙人 |a 17.歌声与微笑 |a 18.我有一双勤劳的手
337	|a 系统要求：windows98 以上及相应播放软件
6100	|a 音乐 |a 学前教育 |a 中国
690	|a G613.5 |v 5
CAT	|a YXSEWB1 |b 01 |c 20120723 |l NLC01 |h 1322
CAT	|a YXSEWB1 |b 01 |c 20120723 |l NLC01 |h 1322
CAT	|a YXSEWB1 |b 01 |c 20120723 |l NLC01 |h 1640
CAT	|a YXSEWB2 |b 02 |c 20120728 |l NLC01 |h 1325
CAT	|a YXSEWB2 |b 02 |c 20120801 |l NLC01 |h 1248
OWN	|a YXSEWB201
SYS	5907063

2. 对网络信息资源的描述与著录

1991 年，OCLC 开始对网络信息资源书目控制的可行性进行试验研究，测试了 MARC/AACR2 对网络信息资源编目的适用性问题。结果表明，除少数例外，MARC 和 AACR2 适用于网络信息编目，需要一种将书目记录与被编目网络资源链接起来的方法，并导致在 USMARC 格式中新增一个用于录入网络资源存放位置并取得资源的 856 字段。目前，CNMARC 使用 MARC 格式编目网络资源，必须维护 856 字段连接的有效性，需要耗费相当多的人力与物力，而且编目的速度也远远跟不上网络信息资源增长的速度。OCLC 在总结数十年合作编目丰富经验的基础上，针对网络信息资源编目的特殊性，推出“合作联机资源目录”(Cooperative Online Resource Catalog，CORC)。作为一个全新的编目系统，它主要针对网络电子信息资源，利用元数据为其创建记录，提供编目服务，以求为网络信息资源的有序组织、适度控制和高效检索提供更为便利的条件。在 CORC 中，一条在编的网络信息会自动地追加到 WorldCat 数据库中。CORC 系统包含了 Sitesearch 检索软件，它能把各种不同来源的信息，如联机数据、馆藏数据和电子报刊等数据整合到一个界面上，并采用同一种方法检索。

在利用 MARC 对网络信息资源进行描述和著录时，信息源选择与正式出版物的信息源选择不同。在网络信息资源中很难找到像传统纸质文献的题名页、版权页这样著录信息集中的固定页面，网络信息资源的相关信息会不固定地分散在不同的网页上。著录信息源就是资源本身，主要可供参考的页面有：题名屏、主页、目次页、文件标题、元数据、出版商说明页、浏览页的题名条、欢迎屏等。通常，只有将这些相关的信息综合起来，才能够对网络信息资源有一个全面的了解。当众多信息源所提供的信息存在差异时，应优先考虑著录内容最完整、详细的信息源所提供的信息。如果是重要的著录项（如题名、责任者等）存在差异的话，则应对差异的部分作附注。

在 CNMARC 中，针对网络信息资源著录的特别字段，跟上文所述的光盘等电子资源基本一致，如 135、230、336、337 等字段。856 字段是 MARC 记录中最能完全和准确揭示网络信息资源的一个专门字段。该字段犹如“连接互联网资源和图书馆联机目录系统中书目的一座桥梁”，专门对网络信息资源的统一资源地址（Universal Resource Locator，URL）进行著录，实现超文本链接；也适用于一些不能以 URL 表示的电子网址和检索信息，如模糊检索等。本字段包含 26 个子字段，能著录主机地址、检索地址、电子文献名称、统一资源名称、用户名、口令、协助检索信息、操作系统、文件格式、文件大小、统一资源标识、有效检索时间等。

网络信息资源“*How's life? : measuring well-being*”的著录样例见表 6-9。（部分采用 USMARC 格式）

表 6-9 网络信息资源著录样例[1]

000	01923cam a2200457 a 4500	
001	17056497	
005	20120509152839.0	
008	111123s2011 fr a b i100 0 eng	
010	__	|a 2011523433
020	__	|a 9789264111615 (print)
020	__	|a 9264111611 (print)
020	__	|a 9789264121164 (pdf)
020	__	|a 9264121161 (pdf)
040	__	|a DLC |c DLC |d DLC
042	__	|a pcc
050	00	|a HN25 |b .H68 2011

[1] http://catalog.loc.gov/vwebv/staffView?searchId=11657&recPointer=0&recCount=10&searchType=1&bibId=17056497.

续表

082	00	|a 306 |2 23
245	00	|a How's life? : |b measuring well-being.
246	3_	|a How is life?
246	30	|a Measuring well-being.
260	__	|b Paris : |b OECD， |c c2011.
300	__	|a 282 p. : |b col. ill. ； |c 28 cm.
500	__	|a "OECD Better Life Initiative"--Cover.
500	__	|a OECD code: 30 2011 06 1 P.
504	__	|a Includes bibliographical references.
530	__	|a Full text also available online to subscribers.
650	_0	|a Quality of life |v Congresses.
650	_0	|a Well-being |v Congresses.
650	_0	|a Public health |v Congresses.
650	_0	|a Public health |x Evaluation |v Congresses.
650	_0	|a Satisfaction |v Congresses.
710	2_	|a OECD iLibrary
856	41	|u http://dx.doi.org/10.1787/9789264121164-en |z Connect to online resource via OECD iLibrary
906	__	|a 7 |b cbc |c origres |d 2 |e ncip |f 20 |g y-gencatlg
923	__	|d 2011-11-23 |s 94004170
925	0_	|a acquire |b 1 shelf copy |x policy default
955	__	|b bd09 2011-11-23 z-processor |a bd26 2011-11-29 |i bd11 2011-12-12 |e bd06 2011-12-16 to Dewey |w rd12 2012-05-09

3. XML 格式

作为一种元数据标准，MARC 具有两个层面的含义。在语义上，MARC 是元数据元素集，用于标记各种文献的书目信息，以及与书目信息关联的其他对象（规范、馆藏等）；在语法上，ISO2709 是一种数据交换格式，编目界通称 2709 格式，这是所有MARC格式共同遵守的数据传递与交换标准。2709 格式文件是文本文件，可通过任何硬件及操作系统读取，但由于它采用头标区、目次区及数据区的顺序排列方式，且作为元数据标识的字段名与字段数据分列在目次与数据区，因此要获取有意义的数据需要专用软件进行处理。随着互联网的发展，目前图书馆一般采用 MARC XML 格式把 2709 格式的 MARC 数据转换为可直接在互联网上应用的数据。MARC XML 采用记录集和记录两个层次，一个 XML 文件可以包含多条记录，既可表达一般的检索结果集，也可表达书目记录功能的需求关系。转换为 XML 格式之后，MARC 就能更方便地与其他元数据进行转换。

美国国会图书馆图书“Contexts and contributions : building the distributed library”的 MARC XML 格式片段如下[1]：


```
<?xml version="1.0" encoding="UTF-8"?>
-<record xmlns:zs="http://www.loc.gov/zing/srw/" xmlns:cinclude="http://apache.org/cocoon/include/1.0"
xmlns="http://www.loc.gov/MARC21/slim">
<leader>01633cam a2200373 a 4500</leader>
<controlfield tag="001">14445346</controlfield>
<controlfield tag="005">20080122152817.0</controlfield>
<controlfield tag="008">060710s2006 dcua b 000 0 eng </controlfield>
-<datafield tag="906" ind2=" " ind1=" ">
<subfield code="a">7</subfield>
<subfield code="b">cbc</subfield>
<subfield code="c">orignew</subfield>
<subfield code="d">1</subfield>
<subfield code="e">ecip</subfield>
<subfield code="f">20</subfield>
<subfield code="g">y-gencatlg</subfield>
 </datafield>
 -<datafield tag="925" ind2=" " ind1="0">
<subfield code="a">acquire</subfield>
<subfield code="b">2 shelf copies</subfield>
<subfield code="x">policy default</subfield>
</datafield>
  -<datafield tag="955" ind2=" " ind1=" ">
<subfield code="a">jf07 2006-07-10</subfield>
<subfield code="c">jf07 2006-07-10</subfield>
<subfield code="a">jf09 2006-07-11 to hlcd for Z?</subfield>
<subfield code="d">lh39 2006-07-21</subfield>
<subfield code="e">lh39 2006-07-24 to Dewey</subfield>
<subfield code="a">aa20 2006-07-25</subfield>
<subfield code="a">ps13 2007-02-23 1 copy rec'd.， to CIP ver.</subfield>
<subfield code="f">lk18 2007-03-22</subfield>
<subfield code="g">lk18 2007-03-22 to BCCD</subfield>
```


[1] http://lccn.loc.gov/2006022847/marcxml.

```
<subfield code="a">sb07 2008-01-22 copy 2 added</subfield>
</datafield>
-<datafield tag="010" ind2=" " ind1=" ">
<subfield code="a"> 2006022847</subfield>
</datafield>
-<datafield tag="020" ind2=" " ind1=" ">
<subfield code="a">9781933645339 (alk. paper)</subfield>
</datafield>
-<datafield tag="020" ind2=" " ind1=" ">
……
……
-<datafield tag="856" ind2="1" ind1="4">
<subfield code="3">Table of contents only</subfield>
<subfield code="u">http://www.loc.gov/catdir/toc/ecip0617/2006022847.html</subfield>
</datafield>
</record>
```

第 7 章

Chapter 7

DC 元数据

都柏林核心元数据（简称 DC 元数据）可以说是目前国际上最有影响力的元数据标准。其基本内容是一组由十五个元素构成的元数据元素集合，称为“都柏林核心元数据元素集”（Dublin Core Metadata Element Set，DCMES）。围绕这个核心集，DC 元数据又逐步发展起了一整套方法论和扩展规则，包括扩展元素、抽象模型、编码规范、应用指南、相关领域的应用纲要等，应用面逐步扩大，目前已成为 IETF RFC5013、ISO15836、CEN/CWA13874 等国际标准，以及美国、澳大利亚、丹麦、芬兰、英国等国家标准。

7.1 都柏林核心元数据概述

都柏林核心元数据集是目前普遍采用的描述网络资源的元数据规范，起源于美国在线计算机图书馆中心（Online Computer Library Center，OCLC）发起的国际合作项目“Dublin Core Metadata Initiative”（DCMI），其目的是实现网络资源的著录、发现和挖掘。DC 元数据具有简单易用、适用范围广的优点，同时 OCLC 也一直在大力推广其应用，网络资源描述的需求越来越大，这几方面因素共同促使 DC 的发展及其应用扩展，使之成为可适用于任何媒体的元数据标准。

7.1.1 数字资源、网络资源对元数据标准的需求

在第 6 章中提到，为了满足日渐兴起的数字资源、网络资源的描述需求，MARC 已经主动在进行一些改进（见 6.4 节）。但改进后的 MARC 是否能够适用于图书馆以外的更广阔的信息环境呢？答案是否定的。MARC 的缺点主要表现在[1]：

MARC 严重缺乏开放性，各类信息在具体系统条件限制下用专门语言定义并组织为内部结构和格式，难以有效进行机器支持的检索、处理和交换，难以有效进行跨文献单元、数据类型和系统范围的信息挖掘、转换，也难以与其他领域的数据格式或数据处理系统互操作。

MARC 数据受到语言影响，在世界范围内并不能通用。西文的 MARC 数据在我国没有得到很好的应用，同样，我们的编目信息也不能在国外图书馆系统中应用，这在某种程度上造成了资源的浪费。

全文、图像、多媒体信息等已成为国际互联网主流，面对浩瀚的信息海洋，仅靠传统的 MARC 格式提供的图书、资料目录信息，已远不能满足当今社会对图书馆提出的多样化信息存取的需求。

正在成为世界各国研究和竞争热点的数字图书馆，存储和处理的将是整部的电子图书和多媒体作品，而 MARC 仅能支持目录级次信息而不能支持全文。美国国会图书馆在 MARC 格式中增加了数字图书馆对象库的链接字段，结果使其结构更加复杂。

如果将 MARC 书目数据不经转化直接放置到网上，用户在屏幕上看到的只是一堆乱码，因为它是图书馆专用格式，并不支持通用浏览器格式，只有符合 MARC

[1] 马骊. 中国机读目录（CNMARC）的研究 [D]. 天津师范大学，2004.

规范的 OPAC 和 Z39.50 搜索引擎才能获取正确的 MARC 数据，因此，读者必须依靠专用的客户端和图书馆系统提供的检索工具进行资源搜索，这是目前大量的书目资源无法通过通用的搜索引擎向 Internet 用户提供链接的主要原因。

传统的 MARC 格式不但结构复杂，数据冗余，而且严重阻碍了图书馆馆藏书目数据资源整合进入 Internet，限制了图书馆之间以及图书馆与其他领域部门之间的信息交换与资源共享。除了传统的印刷馆藏，在信息化时代，图书馆之外的数字资源更是数量庞大，要用复杂而专业的 MARC 格式对这些资源进行编目，显然已经不能适应数字资源的建设。这时候，都柏林核心元数据集应运而生。它是一种简单的结构化格式，比较全面地概括了网上数字资源的主要特征，既避免了搜索引擎著录过于简单而导致检索效率严重下降的弊端，也避免了 MARC 格式的过于专业化和复杂化，是组织网上数字资源的有力工具。

7.1.2 都柏林核心元数据的起源及发展历程

1994 年 10 月，OCLC 研究员 Stuart Weibel 博士和 Eric Miller 参加了在芝加哥召开的第二届万维网协会（W3C）年会。会议间隙，他们与来自计算机界的几位专家简短地谈到互联网上的信息检索问题，大家的兴趣聚焦到如何建立一套元数据元素集合来描述网络资源，于是导致了 1995 年 3 月第一届 DC 会议的召开。DC 元数据于 1994 年最初提出时，主要就是针对当时网页搜索的查询效率和准确性不能令人满意的状况，试图引入图书馆员对馆藏进行编目的方法对网页进行“书目控制”。

1995 年 3 月，美国 OCLC 与国家超级计算应用中心（National Center for Supercomputing Applications，NCSA）在俄亥俄州的都柏林（Dublin）召开了一次国际研讨会，探讨如何建立一套描述网络上电子文件特征、提高信息检索效果的方法，与会代表包括来自图书馆界、档案界、人文学界和地理学界，以及来自 Z39.50 和通用标记语言标准（SGML）集团的代表。大会的目的旨在确定所研究的问题的范围，即是否只要一个简单的元数据元素集就能对网上的各种主题资源进行描述，会议为进一步发展描述电子资源的元数据元素的定义打下基础。由于资源描述的广泛性以及复杂性，使商讨的范围受到了限制。 现在网络上的绝大部分信息对象都被看作是“文件”，而元数据记录是用来直接帮助发现互联网上的资源的，因此提出的一套元数据元素集旨在描述支持电子文件资源的发现的基本特性。

此次会议的目标主要是定义一个能被全球所理解接受的小的元数据元素集，作为核心元数据元素集来描述网络上的电子资源。它能允许作者和信息提供者自己来描述自己的工作，并能方便资源发现工具之间的互操作性。但是核心元素并不能满足特殊用户团体需要的对象描述。

这届研讨会最主要的成果是设定了一个包含13个元素的都柏林核心元素集Dublin Core（DC）。都柏林核心元素集是在网络环境中，帮助发现文件类对象所需要的最小元数据元素集。此次会议对DC元数据的结构句法问题没有进行详细说明。DC-1所定义的13个元素见表7-1，这13个元素在以后的DC元数据发展中从名称到内容都有了很大的变化。

表7-1 第一届DC会议上确定的13个元素

Subject：主题	Form：格式
Title：题名	Identifier：标识符
Author：作者	Relation：关联
Publisher：出版者	Source：来源
OtherAgent：其他责任者	Language：语种
Date：日期	Coverage：覆盖范围
ObjectType：对象类型	

从这个表中可以明显看出，DC元数据来自于图书馆文献标引和电子文件管理的结合，这个最初的元素集决定了DC一直定位于“电子文献”或者“网络文档”的描述，并努力成为这个交叉领域语义描述的主导标准格式。当时将DC元数据的描述对象定义为“类文献对象（Document Like Object，DLO）”，主要指当时数量不足50万的Web网页。会上，大家都为DC元数据的诞生兴奋不已，认为网络搜索查准率低的问题将随着DC元数据的应用而迎刃而解。

除了决定DC元数据的描述对象和用哪些元素去描述之外，第一次DC会议还确立了许多原则，这些原则在很大程度上影响了DC元数据的未来形态，为DC的未来发展定下了基调。

（1）简单性原则：要求定义一个能得到最广泛应用、被全球所理解和接受的最小元素集，并能作为特殊用户详细描述需求的一个核心集。

（2）易用性原则：要求能方便作者和信息提供者描述自己的文档，而不给他们增加太多的负担，并能方便地实现资源发现工具之间的互操作性。

（3）内在性（intrinsicality）原则：指DC元数据以揭示描述对象自身的内容属性为主，外部属性为辅。

（4）可扩展性原则：希望DC元数据成为一个“核心”元素集合，而且可以通过各种方式扩展为适应各领域资源描述需要的元数据方案。

（5）句法独立（syntax independence）原则：指DC元数据的元素可以以多种方式编码，应用于各类技术平台中。DC元数据只规定元素的基本语义。

（6）可选择性：指DC元数据元素集合中的任何元素都是可选的。

（7）可重复性：指DC元数据元素集合中的任何元素都是可重复的。

（8）可修改性：指在具体应用中可以对 DC 元数据元素集中的任何元素进行进一步“修饰”或“限定”，但不能扩大或改变元素的基本语义[1]。

7.1.3 历次 DC 会议的基本情况及主要成果

从 1995 年 3 月第一次会议开始，基本上每年都会召开一次 DC 会议。截至 2012 年 8 月，DC 会议已经召开了 19 次，并且即将召开第 20 次会议，历次会议的基本情况如下：

1. 1995 年 3 月第 1 次会议——美国都柏林

DC 元数据的第一次会议。由 OCLC（美国联机图书馆中心）和 NCSA（美国超级计算应用中心）主办，来自图书馆界、档案界、人文学界、地理学界，以及 Z39.50 和 SGML 组织的代表共 50 余人参会。

在此次会议上，创立了包含 13 个基本元素的 DC 元数据格式。除了决定 DC 元数据的描述对象和用哪些元素去描述之外，第一次 DC 会议还确立了许多原则，这些原则在很大程度上影响了 DC 元数据的未来形态，为 DC 元数据的未来发展定下了基调。具体内容可见本章的 7.1.2 节。

本次会议内容详见：http://dublincore.org/workshops/dc1/

2. 1996 年 4 月第 2 次会议——英国沃维克

由 UKOLN（英国图书馆信息网络办公室）和 OCLC 主办，有计算机专家、文本编码专家、图书馆专家、美国数字图书馆先导研究计划（DLI1）和英国 JISC 电子图书馆项目（eLib）的代表，以及 MARC 等标准制定团体和一些公司代表共 50 余人参会。

此次会议主要聚焦在语法和结构问题，主要目的是“确认能满足两个目的的执行策略：一是促进各学科和语言间的语义协作能力；二是定义一种可扩展的机制来支持对其他描述模型的更详细的描述和连接。”会议就如何应用 DC 元数据的问题进行了广泛的讨论，认识到 DC 元数据与其他各种元数据记录必须有一个一致的结构单元实现各种功能需求，于是提出了 Warwick 框架作为元数据应用的一般“容器”和概念框架。还讨论了句法、国际化、特殊符号集、对象描述与它们的集合间的粒度层次，以及必要的用户指导与促进工作等问题。

这次会议产生的元数据结构的概念基础，被称为 Warwick 框架。这个框架和 Meta Content 框架（MCF），成为了资源描述框架（Resource Description Framework，RDF）发展的核心。Warwick 框架具有两个方面的重要性。首先，它提供了一个广

---

[1] 刘炜，楼向英，赵亮．DC 元数据的历史、现状及未来［EB/OL］．http://www.libnet.sh.cn/sztsg/fulltext/ reports/2005/DC_overview.pdf.

阔的定义和使用各类元数据的结构框架；其次，把 Warwick 框架作为一个环境，它能允许有特定目的的元数据集开发者对自己的工作进行限制和集中，使其他对元数据感兴趣的团体能独立地在满足自己特定需要的基础上取得进展。

Warwick 框架对后来数字图书馆体系结构的研究设计和 W3C 提出的资源描述框架（RDF）都产生了重要影响。Warwick 框架是较早提出解决 DC 元数据与其他操作性问题的概念方案。第一、二次会议奠定了 DC 元数据的理论基础。

本次会议内容详见：http://dublincore.org/workshops/dc2/

3. 1996 年 9 月第 3 次会议——美国都柏林

由 CNI（网络信息联盟）和 OCLC 主办，来自计算机学、图书馆学、联机信息服务、地理信息系统、博物馆和档案馆的控制、医学图像和其他领域的专家共 70 余人参会。

本次会议的目的在于促进描述、发现和组织网络图像和图像数据库资源的标准和协议的发展。因特网上的数字图像种类很多，包括从图画和建筑图到 CAT 扫描图，从 X 光片到星球地表图和天文对象图。本次研讨会主要集中讨论了静止的图像，如图片、幻灯片和图解；而动态的图像，如电影，录像之类都不在考虑之列；另外也不包括文本对象的图像，如传真页面等。

本次会议达成了一种共识，认为 DC 元数据在 Warwick 框架中，可作为一个在网络环境中用于图像发现的简单的资源描述模型基础。会议专门围绕在网络环境中描述图像和图像数据库的问题进行了讨论，将描述对象进一步扩充到图像资源，包括图像的特点、图像描述的具体需求、图像描述方法等，增加了“Description”，“Right Management”两个元素，使得 DC 核心元素增加至 15 个。

描述（Description）：Description 与 Subject 成为两个独立的元素，Subject 包括关键字、控制词条和正式分类指定标准。而 Description 则用于图像方面的描述性文字或内容描述，并包括文本文件下的摘要。

权限管理字段（Rights Management）：权限管理字段被认为是一个核心描述记录的必要组成部分。它对于图像描述极其重要，因此，如果不包括这一元素，将阻碍 DC 元数据在图像领域的广泛应用。

本次会议内容详见：http://dublincore.org/workshops/dc3/

4. 1997 年 3 月第 4 次会议——澳大利亚堪培拉

由 OCLC、DSTC（Distributed Systems Technology Centre）和澳大利亚国家图书馆 NLA（the National Library of Australia）主办，来自 12 个国家的 65 名数字图书馆研究专家、互联网技术专家、内容专家和图书馆员参会。

本次会议最直接的结果就是产生了两大学派：最小主义学派和结构语言学派。最小主义学派指出 DC 元数据的最主要特征是它的简约性。这种简约性对元数据创造者（如由对编目技术不很熟悉的作者）和利用工具（如对细节的限定词或编码策略起的作用不大的索引引擎）来使用元数据是非常重要的。只有当一个简单的核心元素在各种情况下所蕴涵的意义都相同时，才能达到在各团体间的语义互操作性这一目的。附加的限定词能指定、修正并详细说明元素的含义。由于这些将在不同的时间由不同的集团以不同的方式来完成，因此在元素的语义方面也许会出现变化，这在一定程度上会影响语义互操作性。结构语言学派也意识到了在更灵活的正式的扩展和限定元素交换方面会出现元素语义变化的危险，但却认为最重要的是元数据内容的限定能力。

本次会议提出了三类“堪培拉限定词”，即对DC元数据元素可以从取值的语种描述（Language）、模式体系（Scheme）和进一步修饰元数据的属性类型（Type）三个方面进行限定和扩展。

语种描述（Language）：这一限定词指定了元素值的描述字段的语言，而不是资源本身的语言。由于网络上的多种语种问题越来越突出，这个限定词也变得越来越重要。迄今为止，英语被假定为网络上的语言，但这一现象正在改变，确定资源本身和资源描述的语言问题变得极为重要。

模式体系（Scheme）：Scheme 限定词用来确定给定元素遵从的已有的或正在讨论中的一个体系结构中的合法值，如分类表、专题词或各类代码表。如一个Subject字段可以是一个体系限定为LCSH（Library of Congress Subject Heading）的数据。Scheme限定词对应用软件或应用人能提供一个处理线索，以使被限定元素能更好地使用。然而在其他情况下，Scheme标示符对字段的使用、日期的翻译都非常重要。

属性类型（Type）：这个限定词指定了给定字段的一个方面。它的用途是缩小字段的语义范围。它同样可被看作是一个子元素名，Type 限定词限定的是元素的名称，而不是元素字段的内容。Type 是 DC 限定词中争论最大的词。在明确定义可接受的类型及怎样定义上有一些逻辑困难。在某种意义上，它不是一个限定词，而是元素名本身的一个子集。

本次会议还把元数据结构与特定命名域代理联系起来：限定词可以是受控制的命名域的一部分，命名域可以是任意指定的。在联机环境中，可以通过超链接来完成。例如，DC.Title是DC元数据元素集中的一个元素名，在这里DC就是一个特定命名域，并有一些团体负责对这一命名域中的内容进行解释。如 LCSH 是一个体系（Scheme）的名字，它也是一个命名域，它的权限代理单位是国会图书馆。对于权限代理机构来说，不一定要有机器可代理的链接。例如，SCHEME 的 LCSH 标示符即使是在没有这种链接的情况下也非常有用，因为这个标示符具有一定的可信度并被公众普遍承认接受。一个应用软件就算没有链接也能很好地利用它。因此，链接可以是暗示的，也可以是明确的。在这两种情况下，给定的应用程序并不一定会利用这种链接。

本次会议内容详见：http://www.dstc.edu.au/DC4

5. 1997 年 10 月第 5 次会议——芬兰赫尔辛基

由芬兰国家图书馆和 OCLC 主办，来自 16 个国家的逾 70 位代表参会。

本次会议进一步明确了 DC 元数据的主要功能是侧重于信息资源的著录或描述，而不是信息资源的评价，所以又将 15 个元素分为三类，见表 7-2。第一类主要是与资源内容相关的元素；第二类主要是从知识产权角度考虑的元素；第三类主要是与资源的实例化有关的元素。

表 7-2　DC 元数据 15 个核心元素分类

Content	Intellectual Property	Instantiation
Title	Creator	Date
Subject	Publisher	Type
Description	Contributor	Format
Source	Rights	Identifier
Language		
Relation		
Coverage		

在讨论 Relation 元素的语义时提出了重要的“一对一”原则，即每个资源都应该有一条单独的元数据描述，而每一条元数据描述包含的元素必须与一个单独的资源相关联。

这次会议的成果被概括为“芬兰终结（Finnish finish）”，意指对 DC 的非限定版 DCMES 的最终确立，以便使 DCMES 尽快走上标准化的发展道路。此次会议提交的一个 DCMES 版本，最终确立为 RFC2413，成为 IETF（Internet Engineering Task Force）的事实标准，RFC2413 后来被替代为 RFC5013[1]。

在赫尔辛基，RDF 的结构问题同样取得了很大进展，它有望成为一个更强大的支持所有元数据的结构。随着这一网络基础结构的重要组成部分的成熟，它将逐步完善网络元数据应用的解决方案。在 HTML2.0 中嵌入元数据，以及支持 HTML4.0 的更复杂的元数据仍是可行并有用的。然而，RDF 模型不仅可以嵌入元数据，还能支持更重要更复杂的元数据模型。RDF 的进展将继续促进 DC 数据模型的发展。使数据模型正式化将有利于解决现在 DC 团体中的很多问题，包括：原则的执行，子结构（体系方案和子元素）的一致表示，以及体系方案和子元素的注册问题。DC 元素集和 RDF 框架是在 W3C 的资助下共同发展起来的。DC 为 RDF 提供了语义支持，而 RDF 则证明了一个 DC 元数据数据模型基础的重要性。

［1］ J. Kunze, T. Baker . The Dublin Core Metadata Element Set ［ER/OL］. http://www.ietf.org/rfc/rfc5013.txt.

尽管正式的 DC 数据模型工作没在这次会议上完成，但它却能证明一个最好的把 DC 元素（尤其是更复杂的，用体系方案加以限定的版本）嵌入一个合理的结构的方法，以使其适应基于网络应用的飞速发展所带来的挑战。

本次会议内容详见：http://www.lib.helsinki.fi/meta/DC5.html

6. 1998 年 11 月第 6 次会议——美国华盛顿

由美国国会图书馆和 OCLC 主办，来自 16 个国家的 101 位专家参加了会议。

第 6 次会议的目标是统一各个工作组的成果，共享实施经验和策略，并处理推进 DC 实现之间互操作能力所必要解决的关键问题。会议关心的主题包括：

- DC 发展流程的规范化：如何管理 DC 的发展，使其反映各方所关心的问题？
- 标准化：哪些文档将要被标准化？谁来进行这项工作？
- HTML 编码：需要一个正式的规范来提供指导。
- 认证机制：数据模型能够提供连贯的机制以修饰 DC 元素吗？怎么使用限定词？有 DC 推荐的限定词吗？
- RDF 功能：在 DC 中，RDF 的功能是什么？
- 与其他元数据模型的关系：怎么才能最小化元数据模型之间的差异以促进互操作？

这次会议是一次具有过渡性转折意义的会议，当时 DC 元数据已经初步成型，但其应用尚未获得突破。本次会议形成了 DCMI 的基本组织形式和运行模式，建立了基于工作组的开放、有序的运作机制，并提出使 DC 成为多项国际、国家标准的目标。从第 6 次 DC 会议开始，每次会议各工作组都要总结前一年的工作成果，提交工作报告，归纳问题，提出下一年度的工作计划。DC 的研究和应用各方面的工作齐头并进，全面展开，许多成果成为 DC 元数据标准规范体系中的一部分，或者成为 DCMI 的各类文档。

本次会议的内容详见：http://dublincore.org/workshops/dc6/

7. 1999 年 10 月第 7 次会议——德国法兰克福

由 OCLC 和德国国家法兰克福图书馆主办。

本次会议的目标是巩固 DC 各个工作组的成果，分享 DC 的应用实践，促进 DC 支持不同元数据系统间的互操作。

这次会议最大的成果是对 DC 修饰词的种类最终达成了共识：元素修饰词和编码体系修饰词。元素修饰词是对元素的语义进行修饰，提高元素的专指性和精确性，如 Temporal（时间范围）和 Spacial（空间范围）就是 Coverage（覆盖范围）的两个修饰词。编码体系修饰词是对元素或修饰词的取值进行限定的编码体系，有助于说明元素值的含义，这类修饰词包括控制词表及正式的符号体系或解析规则。从堪培拉修饰词发展到目前的这两大类修饰词，标志着 DC 修饰词已经日趋成熟和完善。DC 元素修饰词遵循 dumb-down（向上兼容）原则，即要求使用者能够忽略任何修饰词，而仅以未修饰的形式去理解对它的描述。从这个意义上说，修饰词的语义应包含于基本元素中。在范围上，对基本元素的语义进行限定；在深度上，对基本元素的语义进行延伸。这样即使对没有修饰词专业知识的普通用户来说，也能像使用未修饰词一样使用它。1999 年 12 月 22 日，在第 7 次 DC 元数据会议讨论的基础上产生了都柏林核心元数据修饰词（Dublin Core Metadata Element Set Qualifiers）1.0 版本工作草案，规定 DC 元素修饰词具有如下属性：名称、标识符、修饰词类型、定义、注释。

从本次会议开始，12 个工作组开始运作，并在会上分别报告工作计划和进展。

本次会议内容详见：http://dublincore.org/archives/1999/dc7/index.htm

8. 2000 年 10 月第 8 次会议——加拿大渥太华

由加拿大国家图书馆和 OCLC 主办，来自 20 个国家的 150 多位代表参加了会议。

在本次会议上，美国国家标准 Z39.85 经过了投票过程，并进入了 CEN/ISSS 标准程序。会上还提出以应用纲要（Application Profile）的形式解决元数据的领域应用问题。

本次会议内容详见：http://www.ifla.org/udt/dc8/index.htm

9. DC-2001 日本东京

由日本国家信息研究所（NII）、DCMI、日本科技公司（JST）、日本图书情报大学、日本通信研究试验室和日本国家图书馆主办，来自 30 个国家地区的超过 300 位代表参会。

DC-2001 是第一届经过公开征文的国际会议。会议主要目的：

（1）讨论 DC 元数据及相关元数据标准的未来发展；

（2）交流关于元数据及其应用的新思想；

（3）提供元数据应用的创建管理及使用的指导。

本次会议内容详见：http://www.nii.ac.jp/dc2001/

10. DC-2002 意大利佛罗伦萨

由意大利图书馆协会、国家图书馆、科学历史博物馆、欧洲大学研究所等单位主办，参加人数突破 300 人，来自 30 多个国家和地区。

本次会议的主题是 Metadata for e-Communities: Supporting Diversity and Convergence。此次会议的亮点包括 Herbert van de Sompel 对目前数字图书馆研究发展最新趋势的阐述；W3C 语义万维网行动组 Eric Miller 对语义网络所做的报告；Stuart Weibel 与大家探讨 DCMI 及其目前正在进行的对生态学元数据的研究等。

本次会议内容详见：http://www.bncf.net/dc2002/index.html

11. DC-2003 美国华盛顿

由华盛顿大学信息学院、DCMI、华盛顿大学图书馆、Syracuse 信息研究所和 Syracuse 大学等机构主办，来自 20 个国家地区的超过 300 位专家出席了会议。

本次会议的主题是：Supporting Communities of Discourse and Practice—Metadata Research & Applications。本次会议上很多参会者对将来在图书馆、政府机构和企业之间实现互操作而使用标准化的元数据表示了很大的热情。此外，会上各工作组正式提出或修订各自的章程，并提出使用 Abstract Model 对各类应用纲要进行规范。

本次会议内容详见：http://dc2003.ischool.washington.edu/

12. DC-2004 中国上海

由上海图书馆主办，来自 21 个国家地区的 160 多名代表参加了会议。

本次会议主题是“多文化和多语种环境下的元数据（Metadata Across Languages and Cultures）”。

此次会议就元数据应用纲要的形式化问题、元数据词汇表的管理和维护机制问题、发展 DC 地区机构问题，以及进一步加速和扩展 DC 应用领域的问题等进行了深入具体的讨论，特别是推进 DC 作为支持 W3C 语义万维网的最佳实践已成为 DCMI 当前最重要的一项工作。

本次会议内容详见：http://dc2004.library.sh.cn

13. DC-2005 西班牙马德里

本次会议与会代表来自 33 个国家和地区，共计 214 名。会议的主题是 Vocabulary in Practice，显示了 DC 专注于语义及推进应用的工作重心。

本次 DC 年会取得了如下成果：

（1）DC CD AP 草案的推出；

（2）2004 年提出的四个新的属性术语得到了认可，它们是：instructionalMethod，accrualMethod，accrualPeriodicity 和 accrualPolicy；

（3）作为 DC:contributor 的修饰词（子元素），MARC relator terms（MARC 关系词）得到了认可，但是如何申明和使用还在商讨当中，DCMI、SKOS、FOAF 和 LC 将可能共同商议提出一个共同的解决办法；

（4）可获得性工作组（Accessibility WG）提出的新属性还在讨论当中，未获通过；

（5）许多现有术语的定义正在进行审核，即将重新修订公布。一项基本原则是，新的版本尽可能不要与现有的应用发生冲突，即要保持向下兼容；

（6）应用委员会也要继续审查 DCSV（Dublin Core Structured Value）规范中术语的使用不符合抽象模型的问题。

本次会议内容详见：http://dc2005.uc3m.es/

14. DC-2006 墨西哥

主办单位是墨西哥著名的科利马大学，参会者来自 24 个国家和地区，包括大约 250 名元数据研究者和应用专家。

会议以“为了知识和教育的元数据（Metadata for Knowledge and Learning）”

为主题，大会安排了两场主旨报告，紧扣本届年会的主题。第一场主旨报告题为“资源网络和信息流的共享管理（Shared Management of Source Networks and Information Flows）”，拉丁美洲地区著名的情报专家 Abel L. Packer，从网络知识交流的角度，探讨了学术情报传播和利用的一些规律性的现象。

另一场主旨报告由华盛顿大学信息学院的 Michael Crandal 主讲。报告题目就是“DC 教育：产品、过程和人（DC-Education: Product，Process and People）”，回顾了 DC 对于领域应用的历史，总结了取得的成就，并对目前的问题和令人振奋的前景进行了展望。

会议共交流了 27 篇论文，其中 12 篇在大会交流，分三个主题：元数据模型（Metadata Models）、本体与控制词表（Ontology and Controlled Vocabularies）和教育元数据（Metadata for Education）；小组讨论的论文有 15 篇，分成四场：元数据方案实施（Implementation）、调整与共享（Adapting and Sharing）、应用部署（Deployment Issues）领域中的资源（Resources in Context）。大会交流论文大多是由 DCMI 的成员提交，水平较高，代表了 DC 元数据研究和应用的最新进展。

本次会议内容详见：http://dc2006.ucol.mx/

15. DC-2007 新加坡

来自 33 个国家和地区的近两百名代表参加了会议。

本次会议的主题是“元数据应用纲要的理论与实践（Application Profile: Theory and Practice）”，经过数年的研究、实践和标准化工作的推动，本次会议在元数据应用纲要的形式化方面取得突破性进展，提出了一整套以 DC 元数据抽象模型为基础的元数据形式化方案，被归纳为“新加坡框架（Singapore Framework）”，为下一阶段开发元数据软件工具，以及编制可用性和互操作性强的元数据方案提供了一个统一的模型和编码基础，使元数据应用长期滞后于实践需求的状况得到根本性的改善。

“新加坡框架”的具体内容及各部分之间的联系如图 7-1 所示。

本次会议内容详见：http://dublincore.org/workshops/dc-2007/

16. DC-2008 德国柏林

本次会议由德国互操作元数据管理中心、马克斯·普朗克数字图书馆、下萨克森哥廷根州立暨大学图书馆、德国国家图书馆、柏林洪堡大学、都柏林核心元数据计划等单位和组织共同举办，参会人员达 312 人，分别来自 170 多个机构和组织，遍布欧、美、亚各洲的 39 个国家和地区，涉及图书馆、博物馆、档案馆、政府、公共、教育、研究、出版和商业界等不同领域。

本次大会的主题是“语义和社会应用中的元数据（Metadata for Semantic and Social Applications）”，对于在语义网的应用和社会标签都很关注，此外，DC-2008 还涉及了维基应用、关联数据、微格式等多个 Web2.0 主题。除此之外，2007 年提出的新加坡框架为元数据应用纲要的标准化提供了一个很好的理论基础，2008 年在这方面有不少进展。同时 DCMI 从去年开始就深深地介入了下一代编目规则 RDA 的制定中，希望主要应用于图书馆界的下一版“英美编目条例”（AACR3）能够适应数字时代全球化的编目要求，DCMI 在抽象模型和词表规范方面的经验能够助力图书馆编目达到上述要求。

本次会议内容详见：http://dc2008.de

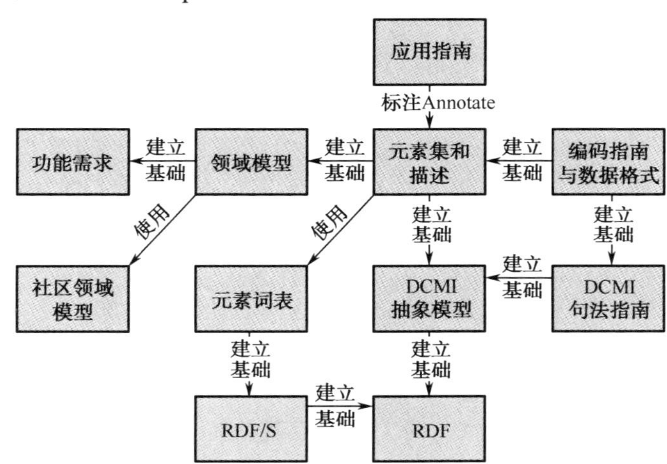

图 7-1　元数据应用纲要“新加坡框架”示意图[1]

17. DC-2009 韩国首尔

本次会议由都柏林核心元数据组织（DCMI）主办，由韩国国家图书馆与韩国图书馆学会承办，共有来自亚太、欧美多个国家和地区的 97 名代表参加。代表们分别来自大专院校、科研院所、图书馆、政府机关、公众服务与制造业等不同领域。

会议主题为“关联数据的语义互操作（Semantic Interoperation of Linked Data)”，希望通过对语义万维网技术的研究和讨论，特别是研究如何迎接关联数据所引发的技术和社会层面的挑战，为 DCMI 制定出更好的服务于万维网语义描述的标准规范找到对策。

整体而言，本次研讨会在以下几个方面取得了成果：一是在对“关联数据”进一步认识的基础上，对于 DC 核心元数据在关联数据中的作用达成了基本共识，二是对于 DC 元数据应用纲要（AP）如何帮助用户实现其具体应用有了更多的对策；三是对于 DC 以外的一些元数据方案和编码体系，如 LOM、RDA 和 SKOS 等做了更深入的研究[2]。

---

[1] 根据 Tom Baker 等图示翻译，原图参见：http://dublincore.org/architecturewiki/Singapore Framework.

[2] Nillsson M. Interoperability Levels for Dublin Core Metadata [EB/OL]. http://dublincore. org/documents/ 2009/05/01/interoperability-levels/.

本次会议内容详见：http://www.dc2009.kr

18. DC-2010 美国匹兹堡

本次会议继续由都柏林核心元数据组织（DCMI）主办，并与美国信息科学技术协会（ASIS&T）年会一同举办。此次会议共有来自美国、欧洲、亚太等 23 个国家和地区的约 150 名代表参加。代表们分别来自大专院校、图书馆、政府机关、数据库商、国际组织、研究与专业协会、软件开发商等不同领域。

本次会议主题为“使元数据更好地工作：庆祝 DC15 年（Making Metadata Work Harder：Celebrating 15 Years of Dublin Core）”，为探讨 DC 如何更好地发展提供了更为开放的平台。DCMI 在 2010 年度的关注重点无疑是在关联数据的理论与试验及语义网方面，围绕着这个主题，在 DCMI 术语和词表管理、DC 抽象模型、其他元数据方案、模型及编码体系（如 LOM、FRBR、RDA、SKOS）等各个方面探讨如何更好地描述网络资源以便更有效地管理和发现它们。

本次会议内容详见：http://dublincore.org/workshops/dc-2010

19. DC-2011 荷兰海牙

由都柏林核心元数据组织（DCMI）主办，荷兰国家图书馆承办，共有来自欧、美、亚、非等 36 个国家和地区的约 175 名代表参加，六大洲均有代表参会。代表们分别来自大专院校、图书馆、政府机关、数据库商、国际组织、研究与专业协会、软件开发商等不同领域。

本次会议的主题是“元数据协同：桥接描述语言（Metadata Harmonization: Bridging Languages of Description）”，主要聚焦于不同元数据方案的交融交汇，重点探讨描述语言设计的理论和实践问题，以及探讨不同的元数据方案之间的相互融合所需要解决的语言问题。

本次会议内容详见：http://dcevents.dublincore.org/index.php/IntConf/dc-2011

在 DCMI 发展的早期，大家非常关注 DC 元数据规范的应用。现在，DC 元数据规范并没有很大的变化，但其应用环境却发生了非常大的变化，无论是关联数据还是搜索引擎都极大地改变了资源发现的传统生态。DCMI 已经开发了一个基础的规范及相关应用模型，现在是时候将注意力转移到如何进一步适应剧烈变化的元数据应用环境了。15 个元素所组成的 DC 元数据词表本身不会有太大的变化，但其在关联数据等语义万维网或更广泛的网络环境中有着广阔的应用天地，在元数据溯源（Provenance）、元数据匹配（Alignment）及元数据协同（Harmonization）方面都大有可为。除此之外，教育与推广也将是 DCMI 组织今后努力的方向。

7.1.4 DC 标准化的情况

DC 的标准化问题在 1997 年的年会上就已经得到很多人的关注，也正是从那时开始，DCMI为DC元数据的标准化进行了持续的努力。

DCMI是一个独立运行、自由进出、开放的学术团体，承担维护和推广DC元数据的职责，为DC元数据的发展和应用做出了持续的努力。DCMI的主要工作可以笼统地概括为三个方面：资源描述研究、标准规范制定、元数据推广应用。其中标准规范的制定是三者的核心，是资源描述研究工作的目的和结果，也是元数据推广应用的基础和前提。现在DCMI已经成为一个国际性的电子数据对象标准研究组织，已有来自英国、澳大利亚、芬兰、加拿大、美国等国的具有多种不同专业背景的个人和团体参加，专门从事元数据标准、实践指南、支撑技术及相关政策的研究与开发。

2001年，美国国家信息标准组织发布了ANSI/NISO Z39.85：2001《都柏林核心元数据元素集》，该标准对应于DCMI网站上公布的《都柏林核心元数据元素集》（1.1版）。自2001年以后，在DCMI命名域政策的框架下，经DCMI用户委员会审查，DCMI对都柏林核心元数据元素集中的元素进行过几次修订。

2006年，DCMI用户委员会对都柏林核心元数据元素集（DCMES）中的元素进行了再次修订，以进一步澄清语义，并使元素的定义和使用注释符合DCMI抽象模型的语言。在征求了公众意见并召开用户委员会会议后，于2006年12月18日正式出版了修订后的都柏林核心元数据元素集。在此基础上，2007年美国国家信息标准组织又发布了ANSI/NISO Z39.85:2007《都柏林核心元数据元素集》，对ANSI/NISO Z39.85:2001进行了修订。同样，自2003年国际标准化组织发布了ISO 15836:2003《都柏林核心元数据元素集》后，2008年，国际标准化组织根据ANSI/NISO Z39.85:2007和DCMI的最新修订情况，对原ISO 15836:2003进行了修订，于2009年发布了ISO 15836:2009。

目前，DC元数据早已不是简单的15个元素的集合，而是包括词表、编码规范、模型、流程、工作文件等一系列文档的标准规范体系。目前，DC元数据被翻译成33种语言，成为IETF、ISO等国际组织的正式标准以及美国、澳大利亚、丹麦、芬兰、英国等国的国家标准[1]。DC元数据作为网络信息环境下的一种新型通用的信息资源描述与组织工具，因其简易性和通用性等特点，正在为越来越多不同专业领域，以及不同语种、不同文化背景的国家和地区所接受与应用，普及率超过现有各种元数据。

[1] 刘炜，楼向英，赵亮. DC元数据的历史、现状及未来［EB/OL］. http://www.libnet.sh.cn/sztsg/fulltext/ reports/2005/DC_overview.pdf.

7.1.5 DC在我国的引入与发展

我国图书馆领域自1997年来开始关注DC，1997年我国启动的第一个“中国国家试验型数字图书馆”项目就对DC元数据进行了跟踪和引进，自2000年起，介绍DC、应用DC的文章开始不断出现，这些文章在国内普及了DC元数据，也为DC的本地化工作做了大量积累。

从2000年以后，国内有关元数据的研究开始走出单纯的介绍，逐步走向实际应用，包括在电子政务、远程教育、地理、空间、农业等领域。而对其的应用也从单纯地使用DC15个元素的语义，走向将其作为一个完整的元数据体系，开展语义、结构和语法三方面内容的全面探索。DC通过对资源的描述，逐渐成为跨系统资源整合、实现语义互操作的桥梁。虽然在本地化和客户化方面还没有重大突破，仅仅提出了少量的对于DCMI限定词和编码体系的扩展，然而这一期间取得的成果还是巨大的，如北京大学图书馆的《中文元数据标准框架方案》[1]及其在该框架指导下设计的古籍、舆图等元数据方案；国家图书馆的《中文元数据方案》虽然主要基于OAIS模型，但也参考了DC[2]；清华大学图书馆建筑数字图书馆和上海图书馆自身进行数字化建设的一整套元数据方案也是严格遵循DC的。最值得一提的是由科技部立项、全国几十家单位参与的《我国数字图书馆标准与规范建设》项目（CDLS）[3]的研究，产生了大批成果，其中基本数字对象元数据规范及在此基本规范基础上的多种专门数字对象元数据规范也都是基于DC的，对我国元数据标准体系的建立和应用产生了深远的影响。

国家标准GB/T 25100都柏林核心元数据元素集是在修改采用国际标准ISO 15836:2009《信息与文献：都柏林核心元数据元素集》的基础上研制的，研制过程中还参考了ISO 15836：2003《信息与文献：都柏林核心元数据元素集》、DCMI发布的《都柏林核心元数据元素集》（1.1版）（2008-1-14）、ANSI/NISO Z39.85：2007《都柏林核心元数据元素集》（ISSN：1041-5635）及RFC 5013《都柏林核心元数据元素集》。国家标准GB/T 25100于2010年9月2日发布，2010年12月1日实施。

---

[1] 肖珑，陈凌，冯项云，冯英. 中文元数据标准框架及其应用 [J]. 大学图书馆学报，2001（5）.

[2] 国家图书馆. 中文元数据方案 [EB/OL]. http://www.doc88.com/p-79421253027.html.

[3]《我国数字图书馆标准与规范建设》项目（CDLS）[EB/OL]. http://cdls.nstl.gov.cn/cdls2/w3c/.

7.2　标准主要技术内容

7.2.1　DC 规范文档概要

DCMI 的标准规范文档称为“推荐文档”（Recommendations），包括 DCMI 正式发布的语义规范（Semantic Recommendations）和涉及编码、版本兼容、形式化表达、命名与规定及编码体系规定的其他规范（Other Recommendations）。已正式提交、但尚须经过最终批准的规范文档称为“提交推荐”（Proposed Recommendations），被取代或作废的规范文档称为“过期推荐”（Superseded Recommendations）。成为“推荐”规范之前，各阶段的草案均称为“工作草案”（Working Drafts）。与管理有关的 DCMI 工作流程规范称为“流程文件”（Process Documents），其他与推广应用有关的辅助性内容统称为“推荐资源”（Recommended Resources）。DC 规范文档类型如图 7-2 所示。

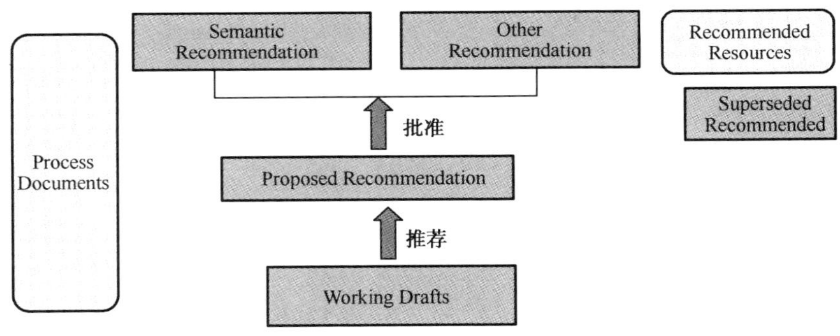

图 7-2　DC 规范文档类型[1]

截至 2012 年 8 月，DC 标准规范文档概况见表 7-3。

表 7-3　DCMI 规范文档列表

规范文档类型	名称	更新日期	简要说明
语义规范 Semantic Recommendations	DCMI Metadata Terms	2012-06-14	DCMI 维护的所有元数据术语的最新说明
	Dublin Core Metadata Element Set	2012-06-14	都柏林核心元数据元素集 1.1
	DCMI Metadata Terms: A complete historical record	2012-6-14	DCMI 所有术语，包括现行有效术语及作废的术语

[1] 马建玲. DC 元数据历史、现状及最新发展：2011 年 DC 与元数据应用国际研讨会见闻［EB/OL］. http://ir.las.ac.cn/handle/12502/4214，2011.

续表

规范文档类型	名称	更新日期	简要说明
其他规范 Other Recommendations	DCMI Abstract Model	2007-06-04	DCMI 抽象模型
	Expressing Dublin Core metadata using HTML/XHTML meta and link elements	2008-08-04	本文档描述了如何使用 HTML/XHTML<meta>和<link>元素来表达 DC 元数据
	Expressing Dublin Core metadata using the Resource Description Framework (RDF)	2008-01-14	本文档描述了如何使用 RDF 表示 DC 元数据
	Guidelines for implementing Dublin Core in XML	2003-04-02	本文档给出了使用 XML 实施 DC 元数据的指南
	Namespace Policy for the Dublin Core Metadata Initiative (DCMI)	2007-07-02	DCMI 的命名空间政策
	Guidelines for Encoding Bibliographic Citation Information in Dublin Core Metadata	2005-06-13	在 DC 描述中抽取书目引用信息的指南
	DCMI Box Encoding Scheme: specification of the spatial limits of a place, and methods for encoding this in a text string	2006-04-10	DCMI Box 编码方案是一种使用字符串标识空间区域的方法，本规范描述了使用 DCSV 语法在文本字符串中编码 DCMI Box 的方法
	DCMI DCSV: A syntax for representing simple structured data in a text string	2006-04-10	本文档描述了一种在文本字符串或结构化值串中记录简单的结构化数据的方法
	DCMI Period Encoding Scheme: specification of the limits of a time interval, and methods for encoding this in a text string	2006-04-10	DCMI Period 是一种使用文本字符串表示时间间隔的机制，本文档描述了使用 DCSV 语法在文本字符串中编码 DCMI Period 的方法
	DCMI Point Encoding Scheme: a point location in space, and methods for encoding this in a text string	2006-04-10	DCMI Point 是一种使用文本字符串表示空间中一点的机制，本文档描述了使用 DCSV 语法在文本字符串中编码 DCMI Point 的方法
提交推荐 Proposed Recommendations	Expressing Dublin Core Description Sets using XML (DC-DS-XML)	2008-09-01	本文档规定了表示一个 DC 元数据描述集的 XML 格式，支持 DCMI 抽象模型中描述的关于元数据描述集的所有特征，该 XML 格式称为“DC-DS-XML”
过期推荐 Superseded Recommendations	略		

续表

规范文档类型	名称	更新日期	简要说明
工作草案 Working Drafts	Description Set Profiles: A constraint language for Dublin Core Application Profiles	2008-03-31	本文档描述了描述集纲要（Description Set Profile，DSP）的信息模型及其 XML 表示
	A MoinMoin Wiki Syntax for Description Set Profiles	2008-10-06	本文档描述了描述集纲要的 Wiki 语法
流程文件 Process Documents	DCMI By-laws	2012-06-14	本文档给出了 DCMI 的结构和运作方式
	Operational aspects of DCMI Work structure: Communities and Task Groups	2006-12-18	本文档给出了 DCMI 的工作结构，描述了组织架构及决策过程
	Procedure for approval of proposals by DCMI	2007-08-06	本文档列出了 DCMI 文档的批准步骤
	DCMI Usage Board Administrative Processes	2006-02-13	本文档描述了 DCMI 用户委员会如何达成及记录决定的过程
推荐资源 Recommended Resources	Agreement between DCMI and the FOAF Project	2011-05-02	本文档描述了 DCMI 和 FOAF 项目的合作方式
	DCMI Generic Namespace Policy for RDF Vocabularies	2011-05-02	本文档给出了 RDF 词汇的命名空间的基本原则，由此提高其在关联数据中的应用效果
	Guidelines for Dublin Core Application Profiles	2009-05-18	本文档给出了都柏林核心应用纲要的创建指南
	Interoperability Levels for Dublin Core Metadata	2009-05-01	本文档论述了都柏林核心元数据的互操作层次
	DCMI Bibliography	2005-11-07	本文档给出了都柏林核心元数据变化和发展过程中的参考文献
	Expressing Dublin Core metadata using the DC-Text format	2007-12-03	本文档规范了一种简单的文本格式来表示都柏林核心元数据描述集，这一文本格式称为“DC-Text”格式
	Element Refinement in Dublin Core Metadata	2005-12-07	本文档描述了都柏林核心元数据中使用的“元素修饰”的概念
	DCMI Frequently Asked Questions（FAQ）		DCMI 的常见问题
	MARC Relator terms and Dublin Core	2005-12-08	本文档描述了 MARC 关系词在都柏林核心元数据中的使用
	DCMI Glossary	2005-11-07	DCMI 词汇表
	DCMI Intellectual Property Notice and Legal Disclaimers		DCMI 知识产权及法律声明

续表

规范文档类型	名称	更新日期	简要说明
推荐资源 Recommended Resources	DCMI Policy on Naming Terms	2004-04-05	本文档描述了 DCMI 术语命名的要求
	DCMI Privacy Statement		DCMI 隐私声明
	DCMI Publication Policy	2006-12-18	本文档规定了 DCMI 所维护的所有资源的公开政策
	Dublin Core Metadata Registry		都柏林核心元数据注册库
	The Singapore Framework for Dublin Core Application Profiles	2008-01-14	DC 元数据应用纲要的新加坡框架
	Criteria for the Review of Application Profiles	2009-03-02	DCMI 用户委员会审核应用纲要的标准
	DCMI Schemas		包括 XMLS Schemas 和 RDFS Schemas
	Using Dublin Core	2005-11-07	DC 元数据的使用指南

DCMI 以一个动态的、依照一定程序不断扩展的 DC 元数据术语词表（DCMI Metadata Terms）为核心。该术语表目前包括 55 个术语（Terms）、15 个元素（Elements）、21 个编码体系规范（Encoding Schemes）、12 个资源类型词（DCMI Type Vocabulary）等内容。围绕着这一核心，发展起一整套标准体系，成为一般性资源描述、特别是互联网语义信息描述（Semantic Web）的基础性规范，而且这套元数据标准体系还在不断发展、完善中。

7.2.2 DC 的 15 个核心元素

DC 有简单 DC 和复杂 DC 之分。简单 DC 指的是 DC 的 15 个核心元素，如题名、主题等，较为简单。复杂 DC 是在简单 DC 的基础上引进修饰词的概念，进一步明确元数据的特性，并把已有的分类法、主题词表等控制语言的优点加以吸收利用。

都柏林核心元数据元素集中 15 个核心元素的名称和含义见表 7-4。

表 7-4 都柏林核心元数据元素描述[1]

元素名	标签	定义	注释
title	名称	赋予资源的名称	一般指资源正式公开的名称
creator	创建者	创建资源的主要责任者	创建者包括个人、组织或某项服务。通常用创建者的名称来标识这一条目

[1] GB/T 25100-2010 都柏林核心元数据元素集［M］. 北京：中国标准出版社，2010.

续表

元素名	标签	定义	注释
subject	主题	资源的主题	一般采用关键词、关键词短语或分类号来描述。建议使用受控词表。描述资源的时间或空间主题应采用“时空范围（coverage）”元素
description	描述	资源的说明解释	描述可以包括但不限于以下内容：文摘、目录、图形图像表示，或者关于资源的文本描述
publisher	出版者	使资源可以获得和利用的责任实体	出版者包括个人、组织或某项服务。通常用出版者的名称来标识这一条目
contributor	其他责任者	对资源做出贡献的其他责任实体	其他责任者包括个人、组织或某项服务。通常用其他责任者的名称来标识这一条目
date	日期	与资源生命周期中的一个事件相关的时刻或一段时间	日期可以用来表达任何级别粒度的时间信息。建议采用一个编码体系，如 ISO 8601[W3CDTF]的W3CDTF
type	类型	资源的特征或类型	类型包括描述资源内容的一般范畴、功能、种属或聚类层次的术语。建议采用受控词表，如 DCMI 资源类型表[DCMITYPE]。要描述资源的文件格式、物理媒体或尺寸规格，应使用“格式（format）”元素
format	格式	资源的文件格式、物理媒体或尺寸规格	格式可以包括资源的媒体类型或资源的大小，格式元素可以用来标识展示或操作资源所需的软硬件或其他相应设备。如尺寸规格可以是大小尺寸或持续时间。建议采用受控词表，如因特网媒体类型[MIME]定义的计算机媒体格式表
identifier	标识符	在特定上下文环境中，给予资源的一个明确的标识	建议采用符合正式标识体系的字符串进行标识。正式的标识体系包括但不限于统一资源标识符（URI）（包括统一资源定位符[URL]）、数字对象标识符（DOI）和国际标准书号（ISBN）等
source	来源	与当前资源来源有关的资源	当前资源可能部分或全部源自来源元素所标识的资源。建议采用符合正式标识体系的字符串进行标识
language	语种	资源的语种	建议采用受控词表进行标识，如 RFC 4646
relation	关联	相关资源	建议采用符合正式标识体系的字符串进行标识
coverage	时空范围	资源所涉及的空间或时间主题，资源所适用的空间或资源所辖的范围	资源所涉及的空间主题或所适用的空间范围可以是一个地名或地理坐标，时间范围可以是一个时间间隔、日期或日期范围。所辖范围可以是资源所适用的行政实体或地理区域。建议采用受控词表，如地理名词叙词表[TGN]，并应尽可能地使用由数字表示的坐标或日期范围来描述地名与时间段
rights	权限	资源本身的所有者权利信息或被赋予的权利信息	权限信息通常指与资源相关的各种产权声明，包括知识产权

7.2.3 DC 的修饰词

DC 的修饰词可以进一步增加未修饰元素语义的精确性，元素值使用控制词汇或分类体系有助于增加描述的精确性。通过对 DC 修饰词的应用，有助于提高 DC 元数据的互操作性。

1. DC 修饰词的属性

名称（Name）：赋予该修饰词唯一性的标识。

标签（Label）：赋予该修饰词可被人理解的标签。

定义（Definition）：表述该修饰词概念和基本特性的说明。

注释（Comment）：可获得的与该修饰词相关的另外信息。

参见（SeeAlso）：关于该修饰词可获得的更多信息的链接。

值得注意的是，都柏林核心元数据的修饰词不仅局限于用英语表达。每个修饰词的名称属性是不变的，表示一个特定的修饰概念，与所用语种无关。一个修饰词的所有其他属性（标签、定义、注释和各种参见属性）可以被翻译成其他任何一种语言。

2. DC 修饰词的内容

目前 DCMI 确立了两类修饰词，即元素修饰词和编码体系修饰词。随着各类团体提出更多的修饰词，须遵从 dumb-down（向上兼容）原则，经 DCMI 应用委员会审核推荐后，逐渐形成一个修饰词的大家族。目前的这两类修饰词为修饰词的发展提供了一个基础和前景，期待实施者开发用于地方应用或者专业领域的修饰词，随着应用过程中的实践及时间的推移，修饰词将会逐渐增加和完善。

DCMI 对元数据词表一直奉行简约的政策，担心过快的膨胀会威胁到互操作性，同时超出 DCMI 的维护能力。迄今为止（2012 年 12 月），DCMI 认可和维护的元素修饰词和编码体系修饰词见表 7-5。

表 7-5 DC 修饰词一览表

元素 Elements	元素修饰词 Refinements	编码体系修饰词 Encoding Scheme
title 名称	alternative 交替名称	
subject 主题		LCSH: Library of Congress Subject Headings，美国国会图书馆主题词表
		MESH: Medical Subject Headings，医学主题词表
		DDC: Dewey Decimal Classification，杜威十进制分类法
		LCC: Library of Congress Classification，美国国会图书馆分类法

续表

元素 Elements	元素修饰词 Refinements	编码体系修饰词 Encoding Scheme
		UDC: Universal Decimal Classification，国际十进制分类法
description 描述	tableOfContents 目录	
	abstract 摘要	
date 日期	created 创建日期	DCMI Period，DCMI 对时间区间的规定
	valid 有效日期	W3C-DTF: W3C Encoding Rules for Dates and Times，W3C 日期时间编码规则
	available 可获得日期	
	issued 发布日期	
	modified 修改日期	
	dateAccepted 接受日期	
	dateCopyrighted 版权日期	
	dateSubmitted 递交日期	
type 类型		DCMIType: DCMI Type Vocabulary，DCMI 类型词汇表
format 格式	extent 范围	
	medium 媒体	IMT: The Internet Media Type of the Resource 因特网媒体类型
identifier 标识符	bibliographicCitation 书目引用	URI，统一资源标识符
source 来源		URI，统一资源标识符
language 语种		ISO 639-2，语种代码
		RFC 3066，语种的标识标签
relation 关联	hasVersion 版本关联	URI，统一资源标识符
	isVersionOf 版本继承	
	replaces 替代	
	isReplacedBy 被替代	
	requires 需求	
	isRequiredBy 被需求	
	hasPart 部分为	
	isPartOf 部分于	
	references 参照	
	isReferencedBy 被参照	
	hasFormat 格式转换为	
	isFormatOf 格式转换于	
	conformsTo 遵循	

续表

元素 Elements	元素修饰词 Refinements	编码体系修饰词 Encoding Scheme
coverage 时空范围	spatial 空间	DCMIPoint: The DCMI Point identifiers，DCMI 空间点标识符
		ISO 3166，国家或地区名称代码
		DCMI Box: DCMI Box identifiers，DCMI 地理位置区域的标识
		TGN: The Getty Thesaurus of Geographic Names，Getty 地理名称叙词表
	temporal 时间	DCMI Period: DCMI Period specification，DCMI 对时间区间的规定
		W3C-DTF: W3C Encoding Rules for Dates and Times，W3C 日期时间编码规则
rights 权限	accessRights 存取权限	
	license 授权文件	

7.2.4 DC 元数据抽象模型[1]

作为通用的元数据标准，DC 元数据致力于描述网络上的各种资源，以使其更加容易地被发现。为实现这个目标，DC 元数据从诞生之日起就不断发展和完善。DC 元数据的不断发展使 DCMI 意识到，要实现 DC 元数据的理性发展和机器可处理，需要一个内在一致的数据模型，于是提出了 DC 元数据抽象模型（DCMI Abstract Model，DCAM）。DCMI 从 2003 年年中开始制定 DC 元数据抽象模型，相应规范在 2005 年 3 月成为 DCMI 的推荐规范。2007 年 6 月，经过修订的新版抽象模型发布。

“DCMI 元数据抽象模型”清晰地定义了 DC 元数据描述的各类实体对象及其相互之间的关系，明确了一些长期争论或者容易引起歧义的概念，如 DC 元数据描述的对象——资源（resource）的概念，DC 元数据语义描述的“资源—属性—值”的三元组 RDF 结构，DC 元数据信息模型的单元结构：元数据记录—描述—陈述的结构，对向上兼容（Dumb down）原则的精确解释等，在一套概念术语的基础上，提供一个抽象的数据模型，以便在不同的元数据方案之间获得共同的理解。该抽象模型独立于特定的编码语法（虽然 DCMI 推荐采用 RDF/RDFS，而且也只有采用 RDF/RDFS 才能准确地表达抽象模型所需要表达的语义关系，但是并

[1] 赵以安．新版 DC 元数据抽象模型研究［J］．图书情报工作，2008，52（12）：129-132．

没有做硬性的规定），并且能够补充或约束特定编码方案的不足，能够为深入理解编码对象的属性，实现元素的映射、翻译和转换，从而实现元数据方案的共享和重用，提供一个精确的概念框架，也是元数据应用纲要的理论基础。从宏观上来说，能够帮助数字图书馆或任何广域网信息系统在语义层实现元数据的互操作提供一个基础模型。

DC 元数据抽象模型由相互关联的三个信息模型组成：资源模型（Resource Model）、描述集模型（Description Set Model）和词表模型（Vocabulary Model）。

1. 资源模型

资源模型定义了使用 DC 元数据描述资源（resource）的基本结构：“资源—属性—值”三元组的构成，如图 7-3 所示。一个资源（described resource）由一个或者多个“属性—值对”（property-value pair）来描述，每个“属性—值对”由一个属性（property）和一个值（value）组成，每个值可以是一个文字值（literal value）或者是一个非文字值（non-literal value），属性的取值也是资源，是与被描述资源的相应属性相关的物理实体、数字实体、概念实体或者文字实体。文字值指属性的取值是一个文字实体，非文字值指属性的取值是一个物理实体、数字实体或概念实体。

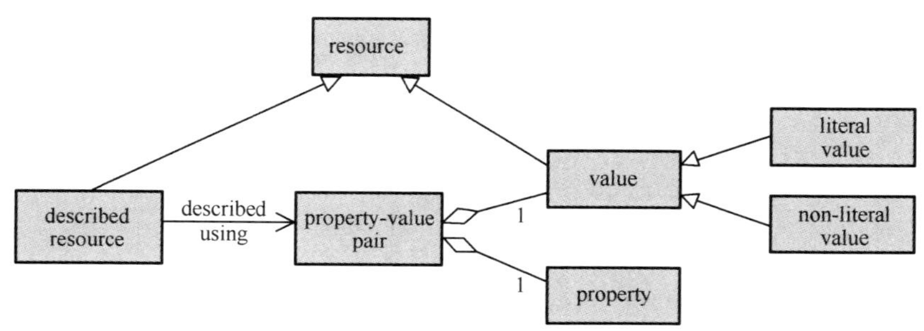

图 7-3　DCMI 资源模型

2. 描述集模型

描述集模型定义了 DC 元数据描述记录的结构，如图 7-4 所示。

描述集模型使用 URI 来标识资源和所使用的元数据术语词汇。一个描述集（description set）是一条或多条描述（description）组成的集合，每条描述描述一个资源。一条描述是由一个或多个陈述（statement）（这些陈述与一个且仅与一个资源相关），以及零个或一个标识被描述资源的标识符（described resource URI）组成。这里体现了 DC 元数据的一对一原则（One-to-one Principle）。每个陈述是一个“属性—值对”，由一个标识属性的属性标识符（property URI）和一个值代理（value surrogate）组成。一个值代理可以是一个文字值代理（literal value surrogate）或一个非文字值代理（non-literal value surrogate）。文字值代理由一个值字符串（value string）组成。非文字值代理由零个或一个值标识符（value URI），零个或一个词表编码体系标识符（vocabulary encoding scheme URI），以及零个或多个值字符串组成。一个值字符串是一个普通值字符串（plain value string），或是一个某种类型或结构的值字符串（typed value string）。普通值字符串附带一个语言选项（value string language），这个选项是一个 ISO 语言标签如 en-GB。具有某种类型或结构的值字符串附带一个语法编码体系标识符（syntax encoding scheme URI）来标识值字符串的类型或结构所从属的语法编码体系（syntax encoding scheme），如日期类型。

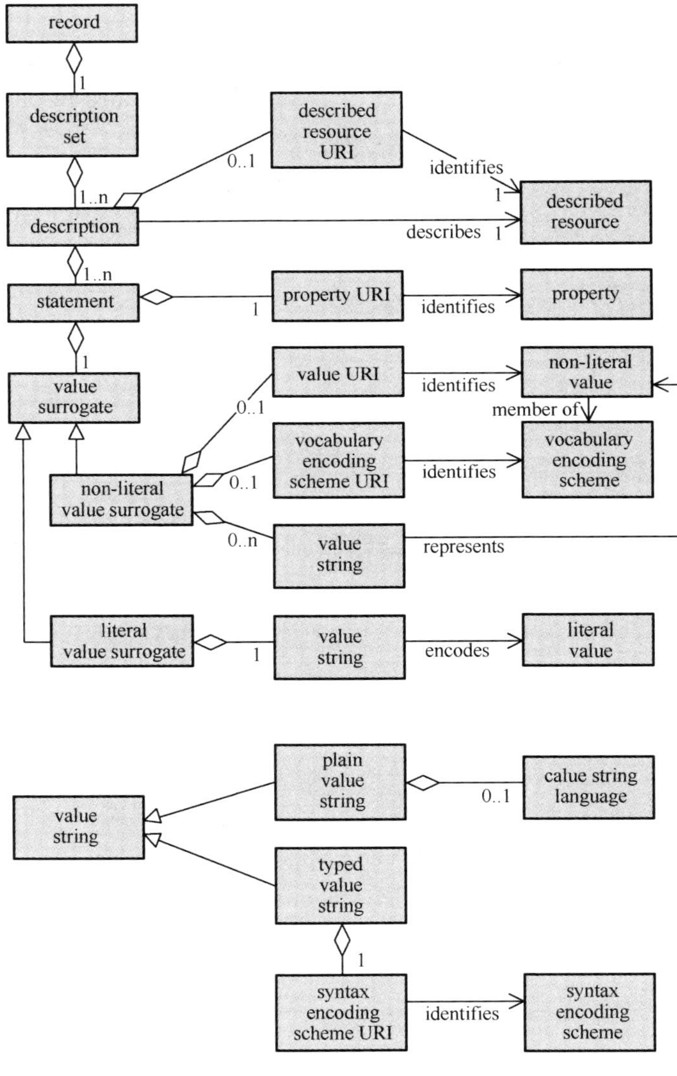

图 7-4 DCMI 描述集模型

文字值是一个文字串，如题名（文本），数量（整数）等，不能对其进行进一步描述，但文字值可以有语种或语法编码体系。非文字值是事物、概念或其他非文字串的东西，如人物、文档、事件等，指代某种事物，可以进一步在另一条描述中进行描述或用一个陈述描述。一条 DC 元数据描述只能描述一个且仅仅一个资源。但是在现实世界的元数据应用中，被描述的资源常常具有各种各样的联系，这就需要把具有某种联系的资源的元数据描述聚合起来形成描述集。而在软件或应用之间交换数据时，通常根据 DCMI 编码指南对描述集进行编码，以元数据记录（Record）的形式进行交换。

3. 词表模型

词表模型定义了 DC 元数据所使用的规范词表的构成——术语词汇的类型及其相互关系，如图 7-5 所示。

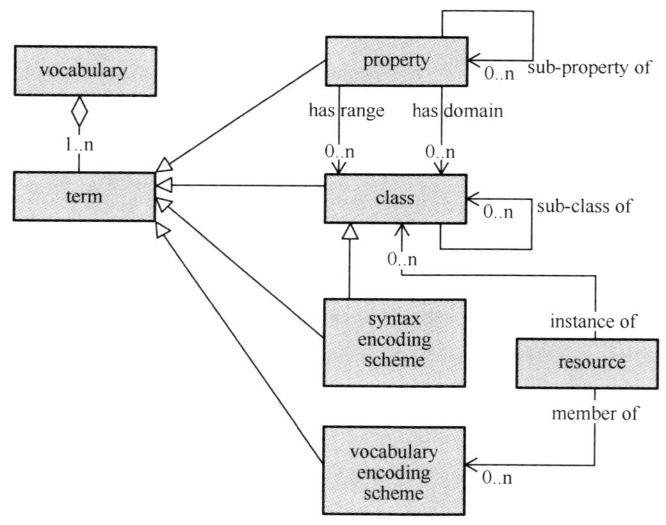

图 7-5　DCMI 词表模型

一个词表（vocabulary）是一个或多个术语词汇（term）组成的集合，一个词汇是一个或多个词表的成员。词汇可以是一个属性（property）、一个类（class）、一个语法编码体系或词表编码体系。一个属性可以通过关系“有定义域（has domain）”与一个或多个类相联系。如果一个属性与某个类具有此种关系，而且这个属性是一个“属性—值对”的一部分，那么意味着被这个“属性—值对”所描述的资源是这个类的实例（instance）。一个属性可以通过关系“有值域（has range）”与一个或多个类相联系。如果一个属性与某个类具有此种关系，而且这个属性是一个“属性—值对”的一部分，那么意味着这个“属性—值对”中的值是这个类的实例。一个属性可以通过关系“子属性（sub-property of）”与一个或多个其他属性相关联。如果一个“属性—值对”使用子属性及对应的值来描述一个资源，那么这个资源也可以用子属性关联的属性（父属性）及子属性的值来描述。这里体现了 DC 元数据的向上兼容原则（Dumb-down principle）。一个资源可以是一个或多个类的实例，也可以是一个或多个词表编码体系的成员（member）。一个类可以通过关系“子类（sub-class of）”与一个或多个其他类相关联。一项资源如果是子类的实例，也必定是关联类（父类）的实例。DCAM 没有提供明确的表达类的机制。类可以通过在一条描述中使用一个或多个陈述来实现，或通过属性的定义域来实现。

DC 元数据抽象模型定义了元数据概念模型，可以保证 DC 元数据的理性发展与内在一致性。它基于 RDF，使 DC 元数据可以更好地嵌入未来的语义网应用；它独立于任何句法规范，为各种元数据应用提供了互操作基础；它支持术语词汇的引用与自定义，定义了元数据描述的信息结构，为实现 DC 元数据应用纲要的规范化和机器可处理奠定了基础。

7.2.5 元数据应用纲要

为了满足不同的需要，不同的团体针对不同的资源研制了不同的元数据方案，这些方案各有优劣。当人们为满足某个特定机构、团体或项目的要求而四处寻找元数据方案时，有时发现如果将多个方案放置在一起，不同方案的各个部分都可以很好地配合使用。允许元数据的制作者使用不同元数据方案的不同元素的机制就是应用纲要。

按照雷切尔·赫瑞（Rachel Heery）和曼纽拉·帕特尔（Manjula Patel）的说法，应用纲要是指向元数据方案本身的一类元数据方案。应用纲要是从包含一个或多个命名域中获取的多个数据元素的方案。命名域是元素类型和属性名称的集合，是关于名称存储地点信息的规范域。例如，都柏林核心元素集在 http://www.dublincore.org 网站上有一个命名域。为应用纲要挑选的元素可以是一个方案所有元素的子集，也可以是由两个以上方案中的元素合并而成的。应用纲要是规定采用某种命名域的若干种元素可以应用于特定应用或项目的方法[1]。

简单地说，元数据应用纲要规定了元数据方案的编写格式，并且其格式本身也应用了 DC 元素定义属性。主要内容是元数据属性元素使用方法的集合，包括一般属性元素（如 DCMES 中选取的元素）、特殊属性元素（指从领域元数据标准中选取的元素或者限定词）、对属性元素进行取值约束的规定（通常指编码体系的

[1] Rachel Heery，Manjula Patel. Application Profiles:Mixing and Matching MetadataSchemas [EB/OL]. http:// www.ariadne.ac.uk/issue25/app-profiles.

选择，如规定在使用 dc:language 时，它的值必须遵从 RFC 3066 标准等）、应用规则的申明（可选、必备、条件选用）等，应用纲要本身并不定义任何新的术语，要求全部属性元素均出自一定的标准规范，最好每个元素均有自己的 URI。如果编制者介绍了多个新元素，那么这就不是一个应用纲要，而成了一个新方案，编制者必须承担声明和维护那个方案的责任，以保证应用纲要形式上的一致性。

近来 DCMI 正在大力推广和完善元数据应用纲要的使用。既然 DCMI 不可能迅速地为某些应用轻易地增加元素或修饰词，允许复用其他元数据标准规范中的元素就成为一个可行的选择，这种方法不仅在一定程度上解决了元数据方案的扩展问题，也使多种元数据方案能够和平共处，增强了应用系统的开放性和兼容性。

同时，DCMI 自身也希望为特定领域的应用增加或选取一些元素或修饰词，并通过一定的讨论和管理流程“认可”某些领域的应用纲要。目前 DCMI 有许多工作组就是为了这个目的而设立的，如 DC-Library、DC-Agents、DC-Citation、DC-Collection、DC-Administration、DC-Education、DC-Government 等。除了 DCMI 之外，IEEE-LOM、DOI 和 MARC 等元数据维护组织都支持应用纲要这种形式。

DC 教育工作小组为描述教育资源而建议的应用纲要就是其中典型的例子。它采用取自“DC 教育”命名域的两个专业领域元素（“读者”和“标准”）和取自 IEEE 学习对象元数据（Learning Object Metadata，LOM）命名域的三个数据元素的签注（endorsements）。这三个元素分别是互操作类型（Interactivity Type）、互操作水平（Interactivity Level）和典型学习时间（Typical Learning Time）。

“元数据应用纲要”本身也需要进行一定的规范，否则无法达到最低程度的一致性。为此，DCMI 于 2009 年 5 月 18 日发布了推荐性资源《都柏林核心元数据应用纲要使用指南》（*Guidelines for Dublin Core Application Profiles*），该文档介绍了应用纲要的组成部分及开发流程，用于指导都柏林核心元数据应用纲要的创建。

7.3　DC 元数据的应用实例

DC 元数据作为网络信息环境下一种新型通用的信息资源描述与组织工具，因其简易性和通用性等特点，正在为越来越多不同专业领域及不同语种、不同文化背景的国家和地区所接受与应用。本节给出 DC 元数据在我国一些领域的应用实例。

7.3.1 DC 元数据在数字图书馆的应用

1. 数字图书馆的元数据需求

数字图书馆的真正潜力绝不仅仅是传统图书馆馆藏资源的“数字化”，也绝不仅仅是数字化了的“图书馆”。数字图书馆是将文字、图像、声音等信息数字化，并通过互联网传输，从而使信息资源能够被全球共享。数字图书馆与传统图书馆的最大区别是：传统图书馆将“人”集中在“馆”里，而数字图书馆则是将信息和服务集中起来，“馆”的形式并不重要。一个建设完备的数字图书馆应当成为：多种信息资源的聚集中心，重要信息的生产基地；专家、读者、图书馆员交流的枢纽；信息搜索、发现、捕捉的导航站点；为用户提供高水平服务的知识喷泉。因此，在数字图书馆建设中有效地解决网络资源的查找问题，建立一个简单并为网络用户所接受的标准化元数据集，成为了网络发展的迫切需要。

数字图书馆的职能主要有两个方面：一是信息资源的收藏；二是为读者提供信息服务。要履行好这两项职能，首先必须对信息资源进行描述和抽取，使资源易于存储及提取，即为资源建立元数据描述。DC 元数据以其灵活、简练、可扩展和易于理解，以及能与其他元数据进行桥接等特性，成为国际范围内一个良好的、通用的网络资源描述的元数据标准。

2. DC 元数据在数字图书馆建设中的应用实例[1]

在数字图书馆建设中，我们可以使用基于 XML/RDF 的 DC 元数据描述技术来对数字资源进行描述。

XML 的特点使它适合于对元数据进行语法描述：文本可以用文本编辑器或专门的 XML 文字处理器编辑；语法简单，用户很容易熟悉和掌握；对文档的层次关系和链接关系有出色的表达能力。

如果把 XML 看作一种标准化的元数据语法规范，则 RDF 就可以看作是一种标准化的元数据语义规范。RDF 本身并不规定语义，但它为每一个资源描述体系提供了反映其特定需求语义结构的能力。从这个意义上说，RDF 是一个开放的元数据框架。

由此可见，RDF/XML 给出了元数据表示的结构和语法，而 DC 定义了元数据表示的语义，三者的结合能有效地描述数字资源。以下我们给出一个基于 XML/RDF 的 DC 元数据描述数字资源的实例。

---

[1] 龚永红. DC 元数据及其在数字图书馆建设中的应用 [J]. 科技情报开发与经济，2010，20（31）：78-80.

```
<?xml version="1.0">
<rdf:RDF xmlns:rdf="http://www.w3.org/TR/2003/WD-rdf-concepts-
20030123/"
xmlns:dc="http://dublincore.org/2003/03/24/dces#"
xmlns:dcterms="http://www.library.sh.cn/metadata/shanghai-DL#">
<rdf:description rdf:about ="http://202.193.96.133:81/
tushuw/book/neirong.asp?bkid=1153">
<dc:title>未来移动通信系统概论</dc:title>
<dc:Creator>刘元安</dc:Creator>
<dc:Publisher xml:lang="ch">北京邮电大学出版社</dc:Publisher>
<dc:Description xml:lang="ch">本书主要由两个部分组成：未来移动通信系统及
网络，对未来移动通信发展有重要影响的关键技术…</dc:Description>
<dc:date dcterms:dateScheme="ISO8601">2000-07-01</dc: data>
<dc:Subject>
<rdf:Description>
<dcterms:subjectType:class dcterms:subjectScheme ="CLC">TN929
</dcterms:subjectType>
<dcterms:subjectType:keyword>
<rdf:Bag>
<rdf:li>移动通信</rdf:li>
<rdf:li>网络</rdf:li>
<rdf:li>信息技术</rdf:li>
</rdf:Bag>
</dcterms:subjectType>
</dc:Subject>
<dc:Identifier dcterms:identifierScheme ="ISBN">7-5635-0392-7
</dc:Identifier>
<dc:format>电子图书</dc:format>
<dc:Language dcterms:languageScheme ="ISO639">zh</dc:Language>
</rdf:Description>
```

DC 元数据在数字图书馆建设中发挥了巨大的作用，自 1999 年以来，我国也对 DC 元数据进行了应用研究。目前国家图书馆就以 DC 元数据为基础，制作了大量的数字化资源，上海图书馆与清华大学也参与了 OCLC 基于都柏林核心元数据集的 CORC 计划，另外还有清华大学建筑数字图书馆、北京大学图书馆的古籍拓片数据库、上海交通大学的音乐资源库等。但是，要将 DC 的应用在我国推广仍存在很多问题，比如中文元数据标准化的问题，以 MARC 为代表的传统元数据和 DC 元数据格式的融合问题及互操作问题，这些也将是今后研究的方向。

7.3.2 DC 元数据在跨国公司研究专题数据库的应用实例

董蓓在图书馆工作与研究的一篇期刊论文[1]中介绍了 DC 元数据在南开大学跨国公司研究专题数据库的应用实例。

近年来，随着高校文献保障系统和数字图书馆工程的推进，各地区许多高校图书馆都在特色资源数字化建设中挖掘自身的潜力优势，扩展服务空间，建立了以本校学科优势为特色的专题数据库，为高校读者提供深层次的学科服务，推动了高校教学、科研水平的交流与提高。在特色资源建设过程中，要从庞杂的特色资源中抽取有用信息进行标引，并实现资源的共建共享，元数据的标准化便成为了一个重要因素，无论是数据的加工存取、信息的浏览检索、还是资源的长期保存，都是以元数据为基础实现的。研究制定并完善其元数据的使用规范就成为各高校图书馆所关注的焦点。南开大学图书馆的“跨国公司研究专题数据库”的元数据方案设计就是基于 DC 元数据的。

1. 跨国公司研究专题数据库概况

南开大学图书馆选择了北京拓尔思信息技术有限公司的 TRS（Text Retrieval System）信息发布检索系统作为“跨国公司研究专题数据库”建设、发布、管理和开发的平台。系统后台数据库采用 Client/Sever 结构进行维护，信息发布采用 Browser/Sever 结构。系统功能覆盖整个信息的生存周期，通过数据的预处理工具实现文件的自动转换、辅助标引，并在加工数据的同时完成数据的入库和建库工作。

南开大学图书馆的“跨国公司研究专题数据库”数据资源主要包括两个部分：一是关于跨国公司研究的各类纸质文献；二是收集的电子资源和网络资源。面对收集来的纷繁复杂的相关信息，专业人员根据各子库的内容要求，对大量信息资源进行细致的人工筛选、分类、著录、标引、格式转换，再将这些规范数据导入数据库，形成专题数据库。

2. 元数据设计方案

“跨国公司研究专题数据库”的元数据设计方案参照 CALIS 特色数据库子项目元数据规范及相关规则，包括《CALIS 描述型元数据规范及其著录规则》、《CALIS 管理型元数据规范》、《CALIS MetaID 命名规范》、《元数据 Set 定义》和《特色库元数据仓储唯一标识符命名规则》等。项目组推荐使用的元数据标准也是参考 Dublin Core 制定的。参建单位遵循相对统一的元数据描述标准，保证特色数据库系统的分散对象数据和统一元数据集的构架，提供的 11 种信息资源的元数据

[1] 董蓓．DC 元数据在专题特色数据库建设中的应用——以南开大学图书馆“跨国公司研究专题数据库”为例［J］．图书馆工作与研究，2010（4）：42-44．

集都是复用DC的15个核心元素。

“跨国公司研究专题数据库”是CALIS特色数据库的子项目。它主要涵盖了与选题有关的图书、期刊、视频多媒体、学位论文、名录、会议文献、网络资源7种文献类型，分为7个子数据库，实践中根据各子库特点设置元数据。元数据的设计包括：期刊元数据、图书元数据、学位论文元数据、视频多媒体元数据、网络资源元数据、会议文献元数据和名录元数据，其中名录采用自定义的元数据来描述，因此在该数字化项目的建设过程中，面临的是多种元数据并存的状况。设计方案基于DC元数据，将元数据分为描述型元数据、管理型元数据和应用型元数据，其中描述型元数据又划分为核心元素和个别元素。核心元素和个别元素是根据不同对象的特性而定制的，核心元素采用了DC的15个元素，使用DC修饰词，备有各种类型资源著录的应用模板、著录细则和标引原则，并在使用过程中严格遵循DC的语义定义，通用性强。

7.3.3 DC元数据在旅游资源数据库中的应用实例[1]

甘南藏区旅游资源数据库是甘南藏区各种旅游相关资源数据的集成。它不同于传统的图书馆等资源，它不仅包括传统的文献资料，还具有地方特色，如语言涉及汉语、藏语等。由于其资源丰富且种类繁多，所以建设这样一个数据库，应遵循开放性、灵活性、可互操作性、易于扩展和适用性强等特点。因DC元数据具有上述特点，所以它是建设甘南藏区旅游数据库首先考虑的元数据方案，是数据库数字化和数据库系统设计与功能实现的基础。

甘南藏区旅游数据库系统的建设，由于地域的特殊性，整个方案采用的元数据以DC元数据为基础，扩展了4个元素，分别是：相关文本信息（Others）、参照（Reference）、地名主题（Place）、重要事件主题（Events）。方案允许每个元素对于不同的资源类型有不同的“显示名”和不同的元素修饰词。新增的资源类型原则上只能从已有的属性元素集合中选取元素。

下面是以扩展的DC元数据描述甘南藏区旅游数据库系统的一个例子。

```
<BODY>
<METANAME="DC:Title" CONTENT="甘南藏区旅游数据库系统">
<METANAME="DC:Creator" CONTENT="甘南州政府">
<METANAME="DC:Subject" CONTENT="数据库主页">
<METANAME="DC:Description" CONTENT="甘南藏区旅游数据库系统介绍">
<METANAME="DC:Publisher" CONTENT ="甘南州政府">
```

[1] 包得海，刘昉. DC元数据在旅游资源数据库中的应用研究 [J]. 现代计算机（专业版），2011（4）：15-17.

```
    <METANAME="DC:Date" CONTENT="2005">
    <METANAME="DC:Type" CONTENT="数据库">
    <METANAME="DC:Format" CONTENT="XML">
    <METANAME="DC:Identifier"CONTENT ="http://www.gazzf.gov.cn/ gannan/
index.jsp">
    <METANAME="DC:Language" CONTENT="CN and TIBETAN">
    <METANAME="DC:Relation" CONTENT ="http://www.gazzf.gov.cn">
    <METANAME="DC:Coverage" CONTENT="中国">
    <METANAME="DC:Rights" CONTENT="限制">
    <METANAME="Place" CONTENT="甘南州各旅游景点">
    <METANAME="Events" CONTENT="旅游数据库资源">
    <METANAME="Others" CONTENT="旅游天气">
    <METANAME="Reference" CONTENT="相关数据库">
    <BODY>
```

用 DC 元数据描述的甘南藏区旅游资源数据库系统，在元素 Description 中把甘南藏区旅游资源数据库系统资源描述得十分详尽，这样便于数据库资源的管理和维护。通过元数据详细地描述数据集的有关结构信息及语义解释，可对其他数据库使用的元数据格式进行转换，来实现数据集间的共享和互操作。另一方面也便于用户检索。该系统支持布尔检索，大大提高了检全率和检准率。例如，用户在系统界面中输入查询的记录项，系统通过元数据数据集，形成一条比较准确的查询语句，这样可以大大减少查询的返回结果。同时元数据还提供了如何数据获得数据的信息（如单位、联系信息、存储单位等）来帮助用户取得数据。

7.4 DC 元数据的未来发展重点

DC 元数据从出现至今，已经有近 20 年的发展历程，从最初简单的 13 个元数据元素，逐渐发展为一套包含方法论、模型、扩展规则等在内的元数据体系，在很多领域得到广泛的应用。在 DC 元数据发展的早期，大家非常关注 DC 元数据规范本身的完善、扩展及应用。现在，从 DC 元数据的规范本身来看，已经趋于成熟，本身不会有太大的变化，未来更重要的关注点在于如何进一步适应剧烈变化的元数据应用环境[1]。

DC 元数据今后的第一个发展重点是如何在万维网及元数据应用需求环境下继续发挥作用，如在新的关联数据应用环境下，如何做好元数据匹配（Alignment）的工作，起到具有桥接能力的核心词表的作用。

[1] 赵亮，杨佳. DC 元数据年会综述（2011）[R]. 数字图书馆论坛，2011（12）：47-53.

其次 DCMI 第二个发展重点是教育。在关联数据的热潮中，词表的应用越来越广泛，DC 元素集的推广及元数据相关的理念都需要进一步做好教育相关的工作，例如，如何建立与申明自己的词表，如何制定元数据应用纲要，在具体的实践中要注意哪些问题，等等。

DCMI 的第三个发展重点，是如何进一步向非英语地区进行推广。DCMI 作为一个先导型的计划，一直非常注意适应环境的变化与世界的发展趋势。目前，从世界范围来看，越来越多的科学论文以中文、葡萄牙文、西班牙文来写作，并且中文社区很可能在不久的将来成为网络上最大的社区。因此，为了适应这样的变化趋势，DCMI 需要更好地与其他语言社区进行合作，使 DCMI 真正实现国际化。

第 8 章

Chapter 8

图书 ONIX 标准

图书在线信息交换（ONIX for Books）标准（简称“图书 ONIX”）是欧洲电子数据交换组织 EDItEUR（Electronic Data Interchange to Europe）归口管理的在线信息交换标准的组成部分。该标准旨在向图书批发商、零售商、网络书商及产业链的所有参与者提供统一的图书产品信息格式，解决行业各机构间多种数据格式并存给信息交换带来的困扰，以在线信息交换的方式满足和丰富图书出版发行行业在互联网时代的需要。图书 ONIX 以图书产品信息为起点，经过 10 多年的运行实践，跟进行业发展需要，逐步覆盖了与图书相关的其他媒体产品。目前，该标准已被世界上众多国家和地区的机构所采用。

8.1 图书 ONIX 标准概述

8.1.1 ONIX 系列标准的起源

在传统的图书文献领域，MARC 记录格式已被长期实践证明是一种行之有效的描述文献的工具，是一种比较成熟稳定的元数据标准。它的特点主要在于能够全面、细致、准确地揭示文献本身信息；但在出版贸易领域，过去一直没有严格意义上的贸易标准。对网络销售而言，已存在大量的贸易输出格式，但这些格式没有对出版商的编辑、交易、发行信息进行有效整合，因此，出版商如何像图书馆一样提供准确的书目信息，销售商如何最佳地获取书目信息，并有利于电子出版物的宣传与销售，就成了图书供应链上各方一致努力的方向。ONIX 正是基于这样的目的而建立的。

ONIX 最初是 1999 年在美国出版商协会（Association of American Publishers，AAP）主持召开的会议上提出的，主要目的是使出版商能够向网络书商提供丰富的产品信息[1]，2000 年 1 月，ONIX 产品信息标准第一版出版。

除美国之外，世界其他地区和国家也都开展了针对出版行业的元数据研究。在英国，作为出版商协会/书商协会供应链项目的一部分，图书行业交流委员会（Book Industry Communication，BIC）开发了关于产品信息的最小标准，旨在满足所有零售书商的需求。该标准在 1998 年以 BIC Basic 的名称出版，于 1999 年开始实行。在欧洲，EDItEUR 开发了 EPICS 数据字典（EDItERU Product Information Communication Standards），主要用于保存图书贸易产品方面的信息。

目前的 ONIX 标准是在美国的 ONIX、英国的 BIC Basic 及 EDItERU 的 EPICS 等标准的基础上发展起来的，它由出版商、发行商、零售商、图书馆及在这条供应链上其他环节的经营者团体共同制定，其范围涵盖图书、连续出版物、出版物许可条件等。它是一种以电子形式获取、传输出版物产品信息的元数据标准，可供出版商向批发商、零售商、其他出版商，以及其他涉及图书销售的任何人传递图书等出版物电子信息。ONIX 针对产品形式的不同特点，开发了面向不同类型的出版物信息交换标准，分别为《图书在线信息交换标准》（*ONIX For Books*）、《连续出版物在线信息交换标准》（*ONIX For Serials*）、《出版物许可条件在线交换标准》（*ONIX For Licensing Terms*）、《出版物数字化对象标识注册格式在线信息交换标准》

[1] 卫宇辉. 数字出版的元数据标准概况 [R]. 全国新书目，2011（9）：32.

（*ONIX DOI Registration Formats*）。

1. 图书在线信息交换标准

《图书在线信息交换标准》主要解决图书产品信息的在线交换问题。在该标准中，图书是个广义的概念，包括单行本的图书、电子出版物、系列书、套书等。该标准由四个部分组成：ONIX 代码表、ONIX 概述和数据元素目录、ONIX 产品信息记录格式、ONIX XML 信息交换规则。它提供了图书产品信息全面、准确、网络化、数字化、动态的描述、维护和交换规范，能使图书产品信息和供应信息整合在一个平台，满足书业对信息共享和供应链管理的需要。自 2000 年推出以来，因其优越性，出版业发达国家积极响应，到目前为止，除英美外，已有法国、德国、意大利、西班牙、荷兰、挪威、俄罗斯、加拿大、澳大利亚、韩国等 10 个国家建立了 ONIX 工作组。除个别国家外，大多数国家都得到运用，提高了书业供应链管理的效益和信息共享程度。国际 ISBN 机构执行董事认为国际 ONIX 标准是自 ISBN 之后最重要、最成功的书业贸易标准[1]。

2. 连续出版物在线信息交换标准

《连续出版物在线信息交换标准》用于连续出版物产品信息和订购信息交换，它采用了《图书在线信息交换标准》的编制原则及其所定义的许多数据元素。它由 EDItEUR 和美国国家信息标准组织 NISO 合作开发。该标准包括四部分：连续出版物产品及订购 SPS、连续出版物在线获取 SOH、连续出版物发行通告 SRN、连续出版物在线信息交换标准适用范围说明。另外，还有连续出版物在线信息交换标准代码表。

3. 出版物许可条件在线交换标准

随着数字资源数量的增加，图书馆在按各种不同的许可条件向创作者和出版单位申请资源的难度也随之加大。按标准 XML 格式表示这些许可条件、链接它们和数字资源并传递给用户的能力已成为对出版商和图书馆都有利的迫切需求。EDItEUR 在数字图书馆联盟的电子资源管理方案 ERMI 和 EDItEUR/NISO 联合开发的《连续出版物在线信息交换标准》的基础上，开发了该项标准。

4. 出版物数字化对象标识注册格式在线信息交换标准

通过 DOI 注册机构 MEDRA 和 Nielsen BookData 的合作，EDItEUR 开发了 DOI 注册格式，允许出版商和其他机构交换由注册机构确定的元数据，以记录分配的 DOI。该格式已被 OPOCE（欧洲官方出版物协会办公室）采纳。该格式允许 DOI 分配给各种载体形式的作品，如专题出版物、专题出版物的章节、连续出版物、连续出版物上刊载的文章等。

---

[1] 程丽红. 国际书业电子商务标准体系概览［EB/OL］. 中国图书商报网，2007-11-19.

8.1.2 图书 ONIX 的版本更新及应用

ONIX1.0 实验版于 2000 年 5 月推出。2001 年 7 月推出 ONIX 2.0 版，2005 年 2 月推出 ONIX2.1 版。2006 年 1 月又推出 ONIX2.1 版的第 3 次修订版，2009 年 4 月推出 ONIX 图书标准最新版 3.0 版。

从版本发展来看，它随着技术发展和业务需求的发展不断调整完善，适应时代发展的需要，结构更加合理，在保证相对稳定性的前提下，不断补充新数据元，删除废止的数据元。

从 3.0 版来看，它体现了数字出版技术在出版发行产业中的应用。在 ONIX 标准中，ONIX 代码集既是其中的一个组成部分，又相对独立。ONIX 标准发布时并没有代码集，而是在其发展过程中根据需要创建。第 1 版 ONIX 代码集于 2003 年 6 月发布，其独立性体现在它形成了自己独立的版本修订机制，差不多半年修订一次，2009 年 4 月发布 ONIX 代码集第 9 版。

目前 ONIX 标准在国际书业界已广泛应用，据统计，ONIX 成员包括美国、加拿大、英国、法国等 13 个国家和地区共 54 家[1]，成员主要类型包括：

- trade publisher（大众出版商）
- educational publisher（教育出版商）
- scientific，technical，medical，scholarly publisher（科学、技术、医药、学术出版商）
- other publisher（其他出版商）
- logistics（物流公司）
- metadata aggregator / distributor（数据集成商/分发商）
- ‘bricks and mortar’ retailer（小零售商）
- online retailer（实体书店的网络零售商）
- e-book retailer（电子书零售商）
- application developer / consultant（应用开发商）
- digital services supplier（数字化服务提供商）

因 ONIX 有效解决了书业供应链现代化和书业电子商务发展中图书产品信息共享问题，得到了高度评价，被认为是自 ISBN 之后最重要、最成功的书业贸易标准。

[1]《中国出版物在线信息交换》标准起草组．ONIX 研究报告［R/OL］．http://124.205.92.12:8088/manager/Files/5fbc6e2d-06e7-4578-beb9-3bc0047408c7.ppt.

8.1.3 图书 ONIX 在我国的标准化

《中国出版物在线信息交换（CNONIX）图书》系列标准（以下简称“CNONIX 标准”）项目，是国家标准化管理委员会于 2009 年 11 月向全国出版物发行标准化技术委员会下达的第二批国家标准项目制修订计划，计划编号为：20091492-T-421。

CNONIX 标准的主要依据是 EDItEUR 2009 年 3.0 版的规范性文件：

- 图书 ONIX 产品信息格式数据元一览表（*ONIX for Books Product Information Format Data Elements Summary*）；
- 图书 ONIX 产品信息格式规范（*ONIX for Books Product Information Format Specification*）；
- 图书 ONIX 代码表（*ONIX Books Code Lists*）；
- 图书 ONIX 产品信息格式 XML 技术说明（*ONIX for Books Product Information Format XML Technical Notes*）。

CNONIX 标准旨在为我国出版发行供应链上出版商、发行商、数据集成商和图书馆等各类机构提供标准的图书信息交换格式，实现信息的一次制作，多方共享使用，既可通过加速产品信息的流动促进图书产品的流通效率，又可避免产品信息的重复制作，从而降低行业信息的应用成本，提高行业各机构的信息系统应用质量和效率。CNONIX 标准由四部分组成：

- 《第 1 部分：产品信息数据框架》描述了数据的组织结构、元素属性和数据元表达方式；
- 《第 2 部分：产品信息格式规范》定义了数据元素、复合元素语义和格式，约定了元素与代码表的调用关系；
- 《第 3 部分：产品信息代码表》定义了《第 2 部分：产品信息格式规范》嵌入使用的代码表和代码；
- 《第 4 部分：产品信息格式 XML 技术规范》约定了应用 XML 技术交换数据的要求。

CNONIX 标准遵从国家标准要求，结合我国国情，采用编辑修改方式制定，目前该标准仍在研制过程当中。本章后续内容将以 EDItEUR 于 2012 年 8 月 3 日更新的 ONIX For Books 的 3.01 版为依据阐述。

8.2 图书 ONIX 主要技术内容

图书 ONIX 为书业供应链计算机系统间传输书目和产品信息提供了一个标准化的框架。在图书 ONIX 3.0 之前的版本中，图书 ONIX 规范分为 4 个部分：

（1）图书 ONIX 产品信息格式：数据元目录（ONIX for Books Product Information Format：Data Elements Summary）

（2）图书 ONIX 产品信息格式规范（ONIX for Books Product Information Format Specification）

（3）图书 ONIX 代码集（ONIX for Books Code Lists）

（4）图书 ONIX 产品信息格式：XML 技术说明（ONIX for Books Product Information Format：XML Technical Notes）

图书 ONIX3.0 版本及以后，该规范被整合为以下两个部分：

（1）图书 ONIX 产品信息格式规范（ONIX for Books Product Information Format Specification）：本文档包含了完整的产品信息格式规范（包括产品信息记录的消息头和消息本体），一个完整的消息示例，并改进整合了原来 Data Element Summary 文档和 XML Technical Notes 文档。

（2）图书 ONIX 代码表（ONIX for Books Codelists）：代码表有时也称为受控词表，是图书 ONIX 的重要组成部分。代码表构成了图书 ONIX 消息的部分共享语义。适用于与 ONIX for Books Product Information Format Specification 配套使用。

8.2.1 图书 ONIX 产品信息的总体构成

图书产品信息按如下方式构成：

（1）图书产品信息由消息头和产品记录构成，消息头为 H 组，产品记录由 P1～P26 数据组构成；

（2）P1～P2 数据组分为记录描述、产品编号，用于表示产品的记录特征；

（3）P3～P26 数据组分为产品描述、产品营销、产品内容、产品出版、相关资料、产品供应六部分，用于表示产品属性。产品信息的构成及描述见表 8-1。

表 8-1 图书产品信息描述

组编号	名称	说明
H	消息头	描述图书产品信息交换层面的相关消息
	产品记录	一组描述产品的记录特征和产品属性的复合元素
P.1	记录描述	描述产品的记录号、类型和来源的数据组
P.2	产品编号	描述有效产品标识的数据组

续表

组编号	名称	说明
产品描述		一组描述产品客观形式和内容的复合元素
P.3	产品形式	描述产品形式和主要内容类型的数据组
P.4	产品部件	描述构成产品各个组成部分的数据组
P.5	套书	描述套书产品属性的数据组
P.6	产品题名	描述产品题名或多个题名的数据组
P.7	提供者	描述作者和其他形式提供者的数据组
P.8	会议	描述与产品相关会议的数据组
P.9	版本	描述产品版本的数据组
P.10	语种	描述产品和翻译作品原文语种的数据组
P.11	篇幅和其他内容	描述产品篇幅的数据组
P.12	主题	描述信息产品主要主题的数据组
P.13	受众对象	描述产品受众对象的数据组
产品营销		一组描述支持产品营销的信息和资源的复合元素
P.14	支持文本	描述产品记录中包含的相关文本的数据组
P.15	引文内容	描述第三方拥有的通过数字资源链接或印刷形式的参考文献的数据组
P.16	支持资源链接	描述通过网址方式提供的支持资源的数据组
P.17	获奖信息	描述产品或作品获奖详细情况的数据组
产品内容		一组按全结构化方式描述产品的各个章节或部件的复合元素
P.18	内容项	描述产品章节或部件的数据组
产品出版		一组描述出版者、出版状态和产品销售权利的复合元素
P.19	出版者	描述产品出版者的相关细节以及其他相关实体的数据组
P.20	全球化出版状况	描述适合全球化产品的出版状况（不针对地区市场）的数据组
P.21	地域权利和销售限制	描述任一地域与产品有关的权利的数据组
相关资料		一组描述产品与其他相关产品或作品链接关系的复合元素
P.22	相关作品	描述产品与其他作品间关系的数据组
P.23	相关产品	描述产品与其他产品间关系的数据组
产品供应		一组描述分销市场、市场产品出版和供应状态的复合元素
P.24	市场	描述产品分销地区市场及非地理性销售限制的数据组
P.25	市场出版	描述特定市场产品出版信息的数据组
P.26	供应细节	描述特定市场产品供应状态的数据组

8.2.2　图书 ONIX 数据元素总览

表 8-2 按照消息中出现的顺序给出了图书 ONIX 3.0 版本中所有的数据元素和

复合元素，同时包含引用名称和短标签。

数据元素前面的前导点及引用名称前面的缩进表示数据元素和复合元素的嵌套结构。

最右一列表示元素出现次数：可选元素用（0…1）表示，可选且可重复元素用（0…*n*）表示，必选元素用（1）表示，必选且可重复元素用（1…*n*）表示。

对于值域由代码表规范的数据元素，将 ONIX 代码表列在了 ONIX 代码表列。

表 8-2 图书 ONIX 数据元素总览

数据组号	引用名称	短标签	ONIX 代码表	出现次数	说明
Message					
	<ONIXMessage>	<ONIXmessage>		1	ONIX 消息
Message header					
	. <Header>	<header>		1	消息头，复合元素
	. . <Sender>	<sender>		1	发送方，复合元素
	. . . <SenderIdentifier>	<senderidentifier>		0…*n*	发送方标识，复合元素
H.1	. . . . <SenderIDType>	<m379>	44	1	发送方标识类型
H.2	. . . . <IDTypeName>	<b233>		0…1	标识类型名称
H.3	. . . . <IDValue>	<b244>		1	标识的值
H.4	. . . <SenderName>	<x298>		0…1	发送方的名称
H.5	. . . <ContactName>	<x299>		0…1	联系人的名称
H.6	. . . <EmailAddress>	<j272>		0…1	电子邮件地址
	. . <Addressee>	<addressee>		0…*n*	接收方，复合元素
	. . . <AddresseeIdentifier>	<addresseeidentifier>		0…*n*	接收方标识，复合元素
H.7	. . . . <AddresseeIDType>	<m380>	44	1	接收方标识的类型
H.8	. . . . <IDTypeName>	<b233>		0…1	标识类型的名称
H.9	. . . . <IDValue>	<b244>		1	标识值
H.10	. . . <AddresseeName>	<x300>		0…1	接收方名称
H.11	. . . <ContactName>	<x299>		0…1	联系人名称
H.12	. . . <EmailAddress>	<j272>		0…1	电子邮件地址
H.13	. . <MessageNumber>	<m180>		0…1	消息序号
H.14	. . <MessageRepeat>	<m181>		0…1	消息重复号
H.15	. . <SentDateTime>	<x307>		1	发送日期时间
H.16	. . <MessageNote>	<m183>		0…*n*	消息备注
H.17	. . <DefaultLanguageOfText>	<m184>	74	0…1	默认语言
H.18	. . <DefaultPriceType>	<x310>	58	0…1	默认价格类型
H.19	. . <DefaultCurrencyCode>	<m186>	96	0…1	默认货币代码

续表

数据组号	引用名称	短标签	ONIX 代码表	出现次数	说明
Product record					
	. <Product>	<product>		1…*n*	产品，复合元素
P.1 组 Record reference, type and source 记录描述、类型及来源					
P.1.1	. . <RecordReference>	<a001>		1	记录号
P.1.2	. . <NotificationType>	<a002>	1	1	通告类型
P.1.3	. . <DeletionText>	<a199>		0…*n*	删除原因
P.1.4	. . <RecordSourceType>	<a194>	3	0…1	记录来源类型
	. . <RecordSourceIdentifier>	<recordsourceidentifier>		0…*n*	记录来源标识，复合元素
P.1.5	. . . <RecordSourceIDType>	<x311>	44	1	记录来源标识类型
P.1.6	. . . <IDTypeName>	<b233>		0…1	标识类型名称
P.1.7	. . . <IDValue>	<b244>		1	标识值
P.1.8	. . <RecordSourceName>	<a197>		0…1	记录来源名称
P.2 组 Product numbers 产品编号					
	. . <ProductIdentifier>	<productidentifier>		1…*n*	产品标识，复合元素
P.2.1	. . . <ProductIDType>	<b221>	5	1	产品标识类型
P.2.2	. . . <IDTypeName>	<b233>		0…1	标识类型名称
P.2.3	. . . <IDValue>	<b244>		1	标识值
	. . <Barcode>	<barcode>		0…*n*	条码，复合元素
P.2.4	. . . <BarcodeType>	<x312>	141	1	条码类型
P.2.5	. . . <PositionOnProduct>	<x313>	142	0…1	在产品上的位置
区块 1: Product description 产品描述					
	. . <DescriptiveDetail>	<descriptivedetail>		0…1	描述细节，复合元素
P.3 组 Product form 产品形式					
P.3.1	. . . <ProductComposition>	<x314>	2	1	产品构成
P.3.2	. . . <ProductForm>	<b012>	150	1	产品形式
P.3.3	. . . <ProductFormDetail>	<b333>	175	0…*n*	产品形式细节
	. . . <ProductFormFeature>	<productformfeature>		0…*n*	产品形式特征，复合元素
P.3.4	. . . . <ProductFormFeatureType>	<b334>	79	1	产品形式特征类型
P.3.5	. . . . <ProductFormFeatureValue>	<b335>		0…1	产品形式特征值
P.3.6	. . . . <ProductFormFeature Description>	<b336>		0…*n*	产品形式特征描述
P.3.7	. . . <ProductPackaging>	<b225>	80	0…1	产品包装
P.3.8	. . . <ProductFormDescription>	<b014>		0…*n*	产品形式描述
P.3.9	. . . <TradeCategory>	<b384>	12	0…1	交易类别

续表

数据组号	引用名称	短标签	ONIX代码表	出现次数	说明
P.3.10	. . . <PrimaryContentType>	<x416>	81	0…1	主要内容类型
P.3.11	. . . <ProductContentType>	<b385>	81	0…*n*	产品内容类型
	. . . <Measure>	<measure>		0…*n*	计量，复合元素
P.3.12	. . . . <MeasureType>	<x315>	48	1	计量类型
P.3.13	. . . . <Measurement>	<c094>		1	计量值
P.3.14	. . . . <MeasureUnitCode>	<c095>	50	1	计量单位代码
P.3.15	. . . <CountryOfManufacture>	<x316>	91	0…1	制造国
P.3.16	. . . <EpubTechnicalProtection>	<x317>	144	0…*n*	数字出版物技术保护
	. . . <EpubUsageConstraint>	<epubusageconstraint>		0…*n*	数字出版物使用限制，复合元素
P.3.17	. . . . <EpubUsageType>	<x318>	145	1	数字出版物使用类型
P.3.18	. . . . <EpubUsageStatus>	<x319>	146	1	数字出版物使用状态
	. . . . <EpubUsageLimit>	<epubusagelimit>		0…*n*	数字出版物使用限度，复合元素
P.3.19	. . . . . <Quantity>	<x320>		1	数量
P.3.20	. . . . . <EpubUsageUnit>	<x321>	147	1	数字出版物使用单位
P.3.21	. . . <MapScale>	<b063>		0…*n*	地图比例
	. . . <ProductClassification>	<productclassification>		0…*n*	产品分类，复合元素
P.3.22	. . . . <ProductClassificationType>	<b274>	9	1	产品分类类型
P.3.23	. . . . <ProductClassificationCode>	<b275>		1	产品分类代码
P.3.24	. . . . <Percent>	<b337>		0…1	百分比
P.4 组 Product parts 产品部件					
	. . . <ProductPart>	<productpart>		0…*n*	产品部件，复合元素
P.4.1	. . . . <PrimaryPart>	<x457/>		0…1	主要部件
	. . . . <ProductIdentifier>	<productidentifier>		0…*n*	产品标识符
P.4.2	. . . . . <ProductIDType>	<b221>	5	1	产品标识类型
P.4.3	. . . . . <IDTypeName>	<b233>		0…1	标识类型名称
P.4.4	. . . . . <IDValue>	<b244>		1	标识值
P.4.5	. . . . <ProductForm>	<b012>	150	1	产品形式
P.4.6	. . . . <ProductFormDetail>	<b333>	175	0…*n*	产品形式细节
	. . . . <ProductFormFeature>	<productformfeature>		0…*n*	产品形式特征
P.4.7	. . . . . <ProductFormFeatureType>	<b334>	79	1	产品形式特征类型
P.4.8	. . . . . <ProductFormFeatureValue>	<b335>		0…1	产品形式特征值

续表

数据组号	引用名称	短标签	ONIX 代码表	出现次数	说明
P.4.9	. . . . . <ProductFormFeatureDescription>	<b336>		0…n	产品形式特征描述
P.4.10	. . . . <ProductFormDescription>	<b014>		0…n	产品形式描述
P.4.11	. . . . <ProductContentType>	<b385>	81	0…n	产品内容类型
P.4.12	. . . . <NumberOfItemsOfThisForm>	<x322>		0…1	产品部件品种数量
P.4.13	. . . . <NumberOfCopies>	<x323>		0…1	复本数量
P.4.14	. . . . <CountryOfManufacture>	<x316>	91	0…1	制造国
P.5 组 Collection 套书					
	. . . <Collection>	<collection>		0…n	套书，复合元素
P.5.1	. . . . <CollectionType>	<x329>	148	1	套书类型
P.5.2	. . . . <SourceName>	<x330>		0…1	来源名称
	. . . . <CollectionIdentifier>	<collectionidentifier>		0…n	套书标识，复合元素
P.5.3	. . . . . <CollectionIDType>	<x344>	13	1	套书标识类型
P.5.4	. . . . . <IDTypeName>	<b233>		0…1	标识类型名称
P.5.5	. . . . . <IDValue>	<b244>		1	标识值
	. . . . <CollectionSequence>	<collectionsequence>		0…n	套书顺序，复合元素
P.5.5a	. . . . . <CollectionSequenceType>	<x479>	197	1	套书顺序类型
P.5.5b	. . . . . <CollectionSequenceTypeName>	<x480>		0…1	套书顺序类型名称
P.5.5c	. . . . . <CollectionSequenceNumber>	<x481>		1	套书顺序号
	. . . . <TitleDetail>	<titledetail>		0…n	题名细节，复合元素
P.5.6	. . . . . <TitleType>	<b202>	15	1	题名类型
	. . . . . <TitleElement>	<titlelement>		1…n	题名项，复合元素
P.5.6a	. . . . . . <SequenceNumber>	<b034>		0…1	顺序号
P.5.7	. . . . . . <TitleElementLevel>	<x409>	149	1	题名项层级
P.5.8	. . . . . . <PartNumber>	<x410>		0…1	部件号
P.5.9	. . . . . . <YearOfAnnual>	<b020>		0…1	年份
P.5.10	. . . . . . <TitleText>	<b203>		0…1	题名文本
P.5.11	. . . . . . <TitlePrefix>	<b030>		0…1	题名前缀
P.5.12	. . . . . . <TitleWithoutPrefix>	<b031>		0…1	无前缀题名
P.5.13	. . . . . . <Subtitle>	<b029>		0…1	副题名
P.5.13a	. . . . .<TitleStatement>	<x478>		0…1	题名声明
	. . . . <Contributor>	<contributor>		0…n	提供者，复合元素
P.5.14	. . . . . <SequenceNumber>	<b034>		0…1	顺序号
P.5.15	. . . . . <ContributorRole>	<b035>	17	1…n	提供者角色
P.5.16	. . . . . <FromLanguage>	<x412>	74	0…n	原著语种

续表

数据组号	引用名称	短标签	ONIX代码表	出现次数	说明
P.5.17	. . . . . <ToLanguage>	<x413>	74	0…*n*	译著语种
P.5.18	. . . . . <NameType>	<x414>	18	0…1	名称类型
	. . . . . <NameIdentifier>	<nameidentifier>		0…*n*	名称标识符，复合元素
P.5.19	. . . . . . <NameIDType>	<x415>	44	1	名称标识类型
P.5.20	. . . . . . <IDTypeName>	<b233>		0…1	标识类型名称
P.5.21	. . . . . . <IDValue>	<b244>		1	标识值
P.5.22	. . . . . <PersonName>	<b036>		0…1	个人名称
P.5.23	. . . . . <PersonNameInverted>	<b037>		0…1	倒序个人名称
P.5.24	. . . . . <TitlesBeforeNames>	<b038>		0…1	前置称谓
P.5.25	. . . . . <NamesBeforeKey>	<b039>		0…1	主名称之前的名称
P.5.26	. . . . . <PrefixToKey>	<b247>		0…1	主名称前缀
P.5.27	. . . . . <KeyNames>	<b040>		0…1	主名称
P.5.28	. . . . . <NamesAfterKey>	<b041>		0…1	主名称之后的名称
P.5.29	. . . . . <SuffixToKey>	<b248>		0…1	主名称后缀
P.5.30	. . . . . <LettersAfterNames>	<b042>		0…1	名称后置修饰词
P.5.31	. . . . . <TitlesAfterNames>	<b043>		0…1	名称后置称谓
P.5.32	. . . . . <CorporateName>	<b047>		0…1	团体名称
P.5.33	. . . . . <CorporateNameInverted>	<x443>		0…1	倒序团体名称
	. . . . . <AlternativeName>	<alternativename>		0…*n*	可选名称，复合元素
P.5.34	. . . . . . <NameType>	<x414>	18	1	名称类型
	. . . . . . <NameIdentifier>	<nameidentifier>		0…*n*	名称标识符，复合元素
P.5.35	. . . . <NameIDType>	<x415>	44	1	名称标识类型
P.5.36	. . . . <IDTypeName>	<b233>		0…1	标识类型名称
P.5.37	. . . . <IDValue>	<b244>		1	标识值
P.5.38	. . . . . . <PersonName>	<b036>		0…1	个人名称
P.5.39	. . . . . . <PersonNameInverted>	<b037>		0…1	倒序个人名称
P.5.40	. . . . . . <TitlesBeforeNames>	<b038>		0…1	前置称谓
P.5.41	. . . . . . <NamesBeforeKey>	<b039>		0…1	主名称之前的名称
P.5.42	. . . . . . <PrefixToKey>	<b247>		0…1	主名称前缀
P.5.43	. . . . . . <KeyNames>	<b040>		0…1	主名称
P.5.44	. . . . . . <NamesAfterKey>	<b041>		0…1	主名称之后的名称
P.5.45	. . . . . . <SuffixToKey>	<b248>		0…1	主名称后缀
P.5.46	. . . . . . <LettersAfterNames>	<b042>		0…1	名称后置修饰词
P.5.47	. . . . . . <TitlesAfterNames>	<b043>		0…1	名称后置称谓

续表

数据组号	引用名称	短标签	ONIX 代码表	出现次数	说明
P.5.48	...... <CorporateName>	<b047>		0…1	团体名称
P.5.49	...... <CorporateNameInverted>	<x443>		0…1	倒序团体名称
	..... <ContributorDate>	<contributordate>		0…*n*	提供者日期，复合元素
P.5.50	...... <ContributorDateRole>	<x417>	177	1	提供者日期功能
P.5.51	...... <DateFormat>	<j260>	55	0…1	日期格式
P.5.52	...... <Date>	<b306>		1	日期
	..... <ProfessionalAffiliation>	<professionalaffiliation>		0…*n*	工作单位，复合元素
P.5.53	...... <ProfessionalPosition>	<b045>		0…*n*	职位
P.5.54	...... <Affiliation>	<b046>		0…1	工作单位
P.5.55	..... <BiographicalNote>	<b044>		0…*n*	简历
	..... <Website>	<website>		0…*n*	网站，复合元素
P.5.56	...... <WebsiteRole>	<b367>	73	0…1	网站功能
P.5.57	...... <WebsiteDescription>	<b294>		0…*n*	网站描述
P.5.58	...... <WebsiteLink>	<b295>		1	网站链接
P.5.59	..... <ContributorDescription>	<b048>		0…*n*	提供者描述
P.5.60	..... <UnnamedPersons>	<b249>	19	0…1	未署名人员
	..... <ContributorPlace>	<contributorplace>		0…*n*	提供者地点，复合元素
P.5.61	...... <ContributorPlaceRelator>	<x418>	151	1	提供者地点关系
P.5.62	...... <CountryCode>	<b251>	91	0…1	国家代码
P.5.63	...... <RegionCode>	<b398>	49	0…1	地区代码
P.5.63a	.... <ContributorStatement>	<b049>		0…*n*	提供者声明
P.5.64	... <NoCollection/>	<x411/>		0…1	非套书指示符
P.6 组 Product title detail 产品题名细节					
	... <TitleDetail>	<titledetail>		1…*n*	题名细节，复合元素
P.6.1	.... <TitleType>	<b202>	15	1	题名类型
	.... <TitleElement>	<titlelement>		1…*n*	题名项，复合元素
P.6.1a	..... <SequenceNumber>	<b034>		0…1	顺序号
P.6.2	..... <TitleElementLevel>	<x409>	149	1	题名项层级
P.6.3	..... <PartNumber>	<x410>		0…1	部件号
P.6.4	..... <YearOfAnnual>	<b020>		0…1	年份
P.6.5	..... <TitleText>	<b203>		0…1	题名文本
P.6.6	..... <TitlePrefix>	<b030>		0…1	题名前缀
P.6.7	..... <TitleWithoutPrefix>	<b031>		0…1	无前缀题名
P.6.8	..... <Subtitle>	<b029>		0…1	副题名

续表

数据组号	引用名称	短标签	ONIX代码表	出现次数	说明
P.6.8a	. . . . <TitleStatement>	<x478>		0…1	题名声明
P.6.9	. . . <ThesisType>	<b368>	72	0…1	论文类型
P.6.10	. . . <ThesisPresentedTo>	<b369>		0…1	论文发表机构
P.6.11	. . . <ThesisYear>	<b370>		0…1	论文年份
P.7 组 Authorship 著作权					
	. . . <Contributor>	<contributor>		0…*n*	提供者，复合元素
P.7.1	. . . . <SequenceNumber>	<b034>		0…1	顺序号
P.7.2	. . . . <ContributorRole>	<b035>	17	1…n	提供者角色
P.7.3	. . . . <FromLanguage>	<x412>	74	0…*n*	原著语种
P.7.4	. . . . <ToLanguage>	<x413>	74	0…*n*	译著语种
P.7.5	. . . . <NameType>	<x414>	18	0…1	名称类型
	. . . . <NameIdentifier>	<nameidentifier>		0…*n*	名称标识符，复合元素
P.7.6	. . . . . <NameIDType>	<x415>	44	1	名称标识类型
P.7.7	. . . . . <IDTypeName>	<b233>		0…1	标识类型名称
P.7.8	. . . . . <IDValue>	<b244>		1	标识值
P.7.9	. . . . <PersonName>	<b036>		0…1	个人名称
P.7.10	. . . . <PersonNameInverted>	<b037>		0…1	倒序个人名称
P.7.11	. . . . <TitlesBeforeNames>	<b038>		0…1	前置称谓
P.7.12	. . . . <NamesBeforeKey>	<b039>		0…1	主名称之前的名称
P.7.13	. . . . <PrefixToKey>	<b247>		0…1	主名称前缀
P.7.14	. . . . <KeyNames>	<b040>		0…1	主名称
P.7.15	. . . . <NamesAfterKey>	<b041>		0…1	主名称之后的名称
P.7.16	. . . . <SuffixToKey>	<b248>		0…1	主名称后缀
P.7.17	. . . . <LettersAfterNames>	<b042>		0…1	名称后置修饰词
P.7.18	. . . . <TitlesAfterNames>	<b043>		0…1	名称后置称谓
P.7.19	. . . . <CorporateName>	<b047>		0…1	团体名称
P.7.20	. . . . <CorporateNameInverted>	<x443>		0…1	倒序团体名称
	. . . . <AlternativeName>	<alternativename>		0…*n*	可选名称，复合元素
P.7.21	. . . . . <NameType>	<x414>	18	1	名称类型
	. . . . . <NameIdentifier>	<nameidentifier>		0…*n*	名称标识符，复合元素
P.7.22	. . . . . . <NameIDType>	<x415>	44	1	名称标识类型
P.7.23	. . . . . . <IDTypeName>	<b233>		0…1	标识类型名称
P.7.24	. . . . . . <IDValue>	<b244>		1	标识值
P.7.25	. . . . . <PersonName>	<b036>		0…1	个人名称

续表

数据组号	引用名称	短标签	ONIX 代码表	出现次数	说明
P.7.26	. . . . . <PersonNameInverted>	<b037>		0…1	倒序个人名称
P.7.27	. . . . . <TitlesBeforeNames>	<b038>		0…1	前置称谓
P.7.28	. . . . . <NamesBeforeKey>	<b039>		0…1	主名称之前的名称
P.7.29	. . . . . <PrefixToKey>	<b247>		0…1	主名称前缀
P.7.30	. . . . . <KeyNames>	<b040>		0…1	主名称
P.7.31	. . . . . <NamesAfterKey>	<b041>		0…1	主名称之后的名称
P.7.32	. . . . . <SuffixToKey>	<b248>		0…1	主名称后缀
P.7.33	. . . . . <LettersAfterNames>	<b042>		0…1	名称后置修饰词
P.7.34	. . . . . <TitlesAfterNames>	<b043>		0…1	名称后置称谓
P.7.35	. . . . . <CorporateName>	<b047>		0…1	团体名称
P.7.36	. . . . . <CorporateNameInverted>	<x443>		0…1	倒序团体名称
	. . . . <ContributorDate>	<contributordate>		0…*n*	提供者日期，复合元素
P.7.37	. . . . . <ContributorDateRole>	<x417>	177	1	提供者日期功能
P.7.38	. . . . . <DateFormat>	<j260>	55	0…1	日期格式
P.7.39	. . . . . <Date>	<b306>		1	日期
	. . . . <ProfessionalAffiliation>	<professionalaffiliation>		0…*n*	工作单位，复合元素
P.7.40	. . . . . <ProfessionalPosition>	<b045>		0…*n*	职位
P.7.41	. . . . . <Affiliation>	<b046>		0…1	工作单位
P.7.42	. . . . <BiographicalNote>	<b044>		0…*n*	简历
	. . . . <Website>	<website>		0…*n*	网站，复合元素
P.7.43	. . . . . <WebsiteRole>	<b367>	73	0…1	网站功能
P.7.44	. . . . . <WebsiteDescription>	<b294>		0…*n*	网站描述
P.7.45	. . . . . <WebsiteLink>	<b295>		1	网站链接
P.7.46	. . . . <ContributorDescription>	<b048>		0…*n*	提供者描述
P.7.47	. . . . <UnnamedPersons>	<b249>	19	0…1	未署名人员
	. . . . <ContributorPlace>	<contributorplace>		0…*n*	提供者地点，复合元素
P.7.48	. . . . . <ContributorPlaceRelator>	<x418>	151	1	提供者地点关系
P.7.49	. . . . . <CountryCode>	<b251>	91	0…1	国家代码
P.7.50	. . . . . <RegionCode>	<b398>	49	0…1	地区代码
P.7.51	. . . <ContributorStatement>	<b049>		0…*n*	提供者声明
P.7.52	. . . <NoContributor/>	<n339/>		0…1	无提供者指示符
P.8 组 Conference 会议					
	. . . <Conference>	<conference>		0…*n*	会议，复合元素
P.8.1	. . . . <ConferenceRole>	<b051>	20	0…1	会议功能

续表

数据组号	引用名称	短标签	ONIX代码表	出现次数	说明
P.8.2	. . . . <ConferenceName>	<b052>		1	会议名称
P.8.3	. . . . <ConferenceAcronym>	<b341>		0…1	会议名称缩写
P.8.4	. . . . <ConferenceNumber>	<b053>		0…1	会议届次
P.8.5	. . . . <ConferenceTheme>	<b342>		0…1	会议主题
P.8.6	. . . . <ConferenceDate>	<b054>		0…1	会议日期
P.8.7	. . . . <ConferencePlace>	<b055>		0…1	会议地点
	. . . . <ConferenceSponsor>	<conferencesponsor>		0…*n*	会议主办方，复合元素
	. . . . . <ConferenceSponsorIdentifier>	<conference sponsoridentifier>		0…*n*	会议主办方标识，复合元素
P.8.8	. . . . . . <ConferenceSponsorIDType>	<b391>	44	1	会议主办方标识类型
P.8.9	. . . . . . <IDTypeName>	<b233>		0…1	标识类型名称
P.8.10	. . . . . . <IDValue>	<b244>		1	标识值
P.8.11	. . . . . <PersonName>	<b036>		0…1	个人名称
P.8.12	. . . . . <CorporateName>	<b047>		0…1	团体名称
	. . . . <Website>	<website>		0…*n*	网站，复合元素
P.8.13	. . . . . <WebsiteRole>	<b367>	73	0…1	网站功能
P.8.14	. . . . . <WebsiteDescription>	<b294>		0…*n*	网站描述
P.8.15	. . . . . <WebsiteLink>	<b295>		1	网站链接
P.9 组 Edition 版本					
P.9.1	. . . <EditionType>	<x419>	21	0…*n*	版本类型
P.9.2	. . . <EditionNumber>	<b057>		0…1	版次
P.9.3	. . . <EditionVersionNumber>	<b217>		0…1	版本修订次数
P.9.4	. . . <EditionStatement>	<b058>		0…*n*	版本说明
P.9.5	. . . <NoEdition/>	<n386/>		0…1	无版本指示符
	. . . <ReligiousText>	<religioustext>		0…1	宗教文本，复合元素
	. . . . <Bible>	<bible>		0…1	圣经，复合元素
P.9.6	. . . . . <BibleContents>	<b352>	82	1…*n*	圣经内容
P.9.7	. . . . . <BibleVersion>	<b353>	83	1…*n*	圣经版本
P.9.8	. . . . . <StudyBibleType>	<b389>	84	0…1	研读版圣经类型
P.9.9	. . . . . <BiblePurpose>	<b354>	85	0…*n*	圣经用途
P.9.10	. . . . . <BibleTextOrganization>	<b355>	86	0…1	圣经文本组织方式
P.9.11	. . . . . <BibleReferenceLocation>	<b356>	87	0…1	圣经参考所在位置
P.9.12	. . . . . <BibleTextFeature>	<b357>	97	0…*n*	圣经文本特征
P.9.13	. . . . <ReligiousTextIdentifier>	<b376>	88	0…1	宗教文本标识

续表

数据组号	引用名称	短标签	ONIX 代码表	出现次数	说明
	. . . . <ReligiousTextFeature>	<religioustextfeature>		0…*n*	宗教文本特征，复合元素
P.9.14	. . . . . <ReligiousTextFeatureType>	<b358>	89	1	宗教文本特征类型
P.9.15	. . . . . <ReligiousTextFeatureCode>	<b359>	90	1	宗教文本特征代码
P.9.16	. . . . . <ReligiousTextFeature Description>	<b360>		0…*n*	宗教文本特征描述
P.10 组 Language 语种					
	. . . <Language>	<language>		0…*n*	语种，复合元素
P.10.1	. . . . <LanguageRole>	<b253>	22	1	语种作用
P.10.2	. . . . <LanguageCode>	<b252>	74	1	语种代码
P.10.3	. . . . <CountryCode>	<b251>	91	0…1	国家代码
P.10.4	. . . . <ScriptCode>	<x420>	121	0…1	正文字符集代码
P.11 组 Extents and other content 篇幅及其他内容					
	. . . <Extent>	<extent>		0…*n*	篇幅，复合元素
P.11.1	. . . . <ExtentType>	<b218>	23	1	篇幅类型
P.11.2	. . . . <ExtentValue>	<b219>		0…1	篇幅值
P.11.3	. . . . <ExtentValueRoman>	<x421>		0…1	罗马数字型篇幅值
P.11.4	. . . . <ExtentUnit>	<b220>	24	1	篇幅单位
P.11.5	. . . <Illustrated>	<x422>	152	0…1	插图标志
P.11.6	. . . <NumberOfIllustrations>	<b125>		0…1	插图数量
P.11.7	. . . <IllustrationsNote>	<b062>		0…*n*	插图说明
	. . . <AncillaryContent>	<ancillarycontent>		0…*n*	辅助内容，复合元素
P.11.8	. . . . <AncillaryContentType>	<x423>	25	1	辅助内容类型
P.11.9	. . . . <AncillaryContentDescription>	<x424>		0…*n*	辅助内容描述
P.11.10	. . . . <Number>	<b257>		0…1	数量
P.12 组 Subject 主题					
	. . . <Subject>	<subject>		0…*n*	主题，复合元素
P.12.1	. . . . <MainSubject>	<x425/>		0…1	主要主题
P.12.2	. . . . <SubjectSchemeIdentifier>	<b067>	27	1	主题表标识符
P.12.3	. . . . <SubjectSchemeName>	<b171>		0…1	主题表名称
P.12.4	. . . . <SubjectSchemeVersion>	<b068>		0…1	主题表版本
P.12.5	. . . . <SubjectCode>	<b069>		0…1	主题代码
P.12.6	. . . . <SubjectHeadingText>	<b070>		0…*n*	主题标目文本
	. . . <NameAsSubject>	<nameassubject>		0…*n*	名称主题，复合元素
P.12.7	. . . . <NameType>	<x414>	18	0…1	名称类型

续表

数据组号	引用名称	短标签	ONIX代码表	出现次数	说明
	....<NameIdentifier>	<nameidentifier>		0…n	名称标识，复合元素
P.12.8	.....<NameIDType>	<x415>	44	1	名称标识类型
P.12.9	.....<IDTypeName>	<b233>		0…1	标识类型名称
P.12.10	.....<IDValue>	<b244>		1	标识值
P.12.11	....<PersonName>	<b036>		0…1	个人名称
P.12.12	....<PersonNameInverted>	<b037>		0…1	倒序个人名称
P.12.13	....<TitlesBeforeNames>	<b038>		0…1	前置称谓
P.12.14	....<NamesBeforeKey>	<b039>		0…1	主名称之前的名称
P.12.15	....<PrefixToKey>	<b247>		0…1	主名称前缀
P.12.16	....<KeyNames>	<b040>		0…1	主名称
P.12.17	....<NamesAfterKey>	<b041>		0…1	主名称之后的名称
P.12.18	....<SuffixToKey>	<b248>		0…1	主名称后缀
P.12.19	....<LettersAfterNames>	<b042>		0…1	名称后置修饰词
P.12.20	....<TitlesAfterNames>	<b043>		0…1	名称后置称谓
P.12.21	....<CorporateName>	<b047>		0…1	团体名称
P.12.22	....<CorporateNameInverted>	<x443>		0…1	倒序团体名称
P.13 组 Audience 受众对象					
P.13.1	...<AudienceCode>	<b073>	28	0…n	受众代码
	...<Audience>	<audience>		0…n	受众，复合元素
P.13.2	....<AudienceCodeType>	<b204>	29	1	受众代码类型
P.13.3	....<AudienceCodeTypeName>	<b205>		0…1	受众代码类型名称
P.13.4	....<AudienceCodeValue>	<b206>		1	受众代码值
	...<AudienceRange>	<audiencerange>		0…n	受众范围，复合元素
P.13.5	....<AudienceRangeQualifier>	<b074>	30	1	受众范围限定
P.13.6	....<AudienceRangePrecision>	<b075>	31	1	受众范围精度
P.13.7	....<AudienceRangeValue>	<b076>		1	受众范围值
P.13.8	....<AudienceRangePrecision>	<b075>	31	0…1	受众范围精度
P.13.9	....<AudienceRangeValue>	<b076>		0…1	受众范围值
P.13.10	...<AudienceDescription>	<b207>		0…n	受众描述
	...<Complexity>	<complexity>		0…n	难度等级，复合元素
P.13.11	....<ComplexitySchemeIdentifier>	<b077>	32	1	难度等级方案标识
P.13.12	....<ComplexityCode>	<b078>		1	难度代码
区块 2: Marketing collateral 市场营销					
	..<CollateralDetail>	<collateraldetail>		0…1	营销细节，复合元素

续表

数据组号	引用名称	短标签	ONIX 代码表	出现次数	说明
P.14 组 Descriptions and other supporting text 描述及其他支持文本					
	. . . <TextContent>	<textcontent>		0…*n*	文本内容，复合元素
P.14.1	. . . . <TextType>	<x426>	153	1	文本类型
P.14.2	. . . . <ContentAudience>	<x427>	154	1…*n*	内容受众
P.14.3	. . . . <Text>	<d104>		1…*n*	文本
P.14.4	. . . . <TextAuthor>	<d107>		0…*n*	文本作者
P.14.5	. . . . <TextSourceCorporate>	<b374>		0…1	文本来源实体
P.14.6	. . . . <SourceTitle>	<x428>		0…1	来源题名
	. . . . <ContentDate>	<contentdate>		0…*n*	内容日期，复合元素
P.14.7	. . . . . <ContentDateRole>	<x429>	155	1	内容日期作用
P.14.8	. . . . . <DateFormat>	<j260>	55	0…1	日期格式
P.14.9	. . . . . <Date>	<b306>		1	日期
P.15 组 Cited content 引用内容					
	. . . <CitedContent>	<citedcontent>		0…*n*	引用内容，复合元素
P.15.1	. . . . <CitedContentType>	<x430>	156	1	引用内容类型
P.15.2	. . . . <ContentAudience>	<x427>	154	0…*n*	内容受众
P.15.3	. . . . <SourceType>	<x431>	157	0…1	来源类型
P.15.4	. . . . <SourceTitle>	<x428>		0…1	来源题名
P.15.5	. . . . <ListName>	<x432>		0…1	排行榜名称
P.15.6	. . . . <PositionOnList>	<x433>		0…1	排行榜名次
P.15.7	. . . . <CitationNote>	<x434>		0…*n*	引文说明
P.15.8	. . . . <ResourceLink>	<x435>		0…*n*	资源链接
	. . . . <ContentDate>	<contentdate>		0…*n*	内容日期，复合元素
P.15.9	. . . . . <ContentDateRole>	<x429>	155	1	内容日期作用
P.15.10	. . . . . <DateFormat>	<j260>	55	0…1	日期格式
P.15.11	. . . . . <Date>	<b306>		1	日期
P.16 组 Links to supporting resources 支持资源链接					
	. . . <SupportingResource>	<supportingresource>		0…*n*	支持资源，复合元素
P.16.1	. . . . <ResourceContentType>	<x436>	158	1	资源内容类型
P.16.2	. . . . <ContentAudience>	<x427>	154	1…*n*	内容受众
P.16.3	. . . . <ResourceMode>	<x437>	159	1	资源模式
	. . . . <ResourceFeature>	<resourcefeature>		0…*n*	资源特征，复合元素
P.16.4	. . . . . <ResourceFeatureType>	<x438>	160	1	资源特征类型
P.16.5	. . . . . <FeatureValue>	<x439>		0…1	特征值

续表

数据组号	引用名称	短标签	ONIX代码表	出现次数	说明
P.16.6	. . . . . <FeatureNote>	<x440>		0…*n*	特征说明
	. . . . <ResourceVersion>	<resourceversion>		1…*n*	资源版本，复合元素
P.16.7	. . . . . <ResourceForm>	<x441>	161	1	资源形式
	. . . . . <ResourceVersionFeature>	<resourceversionfeature>		0…*n*	资源版本特征，复合元素
P.16.8	. . . . . . <ResourceVersionFeature Type>	<x442>	162	1	资源版本特征类型
P.16.9	. . . . . . <FeatureValue>	<x439>		0…1	特征值
P.16.10	. . . . . . <FeatureNote>	<x440>		0…*n*	特征说明
P.16.11	. . . . . <ResourceLink>	<x435>		1…*n*	资源链接
	. . . . . <ContentDate>	<contentdate>		0…*n*	内容日期，复合元素
P.16.12	. . . . . . <ContentDateRole>	<x429>	155	1	内容日期作用
P.16.13	. . . . . . <DateFormat>	<j260>	55	0…1	日期格式
P.16.14	. . . . . . <Date>	<b306>		1	日期
P.17 组 Prizes 获奖信息					
	. . . <Prize>	<prize>		0…*n*	奖项，复合元素
P.17.1	. . . . <PrizeName>	<g126>		1	奖项名称
P.17.2	. . . . <PrizeYear>	<g127>		0…1	获奖年份
P.17.3	. . . . <PrizeCountry>	<g128>	91	0…1	颁奖国家
P.17.4	. . . . <PrizeCode>	<g129>	41	0…1	奖项代码
P.17.5	. . . . <PrizeJury>	<g343>		0…*n*	评奖委员会
区块 3: Content detail 内容细节					
	. . <ContentDetail>	<contentdetail>		0…1	内容细节，复合元素
P.18 组 Content items 内容项					
	. . . <ContentItem>	<contentitem>		1…*n*	内容项，复合元素
P.18.1	. . . . <LevelSequenceNumber>	<b284>		0…1	层级号
	. . . . <TextItem>	<textitem>		1	文本项，复合元素
P.18.2	. . . . . <TextItemType>	<b290>	42	1	文本项类型
	. . . . . <TextItemIdentifier>	<textitemidentifier>		0…*n*	文本项标识符
P.18.3	. . . . . . <TextItemIDType>	<b285>	43	1	文本项标识类型
P.18.4	. . . . . . <IDTypeName>	<b233>		0…1	标识类型名称
P.18.5	. . . . . . <IDValue>	<b244>		1	标识值
	. . . . . <PageRun>	<pagerun>		0…*n*	页码范围，复合元素
P.18.6	. . . . . . <FirstPageNumber>	<b286>		1	起始页码
P.18.7	. . . . . . <LastPageNumber>	<b287>		0…1	终止页码

续表

数据组号	引用名称	短标签	ONIX代码表	出现次数	说明
P.18.8	.....<NumberOfPages>	<b061>		0…1	页数
P.18.9	....<ComponentTypeName>	<b288>		0…1	单元类型名称
P.18.10	....<ComponentNumber>	<b289>		0…1	单元号
	....<TitleDetail>	<titledetail>		1…*n*	题名细节，复合元素
P.18.11	.....<TitleType>	<b202>	15	1	题名类型
	.....<TitleElement>	<titleelement>		1…*n*	题名项，复合元素
P.18.11a	......<SequenceNumber>	<b034>		0…1	顺序号
P.18.12	......<TitleElementLevel>	<x409>	149	1	题名项层级
P.18.13	......<PartNumber>	<x410>		0…1	部件号
P.18.14	......<YearOfAnnual>	<b020>		0…1	年份
P.18.15	......<TitleText>	<b203>		0…1	题名文本
P.18.16	......<TitlePrefix>	<b030>		0…1	题名前缀
P.18.17	......<TitleWithoutPrefix>	<b031>		0…1	无前缀题名
P.18.18	......<Subtitle>	<b029>		0…1	副题名
P.18.18a	.....<TitleStatement>	<x478>		0…1	题名声明
	....<Contributor>	<contributor>		0…*n*	提供者，复合元素
P.18.19	.....<SequenceNumber>	<b034>		0…1	顺序号
P.18.20	.....<ContributorRole>	<b035>	17	1…*n*	提供者角色
P.18.21	.....<FromLanguage>	<x412>	74	0…*n*	原著语种
P.18.22	.....<ToLanguage>	<x413>	74	0…*n*	译著语种
P.18.23	.....<NameType>	<x414>	18	0…1	名称类型
	.....<NameIdentifier>	<nameidentifier>		0…*n*	名称标识符，复合元素
P.18.24	......<NameIDType>	<x415>	44	1	名称标识类型
P.18.25	......<IDTypeName>	<b233>		0…1	标识类型名称
P.18.26	......<IDValue>	<b244>		1	标识值
P.18.27	.....<PersonName>	<b036>		0…1	个人名称
P.18.28	.....<PersonNameInverted>	<b037>		0…1	倒序个人名称
P.18.29	.....<TitlesBeforeNames>	<b038>		0…1	前置称谓
P.18.30	.....<NamesBeforeKey>	<b039>		0…1	主名称之前的名称
P.18.31	.....<PrefixToKey>	<b247>		0…1	主名称前缀
P.18.32	.....<KeyNames>	<b040>		0…1	主名称
P.18.33	.....<NamesAfterKey>	<b041>		0…1	主名称之后的名称

续表

数据组号	引用名称	短标签	ONIX代码表	出现次数	说明
P.18.34	. . . . . <SuffixToKey>	<b248>		0…1	主名称后缀
P.18.35	. . . . . <LettersAfterNames>	<b042>		0…1	名称后置修饰词
P.18.36	. . . . . <TitlesAfterNames>	<b043>		0…1	名称后置称谓
P.18.37	. . . . . <CorporateName>	<b047>		0…1	团体名称
P.18.38	. . . . . <CorporateNameInverted>	<x443>		0…1	倒序团体名称
	. . . . . <AlternativeName>	<alternativename>		0…*n*	可选名称，复合元素
P.18.39	. . . . . . <NameType>	<x414>	18	1	名称类型
	. . . . . . <NameIdentifier>	<nameidentifier>		0…*n*	名称标识符，复合元素
P.18.40	. . . . <NameIDType>	<x415>	44	1	名称标识类型
P.18.41	. . . . <IDTypeName>	<b233>		0…1	标识类型名称
P.18.42	. . . . <IDValue>	<b244>		1	标识值
P.18.43	. . . . . . <PersonName>	<b036>		0…1	个人名称
P.18.44	. . . . . . <PersonNameInverted>	<b037>		0…1	倒序个人名称
P.18.45	. . . . . . <TitlesBeforeNames>	<b038>		0…1	前置称谓
P.18.46	. . . . . . <NamesBeforeKey>	<b039>		0…1	主名称之前的名称
P.18.47	. . . . . . <PrefixToKey>	<b247>		0…1	主名称前缀
P.18.48	. . . . . . <KeyNames>	<b040>		0…1	主名称
P.18.49	. . . . . . <NamesAfterKey>	<b041>		0…1	主名称之后的名称
P.18.50	. . . . . . <SuffixToKey>	<b248>		0…1	主名称后缀
P.18.51	. . . . . . <LettersAfterNames>	<b042>		0…1	名称后置修饰词
P.18.52	. . . . . . <TitlesAfterNames>	<b043>		0…1	名称后置称谓
P.18.53	. . . . . . <CorporateName>	<b047>		0…1	团体名称
P.18.54	. . . . . . <CorporateNameInverted>	<x443>		0…1	倒序团体名称
	. . . . . <ContributorDate>	<contributordate>		0…*n*	提供者日期，复合元素
P.18.55	. . . . . . <ContributorDateRole>	<x417>	177	1	提供者日期功能
P.18.56	. . . . . . <DateFormat>	<j260>	55	0…1	日期格式
P.18.57	. . . . . . <Date>	<b306>		1	日期
	. . . . . <ProfessionalAffiliation>	<professionalaffiliation>		0…*n*	工作单位，复合元素
P.18.58	. . . . . . <ProfessionalPosition>	<b045>		0…*n*	职位
P.18.59	. . . . . . <Affiliation>	<b046>		0…1	工作单位
P.18.60	. . . . . <BiographicalNote>	<b044>		0…*n*	简历
	. . . . . <Website>	<website>		0…*n*	网站，复合元素
P.18.61	. . . . . . <WebsiteRole>	<b367>	73	0…1	网站功能
P.18.62	. . . . . . <WebsiteDescription>	<b294>		0…*n*	网站描述

续表

数据组号	引用名称	短标签	ONIX代码表	出现次数	说明
P.18.63	......<WebsiteLink>	<b295>		1	网站链接
P.18.64	.....<ContributorDescription>	<b048>		0…n	提供者描述
P.18.65	.....<UnnamedPersons>	<b249>	19	0…1	未署名人员
	.....<ContributorPlace>	<contributorplace>		0…n	提供者地点，复合元素
P.18.66	......<ContributorPlaceRelator>	<x418>	151	1	提供者地点关系
P.18.67	......<CountryCode>	<b251>	91	0…1	国家代码
P.18.68	......<RegionCode>	<b398>	49	0…1	地区代码
	....<Subject>	<subject>		0…n	主题，复合元素
P.18.69	.....<MainSubject>	<x425/>		0…1	主要主题
P.18.70	.....<SubjectSchemeIdentifier>	<b067>	27	1	主题表标识符
P.18.71	.....<SubjectSchemeName>	<b171>	la	0…1	主题表名称
P.18.72	.....<SubjectSchemeVersion>	<b068>		0…1	主题表版本
P.18.73	.....<SubjectCode>	<b069>		0…1	主题代码
P.18.74	.....<SubjectHeadingText>	<b070>		0…1	主题标目文本
	....<NameAsSubject>	<nameassubject>		0…n	名称主题，复合元素
P.18.75	.....<NameType>	<x414>	18	0…1	名称类型
	.....<NameIdentifier>	<nameidentifier>		0…n	名称标识，复合元素
P.18.76	......<NameIDType>	<x415>	44	1	名称标识类型
P.18.77	......<IDTypeName>	<b233>		0…1	标识类型名称
P.18.78	......<IDValue>	<b244>		1	标识值
P.18.79	.....<PersonName>	<b036>		0…1	个人名称
P.18.80	.....<PersonNameInverted>	<b037>		0…1	倒序个人名称
P.18.81	.....<TitlesBeforeNames>	<b038>		0…1	前置称谓
P.18.82	.....<NamesBeforeKey>	<b039>		0…1	主名称之前的名称
P.18.83	.....<PrefixToKey>	<b247>		0…1	主名称前缀
P.18.84	.....<KeyNames>	<b040>		0…1	主名称
P.18.85	.....<NamesAfterKey>	<b041>		0…1	主名称之后的名称
P.18.86	.....<SuffixToKey>	<b248>		0…1	主名称后缀
P.18.87	.....<LettersAfterNames>	<b042>		0…1	名称后置修饰词
P.18.88	.....<TitlesAfterNames>	<b043>		0…1	名称后置称谓
P.18.89	.....<CorporateName>	<b047>		0…1	团体名称
P.18.90	.....<CorporateNameInverted>	<x443>		0…1	倒序团体名称
	....<TextContent>	<textcontent>		0…n	文本内容，复合元素
P.18.91	.....<TextType>	<x426>	153	1	文本类型

续表

数据组号	引用名称	短标签	ONIX代码表	出现次数	说明
P.18.92	. . . . . <ContentAudience>	<x427>	154	1…n	内容受众
P.18.93	. . . . . <Text>	<d104>		1…n	文本
P.18.94	. . . . . <TextAuthor>	<d107>		0…n	文本作者
P.18.95	. . . . . <TextSourceCorporate>	<b374>		0…1	文本来源团体
P.18.96	. . . . . <SourceTitle>	<x428>		0…1	来源题名
	. . . . . <ContentDate>	<contentdate>		0…n	内容日期，复合元素
P.18.97	. . . . . . <ContentDateRole>	<x429>	155	1	内容日期作用
P.18.98	. . . . . . <DateFormat>	<j260>	55	0…1	日期格式
P.18.99	. . . . . . <Date>	<b306>		1	日期
	. . . . <CitedContent>	<citedcontent>		0…n	引用内容，复合元素
P.18.100	. . . . . <CitedContentType>	<x430>	156	1	引用内容类型
P.18.101	. . . . . <ContentAudience>	<x427>	154	0…n	内容受众
P.18.102	. . . . . <SourceType>	<x431>	157	0…1	来源类型
P.18.103	. . . . . <SourceTitle>	<x428>		0…1	来源题名
P.18.104	. . . . . <ListName>	<x432>		0…1	排行榜名称
P.18.105	. . . . . <PositionOnList>	<x433>		0…1	排行榜名次
P.18.106	. . . . . <CitationNote>	<x434>		0…n	引文说明
P.18.107	. . . . . <ResourceLink>	<x435>		0…n	资源链接
	. . . . . <ContentDate>	<contentdate>		0…n	内容日期，复合元素
P.18.108	. . . . . . <ContentDateRole>	<x429>	155	1	内容日期作用
P.18.109	. . . . . . <DateFormat>	<j260>	55	0…1	日期格式
P.18.110	. . . . . . <Date>	<b306>		1	日期
	. . . . <SupportingResource>	<supportingresource>		0…n	支持资源，复合元素
P.18.111	. . . . . <ResourceContentType>	<x436>	158	1	资源内容类型
P.18.112	. . . . . <ContentAudience>	<x427>	154	1…n	内容受众
P.18.113	. . . . . <ResourceMode>	<x437>	159	1	资源模式
	. . . . . <ResourceFeature>	<resourcefeature>		0…n	资源特征，复合元素
P.18.114	. . . . . . <ResourceFeatureType>	<x438>	160	1	资源特征类型
P.18.115	. . . . . . <FeatureValue>	<x439>		0…1	特征值
P.18.116	. . . . . . <FeatureNote>	<x440>		0…n	特征说明
	. . . . . <ResourceVersion>	<resourceversion>		1…n	资源版本，复合元素
P.18.117	. . . . . . <ResourceForm>	<x441>	161	1	资源形式
	. . . . . . <ResourceVersion Feature>	<resourceversionfeature>		0…n	资源版本特征，复合元素

续表

数据组号	引用名称	短标签	ONIX 代码表	出现次数	说明
P.18.118	. . . . <ResourceVersionFeatureType>	<x442>	162	1	资源版本特征类型
P.18.119	. . . . <FeatureValue>	<x439>		0…1	特征值
P.18.120	. . . . <FeatureNote>	<x440>		0…*n*	特征说明
P.18.121	. . . . . . <ResourceLink>	<x435>		1…*n*	资源链接
	. . . . . . <ContentDate>	<contentdate>		0…*n*	内容日期，复合元素
P.18.122	. . . . <ContentDateRole>	<x429>	155	1	内容日期作用
P.18.123	. . . . <DateFormat>	<j260>	55	0…1	日期格式
P.18.124	. . . . <Date>	<b306>		1	日期
	. . . . <RelatedWork>	<relatedwork>		0…*n*	相关作品，复合元素
P.18.125	. . . . . <WorkRelationCode>	<x454>	164	1	作品关系代码
	. . . . . <WorkIdentifier>	<workidentifier>		1…*n*	作品标识
P.18.126	. . . . . . <WorkIDType>	<b201>	16	1	作品标识类型
P.18.127	. . . . . . <IDTypeName>	<b233>		0…1	标识类型名称
P.18.128	. . . . . . <IDValue>	<b244>		1	标识值
区块 4: Publishing detail 出版细节					
	. . <PublishingDetail>	<publishingdetail>		0…1	出版细节，复合元素
P.19 组 Publisher 出版者					
	. . . <Imprint>	<imprint>		0…*n*	版权说明，复合元素
	. . . . <ImprintIdentifier>	<imprintidentifier>		0…*n*	版权说明标识，复合元素
P.19.1	. . . . . <ImprintIDType>	<x445>	44	1	版权说明标识类型
P.19.2	. . . . . <IDTypeName>	<b233>		0…1	标识类型名称
P.19.3	. . . . . <IDValue>	<b244>		1	标识值
P.19.4	. . . . <ImprintName>	<b079>		0…1	版权说明名称
	. . . <Publisher>	<publisher>		0…*n*	出版者，复合元素
P.19.5	. . . . <PublishingRole>	<b291>	45	1	出版者角色
	. . . . <PublisherIdentifier>	<publisheridentifier>		0…*n*	出版者标识
P.19.6	. . . . . <PublisherIDType>	<x447>	44	1	出版者标识类型
P.19.7	. . . . . <IDTypeName>	<b233>		0…1	标识类型名称
P.19.8	. . . . . <IDValue>	<b244>		1	标识值
P.19.9	. . . . <PublisherName>	<b081>		0…1	出版者名称
	. . . . <Website>	<website>		0…*n*	网站，复合元素
P.19.10	. . . . . <WebsiteRole>	<b367>	73	0…1	网站功能
P.19.11	. . . . . <WebsiteDescription>	<b294>		0…*n*	网站描述

续表

数据组号	引用名称	短标签	ONIX代码表	出现次数	说明
P.19.12	. . . . . <WebsiteLink>	<b295>		1	网站链接
P.19.13	. . . <CityOfPublication>	<b209>		0…*n*	出版地
P.19.14	. . . <CountryOfPublication>	<b083>	91	0…1	出版国
	. . . <ProductContact>	<productcontact>		0…*n*	产品联系人，复合元素
P.19.15	. . . . <ProductContactRole>	<x482>	198	1	产品联系人角色
	. . . . <ProductContactIdentifier>	<productcontactidentifier>		0…*n*	产品联系人标识，复合元素
P.19.16	. . . . . <ProductContactIDType>	<x483>	44	1	产品联系人标识类型
P.19.17	. . . . . <IDTypeName>	<b233>		0…1	标识类型名称
P.19.18	. . . . . <IDValue>	<b244>		1	标识值
P.19.19	. . . . <ProductContactName>	<x484>		0…1	产品联系人名称
P.19.20	. . . . <ContactName>	<x299>		0…1	联系人的名称
P.19.21	. . . . <EmailAddress>	<j272>		0…1	电子邮件地址
P.20 组 Global publishing status and dates / copyright 全球出版状态和日期版权					
P.20.1	. . . <PublishingStatus>	<b394>	64	0…1	出版状态
P.20.2	. . . <PublishingStatusNote>	<b395>		0…*n*	出版状态说明
	. . . <PublishingDate>	<publishingdate>		0…*n*	出版日期，复合元素
P.20.3	. . . . <PublishingDateRole>	<x448>	163	1	出版日期作用
P.20.4	. . . . <DateFormat>	<j260>	55	0…1	日期格式
P.20.5	. . . . <Date>	<b306>		1	日期
P.20.6	. . . <LatestReprintNumber>	<x446>		0…1	最新印次
	. . . <CopyrightStatement>	<copyrightstatement>		0…*n*	版权声明，复合元素
P.20.7	. . . . <CopyrightYear>	<b087>		1…*n*	版权年份
	. . . . <CopyrightOwner>	<copyrightowner>		0…*n*	著作权人，复合元素
	. . . . . <CopyrightOwner Identifier>	<copyrightowneridentifier>		0…1	著作权人标识，复合元素
P.20.8	. . . . . . <CopyrightOwner IDType>	<b392>	44	1	著作权人标识类型
P.20.9	. . . . . . <IDTypeName>	<b233>		0…1	标识类型名称
P.20.10	. . . . . . <IDValue>	<b244>		1	标识值
P.20.11	. . . . . <PersonName>	<b036>		0…1	个人名称
P.20.12	. . . . . <CorporateName>	<b047>		0…1	团体名称
P.21 组 Territorial rights and other sales restrictions 地域权利和其他销售限制					
	. . . <SalesRights>	<salesrights>		0…*n*	销售权利，复合元素
P.21.1	. . . . <SalesRightsType>	<b089>	46	1	销售权利类型

续表

数据组号	引用名称	短标签	ONIX 代码表	出现次数	说明
	....<Territory>	<territory>		1	地域，复合元素
P.21.2	.....<CountriesIncluded>	<x449>	91	0…1	地域内国家
P.21.3	.....<RegionsIncluded>	<x450>	49	0…1	地域内地区
P.21.4	.....<CountriesExcluded>	<x451>	91	0…1	地域外国家
P.21.5	.....<RegionsExcluded>	<x452>	49	0…1	地域外地区
	....<ProductIdentifier>	<productidentifier>		0…*n*	产品标识，复合元素
P.21.6	.....<ProductIDType>	<b221>	5	1	产品标识类型
P.21.7	.....<IDTypeName>	<b233>		0…1	标识类型名称
P.21.8	.....<IDValue>	<b244>		1	标识值
P.21.9	....<PublisherName>	<b081>		0…1	出版者名称
P.21.10	...<ROWSalesRightsType>	<x456>	46	0…1	其他地方销售权类型
	...<SalesRestriction>	<salesrestriction>		0…*n*	销售限制，复合元素
P.21.11	....<SalesRestrictionType>	<b381>	71	1	销售限制类型
	....<SalesOutlet>	<salesoutlet>		0…*n*	销售网点，复合元素
	.....<SalesOutletIdentifier>	<salesoutletidentifier>		0…*n*	销售网点标识，复合元素
P.21.12	......<SalesOutletIDType>	<b393>	102	1	销售网点标识类型
P.21.13	......<IDTypeName>	<b233>		0…1	标识类型名称
P.21.14	......<IDValue>	<b244>		1	标识值
P.21.15	.....<SalesOutletName>	<b382>		0…1	销售网点名称
P.21.16	....<SalesRestrictionNote>	<x453>		0…*n*	销售限制说明
P.21.17	....<StartDate>	<b324>		0…1	开始日期
P.21.18	....<EndDate>	<b325>		0…1	结束日期
区块 5: Related material 相关资料					
	..<RelatedMaterial>	<relatedmaterial>		0…1	相关资料，复合元素
P.22 组　Related works 相关作品					
	...<RelatedWork>	<relatedwork>		0…*n*	相关作品，复合元素
P.22.1	....<WorkRelationCode>	<x454>	164	1	作品关系代码
	....<WorkIdentifier>	<workidentifier>		1…*n*	作品标识
P.22.2	.....<WorkIDType>	<b201>	16	1	作品标识类型
P.22.3	.....<IDTypeName>	<b233>		0…1	标识类型名称
P.22.4	.....<IDValue>	<b244>		1	标识值
P.23 组　Related products 相关产品					
	...<RelatedProduct>	<relatedproduct>		0…*n*	相关产品，复合元素
P.23.1	....<ProductRelationCode>	<x455>	51	1…*n*	产品关系代码

续表

数据组号	引用名称	短标签	ONIX代码表	出现次数	说明
	. . . . <ProductIdentifier>	<productidentifier>		1…*n*	产品标识
P.23.2	. . . . . <ProductIDType>	<b221>	5	1	产品标识类型
P.23.3	. . . . . <IDTypeName>	<b233>		0…1	标识类型名称
P.23.4	. . . . . <IDValue>	<b244>		1	标识值
P.23.5	. . . . <ProductForm>	<b012>	150	0…1	产品形式
P.23.6	. . . . <ProductFormDetail>	<b333>	175	0…*n*	产品形式细节
区块 6: Product supply 产品供应					
	. . <ProductSupply>	<productsupply>		0…*n*	产品供应，复合元素
P.24 组 Market 市场					
	. . . <Market>	<market>		0…*n*	市场，复合元素
	. . . . <Territory>	<territory>		1	地域，复合元素
P.24.1	. . . . . <CountriesIncluded>	<x449>	91	0…1	地域内国家
P.24.2	. . . . . <RegionsIncluded>	<x450>	49	0…1	地域内地区
P.24.3	. . . . . <CountriesExcluded>	<x451>	91	0…1	地域外国家
P.24.4	. . . . . <RegionsExcluded>	<x452>	49	0…1	地域外地区
	. . . . <SalesRestriction>	<salesrestriction>		0…*n*	销售限制，复合元素
P.24.5	. . . . . <SalesRestrictionType>	<b381>	71	1	销售限制类型
	. . . . . <SalesOutlet>	<salesoutlet>		0…*n*	销售网点，复合元素
	. . . . . . <SalesOutletIdentifier>	<salesoutletidentifier>		0…*n*	销售网点标识，复合元素
P.24.6	. . . . <SalesOutletIDType>	<b393>	102	1	销售网点标识类型
P.24.7	. . . . <IDTypeName>	<b233>	la	0…1	标识类型名称
P.24.8	. . . . <IDValue>	<b244>		1	标识值
P.24.9	. . . . . . <SalesOutletName>	<b382>		0…1	销售网点名称
P.24.10	. . . . . <SalesRestrictionNote>	<x453>		0…*n*	销售限制说明
P.24.11	. . . . . <StartDate>	<b324>		0…1	开始日期
P.24.12	. . . . . <EndDate>	<b325>		0…1	结束日期
P.25 组 Market publishing detail 市场出版细节					
	. . . <MarketPublishingDetail>	<marketpublishingdetail>		0…1	市场出版细节，复合元素
	. . . . <PublisherRepresentative>	<publisherrepresentative>		0…*n*	出版者代表，复合元素
P.25.1	. . . . . <AgentRole>	<j402>	69	0…1	代理商角色
	. . . . . <AgentIdentifier>	<agentidentifier>		0…*n*	代理商标识，复合元素
P.25.2	. . . . . . <AgentIDType>	<j400>	92	1	代理商标识类型
P.25.3	. . . . . . <IDTypeName>	<b233>		0…1	标识类型名称
P.25.4	. . . . . . <IDValue>	<b244>		1	标识值

续表

数据组号	引用名称	短标签	ONIX 代码表	出现次数	说明
P.25.5	. . . . . <AgentName>	<j401>		0…1	代理商名称
P.25.6	. . . . . <TelephoneNumber>	<j270>		0…*n*	电话号码
P.25.7	. . . . . <FaxNumber>	<j271>		0…*n*	传真号码
P.25.8	. . . . . <EmailAddress>	<j272>		0…*n*	电子邮件地址
	. . . . . <Website>	<website>		0…*n*	网站，复合元素
P.25.9	. . . . . . <WebsiteRole>	<b367>	73	0…1	网站功能
P.25.10	. . . . . . <WebsiteDescription>	<b294>		0…*n*	网站描述
P.25.11	. . . . . . <WebsiteLink>	<b295>		1	网站链接
	. . . . <ProductContact>	<productcontact>		0…*n*	产品联系人
P.25.11a	. . . . . <ProductContactRole>	<x482>	198	1	产品联系人，复合元素
	. . . . . <ProductContact Identifier>	<productcontactidentifier>		0…*n*	产品联系人角色
P.25.11b	. . . . . . <ProductContact IDType>	<x483>	44	1	产品联系人标识，复合元素
P.25.11c	. . . . . . <IDTypeName>	<b233>		0…1	产品联系人标识类型
P.25.11d	. . . . . . <IDValue>	<b244>		1	标识值
P.25.11e	. . . . . <ProductContactName>	<x484>		0…1	产品联系人名称
P.25.11f	. . . . . <ContactName>	<x299>		0…1	联系人的名称
P.25.11g	. . . . . <EmailAddress>	<j272>		0…1	电子邮件地址
P.25.12	. . . . <MarketPublishingStatus>	<j407>	68	1	市场出版状态
P.25.13	. . . . <MarketPublishing StatusNote>	<x406>		0…*n*	市场出版状态说明
	. . . . <MarketDate>	<marketdate>		0…*n*	市场日期，复合元素
P.25.14	. . . . . <MarketDateRole>	<j408>	163	1	市场日期作用
P.25.15	. . . . . <DateFormat>	<j260>	55	0…1	日期格式
P.25.16	. . . . . <Date>	<b306>		1	日期
P.25.17	. . . . <PromotionCampaign>	<k165>		0…1	促销活动
P.25.18	. . . . <PromotionContact>	<k166>		0…1	促销活动联系人
P.25.19	. . . . <InitialPrintRun>	<k167>		0…1	首印
P.25.20	. . . . <ReprintDetail>	<k309>		0…*n*	重印细节
P.25.21	. . . . <CopiesSold>	<k168>		0…1	已售册数
P.25.22	. . . . <BookClubAdoption>	<k169>		0…1	图书俱乐部采用

续表

数据组号	引用名称	短标签	ONIX代码表	出现次数	说明
P.26 组 Supply detail 供应细节					
	. . . <SupplyDetail>	<supplydetail>		1…n	供应细节，复合元素
	. . . . <Supplier>	<supplier>		1	供应商，复合元素
P.26.1	. . . . . <SupplierRole>	<j292>	93	1	供应商角色
	. . . . . <SupplierIdentifier>	<supplieridentifier>		0…n	供应商标识，复合元素
P.26.2	. . . . . . <SupplierIDType>	<j345>	92	1	供应商标识类型
P.26.3	. . . . . . <IDTypeName>	<b233>		0…1	标识类型名称
P.26.4	. . . . . . <IDValue>	<b244>		1	标识值
P.26.5	. . . . . <SupplierName>	<j137>		0…1	供应商名称
P.26.6	. . . . . <TelephoneNumber>	<j270>		0…n	电话号码
P.26.7	. . . . . <FaxNumber>	<j271>		0…n	传真号码
P.26.8	. . . . . <EmailAddress>	<j272>		0…n	电子邮件地址
	. . . . . <Website>	<website>		0…n	网站，复合元素
P.26.9	. . . . . . <WebsiteRole>	<b367>	73	0…1	网站功能
P.26.10	. . . . . . <WebsiteDescription>	<b294>		0…n	网站描述
P.26.11	. . . . . . <WebsiteLink>	<b295>		1	网站链接
	. . . . <SupplierOwnCoding>	<supplierowncoding>		0…n	供应商自编代码，复合元素
P.26.12	. . . . . <SupplierCodeType>	<x458>	165	1	供应商代码类型
P.26.13	. . . . . <SupplierCodeValue>	<x459>		1	供应商代码值
	. . . . <ReturnsConditions>	<returnsconditions>		0…n	退货条件，复合元素
P.26.14	. . . . . <ReturnsCodeType>	<j268>	53	1	退货代码类型
P.26.15	. . . . . <ReturnsCodeTypeName>	<x460>		0…1	退货代码类型名称
P.26.16	. . . . . <ReturnsCode>	<j269>	66	1	退货代码
P.26.17	. . . . <ProductAvailability>	<j396>	65	1	产品可供状态
	. . . . <SupplyDate>	<supplydate>		0…n	供货日期，复合元素
P.26.18	. . . . . <SupplyDateRole>	<x461>	166	1	供货日期作用
P.26.19	. . . . . <DateFormat>	<j260>	55	0…1	日期格式
P.26.20	. . . . . <Date>	<b306>		1	日期
P.26.21	. . . . <OrderTime>	<j144>		0…1	订单时间
	. . . . <NewSupplier>	<newsupplier>		0…1	新供应商，复合元素
	. . . . . <SupplierIdentifier>	<supplieridentifier>		0…n	供应商标识，复合元素
P.26.22	. . . . . . <SupplierIDType>	<j345>	92	1	供应商标识类型
P.26.23	. . . . . . <IDTypeName>	<b233>		0…1	标识类型名称
P.26.24	. . . . . . <IDValue>	<b244>		1	标识值

续表

数据组号	引用名称	短标签	ONIX 代码表	出现次数	说明
P.26.25	.....<SupplierName>	<j137>		0…1	供应商名称
P.26.26	.....<TelephoneNumber>	<j270>		0…*n*	电话号码
P.26.27	.....<FaxNumber>	<j271>		0…*n*	传真号码
P.26.28	.....<EmailAddress>	<j272>		0…*n*	电子邮件地址
	....<Stock>	<stock>		0…*n*	库存，复合元素
	.....<LocationIdentifier>	<locationidentifier>		0…1	位置标识，复合元素
P.26.29	......<LocationIDType>	<j377>	92	1	位置标识类型
P.26.30	......<IDTypeName>	<b233>		0…1	标识类型名称
P.26.31	......<IDValue>	<b244>		1	标识值
P.26.32	.....<LocationName>	<j349>		0…1	位置名称
	.....<StockQuantityCoded>	<stockquantitycoded>		0…1	代码型库存量
P.26.33	......<StockQuantityCode Type>	<j293>	70	1	库存量代码类型
P.26.34	......<StockQuantityCode TypeName>	<j296>		0…1	库存量代码类型名称
P.26.35	......<StockQuantityCode>	<j297>		1	库存量代码
P.26.36	.....<OnHand>	<j350>		0…1	实物库存量
P.26.37	.....<OnOrder>	<j351>		0…1	订数
P.26.38	.....<CBO>	<j375>		0…1	可用库存量
	.....<OnOrderDetail>	<onorderdetail>		0…*n*	待发货库存细节，复合元素
P.26.39	......<OnOrder>	<j351>		1	订数
P.26.40	......<ExpectedDate>	<j302>		1	计划发货日期
P.26.41	....<PackQuantity>	<j145>		0…1	包装副本数
P.26.42	....<UnpricedItemType>	<j192>	57	0…1	无价格项目类型
	....<Price>	<price>		0…*n*	价格，复合元素
P.26.43	.....<PriceType>	<x462>	58	0…1	价格类型
P.26.44	.....<PriceQualifier>	<j261>	59	0…1	价格修饰符
P.26.45	.....<PriceTypeDescription>	<j262>		0…*n*	价格类型描述
P.26.46	.....<PricePer>	<j239>	60	0…1	定价单位
	.....<PriceCondition>	<pricecondition>		0…*n*	价格条件，复合元素
P.26.47	......<PriceConditionType>	<x463>	167	1	价格条件类型
	......<PriceCondition Quantity>	<pricecondition quantity>		0…*n*	价格条件数量，复合元素

续表

数据组号	引用名称	短标签	ONIX代码表	出现次数	说明
P.26.48	.......<PriceCondition QuantityType>	<x464>	168	1	价格条件数量类型
P.26.49	.......<Quantity>	<x320>		1	数量
P.26.50	.......<QuantityUnit>	<x466>	169	1	数量单位
P.26.51	.....<MinimumOrderQuantity>	<j263>		0…1	最少订数
	.....<BatchBonus>	<batchbonus>		0…*n*	批量优惠
P.26.52	......<BatchQuantity>	<j264>		1	批量订数
P.26.53	......<FreeQuantity>	<j265>		1	免费数量
	.....<DiscountCoded>	<discountcoded>		0…*n*	折扣编码，复合元素
P.26.54	......<DiscountCodeType>	<j363>	100	1	折扣代码类型
P.26.55	......<DiscountCodeType Name>	<j378>		0…1	折扣代码类型名称
P.26.56	......<DiscountCode>	<j364>		1	折扣代码
	.....<Discount>	<discount>		0…*n*	折扣，复合元素
P.26.57	......<DiscountType>	<x467>	170	0…1	折扣类型
P.26.58	......<DiscountQuantity>	<x320>		0…1	折扣数量
P.26.59	......<DiscountPercent>	<j267>		0…1	折扣率
P.26.60	......<DiscountAmount>	<x469>		0…1	折扣金额
P.26.61	.....<PriceStatus>	<j266>	61	0…1	价格状态
P.26.62	.....<PriceAmount>	<j151>		0…1	价格金额
	.....<PriceCoded>	<pricecoded>		0…1	价格编码
P.26.63	......<PriceCodeType>	<x465>	179	1	价格代码类型
P.26.64	......<PriceCodeTypeName>	<x477>		0…1	价格代码类型名称
P.26.65	......<PriceCode>	<x468>		1	价格代码
	.....<Tax>	<tax>		0…*n*	税金，复合元素
P.26.66	......<TaxType>	<x470>	171	0…1	税金类型
P.26.67	......<TaxRateCode>	<x471>	62	0…1	税率代码
P.26.68	......<TaxRatePercent>	<x472>		0…1	税率
P.26.69	......<TaxableAmount>	<x473>		0…1	计税金额
P.26.70	......<TaxAmount>	<x474>		0…1	税额
P.26.71	.....<CurrencyCode>	<j152>	96	0…1	货币代码
	.....<Territory>	<territory>		0…1	地域，复合元素
P.26.72	......<CountriesIncluded>	<x449>	91	0…1	地域内国家
P.26.73	......<RegionsIncluded>	<x450>	49	0…1	地域内地区

续表

数据组号	引用名称	短标签	ONIX 代码表	出现次数	说明
P.26.74	...... <CountriesExcluded>	<x451>	91	0…1	地域外国家
P.26.75	...... <RegionsExcluded>	<x452>	49	0…1	地域外地区
P.26.76	..... <CurrencyZone>	<x475>	172	0…1	货币区
	..... <ComparisonProduct Price>	<comparisonproductprice>		0…*n*	比较产品价格，符合元素
	...... <ProductIdentifier>	<productidentifier>		1…*n*	产品标识
P.26.77	.... <ProductIDType>	<b221>	5	1	产品标识类型
P.26.78	.... <IDTypeName>	<b233>		0…1	标识类型名称
P.26.79	.... <IDValue>	<b244>		1	标识值
P.26.80	...... <PriceType>	<x462>	58	0…1	价格类型
P.26.81	...... <PriceAmount>	<j151>		1	价格金额
P.26.82	...... <CurrencyCode>	<j152>	96	0…1	货币代码
	..... <PriceDate>	<pricedate>		0…*n*	价格日期，复合元素
P.26.83	...... <PriceDateRole>	<x476>	173	1	价格日期作用
P.26.84	...... <DateFormat>	<j260>	55	0…1	日期格式
P.26.85	...... <Date>	<b306>		1	日期
P.26.86	..... <PrintedOnProduct>	<x301>	174	0…1	产品上所印价格
P.26.87	..... <PositionOnProduct>	<x313>	142	0…1	产品上位置
	.... <Reissue>	<reissue>		0…1	再版，复合元素
P.26.88	..... <ReissueDate>	<j365>		1	再版日期
P.26.89	..... <ReissueDescription>	<j366>		0…1	再版描述
	..... <Price>	<price>		0…*n*	价格
P.26.90	...... <PriceType>	<x462>	58	0…1	价格类型
P.26.91	...... <PriceQualifier>	<j261>	59	0…1	价格修饰符
P.26.92	...... <PriceTypeDescription>	<j262>		0…*n*	价格类型描述
P.26.93	...... <PricePer>	<j239>	60	0…1	定价单位
	...... <PriceCondition>	<pricecondition>		0…*n*	价格条件，复合元素
P.26.94	.... <PriceConditionType>	<x463>	167	1	价格条件类型
	.... <PriceCondition Quantity>	<priceconditionquantity>		0…*n*	价格条件数量，复合元素
P.26.95	.... <PriceCondition QuantityType>	<x464>	168	1	价格条件数量类型
P.26.96	.... <Quantity>	<x320>		1	数量
P.26.97	.... <QuantityUnit>	<x466>	169	1	数量单位

续表

数据组号	引用名称	短标签	ONIX代码表	出现次数	说明
P.26.98	......<MinimumOrderQuantity>	<j263>		0…1	最少订数
	......<BatchBonus>	<batchbonus>		0…*n*	批量优惠
P.26.99	.......<BatchQuantity>	<j264>		1	批量订数
P.26.100	.......<FreeQuantity>	<j265>		1	免费数量
	......<DiscountCoded>	<discountcoded>		0…*n*	折扣编码，复合元素
P.26.101	.......<DiscountCodeType>	<j363>	100	1	折扣代码类型
P.26.102	.......<DiscountCodeType Name>	<j378>		0…1	折扣代码类型名称
P.26.103	.......<DiscountCode>	<j364>		1	折扣代码
	......<Discount>	<discount>		0…*n*	折扣，复合元素
P.26.104	.......<DiscountType>	<x467>	170	0…1	折扣类型
P.26.105	.......<DiscountQuantity>	<x320>		0…1	折扣数量
P.26.106	.......<DiscountPercent>	<j267>		0…1	折扣率
P.26.107	.......<DiscountAmount>	<x469>		0…1	折扣金额
P.26.108	......<PriceStatus>	<j266>	61	0…1	价格状态
P.26.109	......<PriceAmount>	<j151>		0…1	价格金额
	......<PriceCoded>	<pricecoded>		0…1	价格编码
P.26.110	.......<PriceCodeType>	<x465>	179	1	价格代码类型
P.26.111	.......<PriceCodeTypeName>	<x477>		0…1	价格代码类型名称
P.26.112	.......<PriceCode>	<x468>		1	价格代码
	......<Tax>	<tax>		0…*n*	税金，复合元素
P.26.113	.......<TaxType>	<x470>	171	0…1	税金类型
P.26.114	.......<TaxRateCode>	<x471>	62	0…1	税率代码
P.26.115	.......<TaxRatePercent>	<x472>		0…1	税率
P.26.116	.......<TaxableAmount>	<x473>		0…1	计税金额
P.26.117	.......<TaxAmount>	<x474>		0…1	税额
P.26.118	......<CurrencyCode>	<j152>	96	0…1	货币代码
	......<Territory>	<territory>		0…1	地域，复合元素
P.26.119	.......<CountriesIncluded>	<x449>	91	0…1	地域内国家
P.26.120	.......<RegionsIncluded>	<x450>	49	0…1	地域内地区
P.26.121	.......<CountriesExcluded>	<x451>	91	0…1	地域外国家
P.26.122	.......<RegionsExcluded>	<x452>	49	0…1	地域外地区
P.26.123	......<CurrencyZone>	<x475>	172	0…1	货币区

续表

数据组号	引用名称	短标签	ONIX代码表	出现次数	说明
	......<ComparisonProduct Price>	<comparison productprice>		0…n	比较产品价格，符合元素
	.......<ProductIdentifier>	<productidentifier>		1…n	产品标识
P.26.124	........<ProductIDType>	<b221>	5	1	产品标识类型
P.26.125	........<IDTypeName>	<b233>		0…1	标识类型名称
P.26.126	........<IDValue>	<b244>		1	标识值
P.26.127	.......<PriceType>	<x462>	58	0…1	价格类型
P.26.128	.......<PriceAmount>	<j151>		1	价格金额
P.26.129	.......<CurrencyCode>	<j152>	96	0…1	货币代码
	......<PriceDate>	<pricedate>		0…n	价格日期，复合元素
P.26.130	.......<PriceDateRole>	<x476>	173	1	价格日期作用
P.26.131	.......<DateFormat>	<j260>	55	0…1	日期格式
P.26.132	.......<Date>	<b306>		1	日期
P.26.133	......<PrintedOnProduct>	<x301>	174	0…1	产品上所印价格
P.26.134	......<PositionOnProduct>	<x313>	142	0…1	产品上位置
	.....<SupportingResource>	<supportingresource>		0…n	支持资源，复合元素
P.26.135	......<ResourceContentType>	<x436>	158	1	资源内容类型
P.26.136	......<ContentAudience>	<x427>	154	1…n	内容受众
P.26.137	......<ResourceMode>	<x437>	159	1	资源模式
	......<ResourceFeature>	<resourcefeature>		0…n	资源特征，复合元素
P.26.138	.......<ResourceFeatureType>	<x438>	160	1	资源特征类型
P.26.139	.......<FeatureValue>	<x439>		0…1	特征值
P.26.140	.......<FeatureNote>	<x440>		0…n	特征说明
	......<ResourceVersion>	<resourceversion>		1…n	资源版本，复合元素
P.26.141	.......<ResourceForm>	<x441>	161	1	资源形式
	.......<ResourceVersion Feature>	<resource versionfeature>		0…n	资源版本特征，复合元素
P.26.142	........<ResourceVersion FeatureType>	<x442>	162	1	资源版本特征类型
P.26.143	........<FeatureValue>	<x439>		0…1	特征值
P.26.144	........<FeatureNote>	<x440>		0…n	特征说明
P.26.145	.......<ResourceLink>	<x435>		1…n	资源链接
	.......<ContentDate>	<contentdate>		0…n	内容日期，复合元素
P.26.146	........<ContentDateRole>	<x429>	155	1	内容日期作用

续表

数据组号	引用名称	短标签	ONIX代码表	出现次数	说明
P.26.147	........<DateFormat>	<j260>	55	0…1	日期格式
P.26.148	........<Date>	<b306>		1	日期

8.2.3 图书 ONIX 代码表

图书 ONIX 代码表给出了图书 ONIX 中部分数据元素的取值规范。在 ONIX 3.0 版本中，给出的代码表包括 149 个，概况见表 8-3。

表 8-3　图书 ONIX 代码表概况

序号	ONIX 代码表编号	名称	说明
1	List 1	Notification or updatetype code	通告或更新类型代码表
2	List 2	Product composition	产品构成代码表
3	List 3	Record source typecode	记录来源类型代码表
4	List 5	Product identifier typecode	产品标识类型代码表
5	List 6	Barcode indicator	条码类型代码表
6	List 7	Product form code	产品形式代码表
7	List 8	Book form detail	已废止，使用 List 78
8	List 9	Product classificationtype code	产品分类类型代码表
9	List 10	Epublication type code	电子出版物类型代码表
10	List 11	Epublication format code	电子出版物格式代码表
11	List 12	Trade category code	交易类型代码表
12	List 13	Series identifier type code	套书标识类型代码表
13	List 14	Text case flag	文本大小写类型代码表
14	List 15	Title type code	题名类型代码表
15	List 16	Work identifier type code	作品标识类型代码表
16	List 17	Contributor role code	提供者角色代码表
17	List 18	Person / organization name type	个人/机构名称类型代码表
18	List 19	Unnamed person(s)	未署名代码表
19	List 20	Conference role	会议功能代码表
20	List 21	Edition type code	版本类型代码表
21	List 22	Language role code	语种作用代码表
22	List 23	Extent type code	篇幅类型代码表
23	List 24	Extent unit code	篇幅单位代码表

续表

序号	ONIX 代码表编号	名称	说明
24	List 25	Illustration and other content type code	插图及其他内容类型代码表
25	List 26	Main subject scheme identifier code	主要主题分类方案标识代码表
26	List 27	Subject scheme identifier code	主题分类方案标识代码表
27	List 28	Audience code	受众代码表
28	List 29	Audience code type	受众代码类型表
29	List 30	Audience range qualifier	受众范围限定代码表
30	List 31	Audience range precision	受众范围精度代码表
31	List 32	Complexity scheme identifier	难度级别方案代码表
32	List 33	Other text type code	其他文本类型代码表
33	List 34	Text format code	文本格式代码表
34	List 35	Text link type code	文本链接类型代码表
35	List 36	Front cover image file format code	封面图像文件格式代码表
36	List 37	Front cover image file link type code	封面图像文件链接代码表
37	List 38	Image/audio/video file type code	图像/音频/视频文件类型代码表
38	List 39	Image/audio/video file format code	图像/音频/视频文件格式代码表
39	List 40	Image/audio/video file link type	图像/音频/视频文件链接类型代码表
40	List 41	Prize or award achievement code	奖项代码表
41	List 42	Text item type code	文本项类型代码表
42	List 43	Text item identifier type code	文本项标识类型代码表
43	List 44	Name code type	名称标识类型代码表
44	List 45	Publishing role code	出版作用代码表
45	List 46	Sales rights type code	销售权利类型代码表
46	List 47	Rights region	版权地区代码表
47	List 48	Measure type code	度量类型代码表
48	List 49	Region code	区域代码，之前称为版权地域代码
49	List 50	Measure unit code	度量单位代码表
50	List 51	Product relation code	产品关系代码，之前称为关系代码
51	List 52	Supply-to region code	供货区域代码表
52	List 53	Returns conditions code type	退货条件代码表
53	List 54	Availability status code	可供货状态代码表
54	List 55	Date format	日期格式，使用公历（除非特别规定）
55	List 56	Audience restriction flag	受众限制代码表
56	List 57	Unpriced item type code	无价格项目类型代码表
57	List 58	Price type code	价格类型代码表

续表

序号	ONIX 代码表编号	名称	说明
58	List 59	Price type qualifier	价格类型修饰符代码表
59	List 60	Unit of pricing code	定价单位代码表
60	List 61	Price status code	价格状态代码表
61	List 62	Tax rate, coded	税率代码表
62	List 63	Intermediary supplier availability	中间商可用性代码表
63	List 64	Publishing status	出版状态代码表
64	List 65	Product availability	产品可供性代码表
65	List 66	BISAC returnable indicator	BISAC 退货条件代码表
66	List 67	Market date role	市场日期作用代码表
67	List 68	Market publishing status	市场出版状态代码表
68	List 69	Agent role	代理商角色代码表
69	List 70	Stock quantity code type	库存量类型代码表
70	List 71	Sales restriction type code	销售限制类型代码表
71	List 72	Thesis type code	论文类型代码表
72	List 73	Website role	网站作用代码表
73	List 74	Language code – ISO 639-2/B	语种代码表
74	List 75	Person date role	个人日期作用代码表
75	List 76	Product form feature value – DVD region codes	产品形式特征值——DVD 区域代码表
76	List 77	North American school or college grade	北美学校年级代码表
77	List 78	Product form detail	产品形式细节代码表
78	List 79	Product form feature type	产品形式特征代码表
79	List 80	Product packaging type	产品包装类型代码表
80	List 81	Product content type	产品内容类型代码表
81	List 82	Bible contents	圣经内容代码表
82	List 83	Bible version	圣经版本代码表
83	List 84	Study Bible type	研读本圣经代码表
84	List 85	Bible purpose	圣经目的代码表
85	List 86	Bible text organization	圣经文本组织代码表
86	List 87	Bible reference location	圣经引用位置代码表
87	List 88	Religious text identifier	宗教文本标识代码表
88	List 89	Religious text feature type	宗教文本特征类型代码表
89	List 90	Religious text feature code	宗教文本特征代码表
90	List 91	Country code – ISO 3166-1	国家代码表
91	List 92	Supplier identifier type	供应商标识类型代码表

续表

序号	ONIX 代码表编号	名称	说明
92	List 93	Supplier role	供应商角色代码表
93	List 94	Default linear unit	默认长度单位代码表
94	List 95	Default unit of weight	默认重量单位代码表
95	List 96	Currency code – ISO 4217	货币代码表
96	List 97	Bible text feature	圣经文本特征代码表
97	List 98	Product form feature value – binding or page edge color	产品形式特征值——封面或页边颜色代码表
98	List 99	Product form feature value – special cover material	产品形式特征值——封面特殊材料代码表
99	List 100	Discount code type	折扣类型代码表
100	List 101	Person name identifier type	个人姓名标识类型代码表
101	List 102	Sales outlet identifier type	销售网点标识类型代码表
102	List 121	Text script code – ISO 15924	书写文字编码代码表
103	List 138	Transliteration scheme code	音译方案代码表
104	List 139	ONIX sales outlet Ids	ONIX 销售网点标识代码表
105	List 140	US CPSIA choking hazard warning code	已取消，使用 List 143
106	List 141	Barcode indicator	条码类型代码表
107	List 142	Position on product	印刷位置代码表
108	List 143	US CPSIA choking hazard warning code	US CPSIA 窒息危险警告代码
109	List 144	E-publication technical protection	数字出版物技术保护代码表
110	List 145	Usage type	使用类型代码表
111	List 146	Usage status	使用状态代码表
112	List 147	Unit of usage	使用单位代码表
113	List 148	Collection type	套书类型代码表
114	List 149	Title element level	题名项层级代码表
115	List 150	Product form	产品形式代码表
116	List 151	Contributor place relator	提供者地点关系代码表
117	List 152	Illustrated / not illustrated	插图标记代码表
118	List 153	Text type	文本类型代码表
119	List 154	Content audience	内容受众代码表
120	List 155	Content date role	内容日期作用代码表
121	List 156	Cited content type	引用内容类型代码表
122	List 157	Content source type	内容来源类型代码表
123	List 158	Resource content type	资源内容类型代码表

续表

序号	ONIX代码表编号	名称	说明
124	List 159	Resource mode	资源模式代码表
125	List 160	Resource feature type	资源特征类型代码表
126	List 161	Resource form	资源形式代码表
127	List 162	Resource version feature type	资源版本特征类型代码表
128	List 163	Publishing date role	出版日期作用代码表
129	List 164	Work relation code	作品关系代码表
130	List 165	Supplier own code type	供应商自编代码类型代码表
131	List 166	Supply date role	供货日期作用代码表
132	List 167	Price condition type	价格条件类型代码表
133	List 168	Price condition quantity type	价格条件数量类型代码表
134	List 169	Quantity unit	数量单位代码表
135	List 170	Discount type	折扣类型代码表
136	List 171	Tax type	税金类型代码表
137	List 172	Currency zone	货币区代码表
138	List 173	Price date role	价格日期作用代码表
139	List 174	Printed on product	产品印价代码表
140	List 175	Product form detail	产品形式细节代码表
141	List 176	Product form feature value – operating system	产品形式特征值——操作系统代码表
142	List 177	Person / organization date role	个人/机构日期作用代码表
143	List 178	Supporting resource file format	支持资源文件格式代码表
144	List 179	Price code type	价格代码类型代码表
145	List 184	EU Toy Safety Directive hazard warning	欧盟玩具指令危险警告代码表
146	List 196	E-publication Accessibility Details	电子出版物可获得性细节代码表
147	List 197	Collection sequence type	丛书顺序代码表
148	List 198	Product contact role	产品联系人角色代码表
149	List 203	ONIX Adult Audience rating	ONIX 成人内容分级代码表

8.3 图书 ONIX 示例分析

图书 ONIX 标准中的完整示例[1]分析如下：

[1] EDItEUR.ONIX for Books Product Information Format Specification（Release 3.0 revision 1）（2012-01-27）. http://www.editeur.org，2012-01-27.

#		备注
1	<?xml version="1.0" encoding="UTF-8"?>	使用 UTF-8 字符集
2	<ONIXMessage release="3.0">	
3	<Header>	
4	<Sender>	
5	<SenderName>Global Bookinfo</SenderName>	虚构的发送方名称
6	<ContactName>Jane King, +1 555 321 7654</ContactName>	
7	<EmailAddress>jbk@globalbookinfo.com</EmailAddress>	
8	</Sender>	
9	<Addressee>	
10	<AddresseeName>BooksBooksBooks.com</AddresseeName>	发给虚构的接收方
11	</Addressee>	
12	<MessageNumber>231</MessageNumber>	允许接收方检查是否有消息丢失
13	<SentDateTime>20100510T1115-0400</SentDateTime>	2010 年 5 月 10 日，上午 11 点 15 分
14	<MessageNote>Sample message</MessageNote>	
15	</Header>	
16	<!-- product record 1 of 1 in message -->	
17	<Product>	产品记录开始
18	<RecordReference>com.globalbookinfo.onix.01734529 </RecordReference>	使用倒叙的网络域名加上内部产品 ID，构成唯一的记录号
19	<NotificationType>03</NotificationType>	通告类型为“出版确认公告”
20	<RecordSourceType>04</RecordSourceType>	记录来源类型为“图书代销商”
21	<RecordSourceIdentifier>	
22	<RecordSourceIDType>06</RecordSourceIDType>	记录来源标识类型为“GLN”
23	<IDValue>0614141800001</IDValue>	
24	</RecordSourceIdentifier>	
25	<RecordSourceName>Global Bookinfo</RecordSourceName>	
26	<ProductIdentifier>	
27	<ProductIDType>03</ProductIDType>	产品标识类型为“13 位数字全球贸易项目代码”
28	<IDValue>9780007232833</IDValue>	
29	</ProductIdentifier>	
30	<ProductIdentifier>	
31	<ProductIDType>15</ProductIDType>	产品标识类型为“13 位 ISBN 号”

续表

#		备注
32	<IDValue>9780007232833</IDValue>	
33	</ProductIdentifier>	
34	<DescriptiveDetail>	区块 1 开始
35	<ProductComposition>00</ProductComposition>	产品构成为“单项目零售产品”
36	<ProductForm>BC</ProductForm>	产品形式为“简装书/软皮书”
37	<ProductFormDetail>B105</ProductFormDetail>	产品具体表现形式为“B-format”的简装书/软皮书
38	<Measure>	
39	<MeasureType>01</MeasureType>	高度
40	<Measurement>197</Measurement>	
41	<MeasureUnitCode>mm</MeasureUnitCode>	
42	</Measure>	
43	<Measure>	
44	<MeasureType>02</MeasureType>	宽度
45	<Measurement>130</Measurement>	
46	<MeasureUnitCode>mm</MeasureUnitCode>	
47	</Measure>	
48	<Measure>	
49	<MeasureType>03</MeasureType>	书脊厚度
50	<Measurement>18</Measurement>	
51	<MeasureUnitCode>mm</MeasureUnitCode>	
52	</Measure>	
53	<Measure>	
54	<MeasureType>08</MeasureType>	重量
55	<Measurement>195</Measurement>	
56	<MeasureUnitCode>gr</MeasureUnitCode>	
57	</Measure>	
58	<CountryOfManufacture>GB</CountryOfManufacture>	
59	<ProductClassification>	
60	<ProductClassificationType>03</ProductClassificationType>	产品分类类型采用的是 HMRC 商品代码
61	<ProductClassificationCode>49019900</ProductClassificationCode>	
62	</ProductClassification>	
63	<Collection>	套书细节
64	<CollectionType>10</CollectionType>	套书的类型是“出版者套书”

续表

	备注
<TitleDetail>	
<TitleType>01</TitleType>	题名类型为“可区分的题名”
<TitleElement>	
<SequenceNumber>2</SequenceNumber>	
<TitleElementLevel>02</TitleElementLevel>	题名项层级为“套书层级”
<TitlePrefix textcase="01">The</TitlePrefix>	
<TitleWithoutPrefix textcase="01">Martin Beck series </TitleWithoutPrefix>	
</TitleElement>	
<TitleElement>	
<SequenceNumber>3</SequenceNumber>	
<TitleElementLevel>01</TitleElementLevel>	题名项层级为“产品层级”
<PartNumber>1</PartNumber>	部件号为 1，表示套书的第 1 本
</TitleElement>	
</TitleDetail>	
</Collection>	
<TitleDetail>	
<TitleType>01</TitleType>	题名类型为“可区分的题名”
<TitleElement>	
<SequenceNumber>1</SequenceNumber>	
<TitleElementLevel>01</TitleElementLevel>	题名项层级为“产品层级”
<TitleText textcase="01">Roseanna</TitleText>	
</TitleElement>	
</TitleDetail>	
<TitleDetail>	
<TitleType>10</TitleType>	题名类型为“提供者题名”
<TitleElement>	
<TitleElementLevel>01</TitleElementLevel>	题名项层级为“产品层级”
<TitleText>ROSEANNA (MARTIN BECK #1)</TitleText>	
</TitleElement>	
</TitleDetail>	
<Contributor>	
<SequenceNumber>1</SequenceNumber>	提供者序号为 1
<ContributorRole>A01</ContributorRole>	提供者角色为作者
<NameIdentifier>	

续表

#		备注
99	<NameIDType>01</NameIDType>	名称标识类型为专用
100	<IDTypeName>HCP Author ID</IDTypeName>	
101	<IDValue>7421</IDValue>	
102	</NameIdentifier>	
103	<NameIdentifier>	
104	<NameIDType>16</NameIDType>	名称标识类型为 ISNI
105	<IDValue>0000000121479135</IDValue>	
106	</NameIdentifier>	
107	<NamesBeforeKey>Maj</NamesBeforeKey>	
108	<KeyNames>Sjöwall</KeyNames>	
109	<BiographicalNote textformat="05"><p><strong>Maj Sjöwall</strong> was born in Stockholm in 1935. She is a poet, novelist and translator, and is best known for the ten <em> Martin Beck</em> novels she wrote with husband Per Wahlöö.</p></Biographical Note>	
110	</Contributor>	
111	<Contributor>	
112	<SequenceNumber>2</SequenceNumber>	提供者序号为 2
113	<ContributorRole>A01</ContributorRole>	提供者角色为作者
114	<NameIdentifier>	
115	<NameIDType>01</NameIDType>	名称标识类型为专用
116	<IDTypeName>HCP Author ID</IDTypeName>	
117	<IDValue>7422</IDValue>	
118	</NameIdentifier>	
119	<NameIdentifier>	
120	<NameIDType>16</NameIDType>	名称标识类型为 ISNI
121	<IDValue>0000000121222604</IDValue>	
122	</NameIdentifier>	
123	<NamesBeforeKey>Per</NamesBeforeKey>	
124	<KeyNames>Wahlöö</KeyNames>	
125	<BiographicalNote textformat="05"><p><strong>Per Wahlöö</strong> was born in Göteborg. After graduating from the University of Lund in 1946, he worked as a journalist, covering criminal and social issues for a number of newspapers and magazines. In the 1950s, Wahlöö became involved with radical political causes, activities that resulted in his deportation from Franco's Spain in 1957. After returning to Sweden, he wrote a number of television and radio plays, and was managing editor of several magazines, before becoming a full-time writer.</p><p>He is best known for the series of ten <em>Martin Beck</em> novels he wrote with wife Maj Sjöwall, which they completed immediately before his death in 1975.</p></BiographicalNote>	

续表

#		备注
126	</Contributor>	
127	<Contributor>	
128	<SequenceNumber>3</SequenceNumber>	提供者序号为 3
129	<ContributorRole>B06</ContributorRole>	提供者角色为译者
130	<FromLanguage>swe</FromLanguage>	原著语种为瑞典语
131	<NameIdentifier>	
132	<NameIDType>01</NameIDType>	名称标识类型为专用
133	<IDTypeName>HCP Author ID</IDTypeName>	
134	<IDValue>11150</IDValue>	
135	</NameIdentifier>	
136	<NamesBeforeKey>Lois</NamesBeforeKey>	
137	<KeyNames>Roth</KeyNames>	
138	</Contributor>	
139	<Contributor>	
140	<SequenceNumber>4</SequenceNumber>	提供者序号为 4
141	<ContributorRole>A24</ContributorRole>	提供者角色为导论作者
142	<NameIdentifier>	
143	<NameIDType>01</NameIDType>	名称标识类型为专用
144	<IDTypeName>HCP Author ID</IDTypeName>	
145	<IDValue>11151</IDValue>	
146	</NameIdentifier>	
147	<NameIdentifier>	
148	<NameIDType>16</NameIDType>	名称标识类型为 ISNI
149	<IDValue>0000000122824957</IDValue>	
150	</NameIdentifier>	
151	<NamesBeforeKey>Henning</NamesBeforeKey>	
152	<KeyNames>Mankell</KeyNames>	
153	</Contributor>	
154	<ContributorStatement>By Maj Sjöwall and Per Wahlöö, translated by Lois Roth and with an introduction by Henning Mankell</Contributor Statement>	
155	<NoEdition/>	
156	<Language>	
157	<LanguageRole>01</LanguageRole>	语种作用为正文语种
158	<LanguageCode>eng</LanguageCode>	英语

续表

#		备注
159	</Language>	
160	<Language>	
161	<LanguageRole>02</LanguageRole>	语种作用为译文的原文语种
162	<LanguageCode>swe</LanguageCode>	瑞典语
163	</Language>	
164	<Extent>	
165	<ExtentType>00</ExtentType>	篇幅类型为主要内容页数
166	<ExtentValue>245</ExtentValue>	
167	<ExtentUnit>03</ExtentUnit>	篇幅单位为页数
168	</Extent>	
169	<Extent>	
170	<ExtentType>04</ExtentType>	篇幅类型为后页页数
171	<ExtentValue>16</ExtentValue>	
172	<ExtentUnit>03</ExtentUnit>	篇幅单位为页数
173	</Extent>	
174	<Subject>	
175	<MainSubject/>	
176	<SubjectSchemeIdentifier>12</SubjectSchemeIdentifier>	主题表标识符为 BIC 主题分类
177	<SubjectSchemeVersion>2.0</SubjectSchemeVersion>	主题表版本为第 2 版
178	<SubjectCode>FF</SubjectCode>	犯罪推理
179	</Subject>	
180	<Subject>	
181	<SubjectSchemeIdentifier>12</SubjectSchemeIdentifier>	主题表标识符为 BIC 主题分类
182	<SubjectSchemeVersion>2.0</SubjectSchemeVersion>	
183	<SubjectCode>FYT</SubjectCode>	翻译小说作品
184	</Subject>	
185	<Subject>	
186	<SubjectSchemeIdentifier>13</SubjectSchemeIdentifier>	主题表标识符为BIC地理修饰符
187	<SubjectSchemeVersion>2.0</SubjectSchemeVersion>	
188	<SubjectCode>1DNS</SubjectCode>	瑞典
189	</Subject>	
190	<Subject>	
191	<SubjectSchemeIdentifier>15</SubjectSchemeIdentifier>	主题表标识符为BIC时间修饰符
192	<SubjectSchemeVersion>2.0</SubjectSchemeVersion>	
193	<SubjectCode>3JJPK</SubjectCode>	20 世纪 60 年代

续表

#		备注
194	</Subject>	
195	<Subject>	
196	<MainSubject/>	
197	<SubjectSchemeIdentifier>10</SubjectSchemeIdentifier>	主题表标识符为 BISAC 主题表
198	<SubjectSchemeVersion>2009</SubjectSchemeVersion>	2009 版
199	<SubjectCode>FIC022000</SubjectCode>	推理侦探
200	</Subject>	
201	<Subject>	
202	<SubjectSchemeIdentifier>20</SubjectSchemeIdentifier>	主题表标识符为关键词
203	<SubjectHeadingText>Martin Beck; LakeVättern, police procedural</SubjectHeadingText>	
204	</Subject>	
205	<Audience>	
206	<AudienceCodeType>01</AudienceCodeType>	受众代码类型 ONIX 受众对象
207	<AudienceCodeValue>01</AudienceCodeValue>	受众为非专业普通受众
208	</Audience>	
209	</DescriptiveDetail>	区块 1 结束
210	<CollateralDetail>	区块 2 开始
211	<TextContent>	
212	<TextType>02</TextType>	文本类型为简要介绍
213	<ContentAudience>00</ContentAudience>	无特定受众
214	<Text textformat="05"><p><strong>Perennial relaunches the first novel in the classic Martin Beck detective series from the 1960s</strong> – the novels that have inspired all crime fiction written ever since.</p></Text>	
215	</TextContent>	
216	<TextContent>	
217	<TextType>03</TextType>	文本类型为详细描述
218	<ContentAudience>00</ContentAudience>	无特定受众
219	<Text textformat="05"><p>Widely recognised as the among the greatest crime fiction ever written, this is the first of a series of stories that pioneered the police procedural genre. The series was translated into 35 languages, sold over 10 million copies around the world, and inspired writers from Henning Mankell to Jonathan Franzen.</p><p>Written in 1965, <em>Roseanna</em> is the work of Maj Sjöwall and Per Wahlöö – a husband and wife team from Sweden, and this volume has a new	

续表

#		备注
219	introduction to help bring their work to a new audience. The novel follows the fortunes of the detective Martin Beck, whose enigmatic and taciturn character has inspired countless other policemen in crime fiction.</p><p><em>Roseanna</em> begins on a July afternoon: the body of a young woman is dredged from a canal near Sweden's beautiful Lake Vättern. Three months later, all that Police Inspector Martin Beck knows is that her name is Roseanna, that she came from Lincoln, Nebraska, and that she could have been strangled by any one of eighty-five people.</p><p>With its authentically rendered settings and vividly realized characters, and its command over the intricately woven details of police detection, <em>Roseanna</em> is a masterpiece of suspense and sadness.</p></Text>	
220	</TextContent>	
221	<TextContent>	
222	<TextType>06</TextType>	文本类型为引用评论
223	<ContentAudience>00</ContentAudience>	无特定受众
224	<Text textformat="05"><p>'The writing is elegant and surprisingly humorous – if you haven't come across Beck before, you're in for a treat.'</p></Text>	
225	<SourceTitle>The Guardian</SourceTitle>	
226	</TextContent>	
227	<TextContent>	
228	<TextType>06</TextType>	文本类型为引用评论
229	<ContentAudience>00</ContentAudience>	无特定受众
230	<Text textformat="05"><p>'Their mysteries don't just read well; they reread even better. Witness, wife, petty cop or crook – they're all real characters even if they get just a few sentences. The plots hold, because they're ingenious but never inhuman.'</p></Text>	
231	<SourceTitle>New York Times</SourceTitle>	
232	</TextContent>	
233	<CitedContent>	
234	<CitedContentType>03</CitedContentType>	引用内容类型为"媒体提及"
235	<ContentAudience>00</ContentAudience>	无特定受众
236	<SourceType>01</SourceType>	来源类型为印刷介质
237	<SourceTitle>Observer Magazine</SourceTitle>	

续表

#		备注
238	<CitationNote>Interview with Maj Sjöwall by Louise France </CitationNote>	
239	<ResourceLink>http://www.guardian.co.uk/books/2009/nov/22/crime-thriller-maj-sjowall-sweden</ResourceLink>	
240	<ContentDate>	
241	<ContentDateRole>01</ContentDateRole>	内容日期作用为出版日期
242	<Date dateformat="00">20091122</Date>	
243	</ContentDate>	
244	</CitedContent>	
245	<SupportingResource>	
246	<ResourceContentType>01</ResourceContentType>	资源内容类型为封面
247	<ContentAudience>00</ContentAudience>	无特定受众
248	<ResourceMode>03</ResourceMode>	资源模式为图像
249	<ResourceVersion>	
250	<ResourceForm>02</ResourceForm>	资源形式为可下载资源
251	<ResourceVersionFeature>	
252	<ResourceVersionFeatureType>01</ResourceVersionFeatureType>	资源版本特征类型为文件格式
253	<FeatureValue>D502</FeatureValue>	文件格式为 JPEG
254	</ResourceVersionFeature>	
255	<ResourceVersionFeature>	
256	<ResourceVersionFeatureType>02</ResourceVersionFeatureType>	资源版本特征类型为图像高度
257	<FeatureValue>341</FeatureValue>	图像高度为 341 像素
258	</ResourceVersionFeature>	
259	<ResourceVersionFeature>	
260	<ResourceVersionFeatureType>03</ResourceVersionFeatureType>	资源版本特征类型为图像宽度
261	<FeatureValue>222</FeatureValue>	图像宽度为 222 像素
262	</ResourceVersionFeature>	
263	<ResourceLink>http://www.harpercollins.co.uk/covers/9780007232833.jpg</ResourceLink>	
264	<ContentDate>	
265	<ContentDateRole>17</ContentDateRole>	内容日期作用为最后更新日期
266	<Date dateformat="00">20060412</Date>	
267	</ContentDate>	
268	</ResourceVersion>	
269	</SupportingResource>	
270	<SupportingResource>	

续表

#		备注
271	<ResourceContentType>15</ResourceContentType>	资源内容类型为样本内容
272	<ContentAudience>00</ContentAudience>	无特定受众
273	<ResourceMode>06</ResourceMode>	资源模式为多模式
274	<ResourceVersion>	
275	<ResourceForm>01</ResourceForm>	资源形式为可链接资源
276	<ResourceLink>http://browseinside.harpercollins.co.uk/pageview?isbn=9780007232833</ResourceLink>	
277	</ResourceVersion>	
278	</SupportingResource>	
279	</CollateralDetail>	区块 2 结束
280	<!—there is no Block 3—>	不含区块 3
281	<PublishingDetail>	区块 4 开始
282	<Imprint>	
283	<ImprintName>HarperPerennial</ImprintName>	
284	</Imprint>	
285	<Publisher>	
286	<PublishingRole>01</PublishingRole>	出版角色为出版者
287	<PublisherName>HarperCollins Publishers</PublisherName>	
288	<Website>	
289	<WebsiteRole>01</WebsiteRole>	网站功能为出版者网站
290	<WebsiteLink>http://www.harpercollins.co.uk</WebsiteLink>	
291	</Website>	
292	</Publisher>	
293	<CityOfPublication>London</CityOfPublication>	
294	<CountryOfPublication>GB</CountryOfPublication>	
295	<PublishingStatus>04</PublishingStatus>	出版状态为活动状态
296	<PublishingDate>	
297	<PublishingDateRole>01</PublishingDateRole>	出版日期作用为出版日期
298	<Date dateformat="00">20060807</Date>	日期格式为 YYYYMMDD，出版日期为 2006 年 8 月 7 日
299	</PublishingDate>	
300	<PublishingDate>	
301	<PublishingDateRole>11</PublishingDateRole>	出版日期作用为首次出版日期
302	<Date dateformat="05">1968</Date>	日期格式为 YYYY，首次出版日期为 1968 年
303	</PublishingDate>	

续表

#		备注
304	<PublishingDate>	
305	<PublishingDateRole>20</PublishingDateRole>	出版日期作用为原语种出版日期
306	<Date dateformat="05">1965</Date>	日期格式为 YYYY，原语种出版日期为 1965 年
307	</PublishingDate>	
308	<SalesRights>	
309	<SalesRightsType>01</SalesRightsType>	销售权利类型为无限制独家销售
310	<Territory>	
311	<CountriesIncluded>AG AI AU BB BD BM BN BS BW BZ CM CY DM EG FJ FK GB GD GG GH GI GM GY HK IE IL IM IN IO JE JM JO KE KI KN KW KY LC LK LS MT MU MV MW MY MZ NA NG NR NZ PG PK PN SB SC SD SG SH SL SO SZ TC TO TT TV TZ UG VC VG VU WS YE RS ME ZA ZM ZW</CountriesIncluded>	
312	</Territory>	
313	</SalesRights>	
314	<SalesRights>	
315	<SalesRightsType>06</SalesRightsType>	
316	<Territory>	
317	<CountriesIncluded>AS CA GU MP PH PR US VI</CountriesIncluded>	
318	</Territory>	
319	</SalesRights>	
320	<ROWSalesRightsType>02</ROWSalesRightsType>	
321	</PublishingDetail>	区块 4 结束
322	<RelatedMaterial>	区块 5 开始
323	<RelatedWork>	
324	<WorkRelationCode>01</WorkRelationCode>	作品关系代码为“……的表现形式”
325	<WorkIdentifier>	
326	<WorkIDType>11</WorkIDType>	作品标识类型为 ISTC
327	<IDValue>A0220090000154FA</IDValue>	
328	</WorkIdentifier>	
329	</RelatedWork>	
330	<RelatedProduct>	
331	<ProductRelationCode>06</ProductRelationCode>	产品关系代码为并列格式
332	<ProductRelationCode>27</ProductRelationCode>	产品关系代码为电子版本
333	<ProductIdentifier>	

续表

	备注
<ProductIDType>03</ProductIDType>	产品标识类型为 GTIN-13
<IDValue>9780007324378</IDValue>	GTIN-13 值为 9780007324378
</ProductIdentifier>	
<ProductIdentifier>	
<ProductIDType>15</ProductIDType>	产品标识类型为 ISBN
<IDValue>9780007324378</IDValue>	ISBN 值为 9780007324378
</ProductIdentifier>	
</RelatedProduct>	
</RelatedMaterial>	区块 5 结束
<ProductSupply>	区块 6 开始
<Market>	
<Territory>	
<RegionsIncluded>WORLD</RegionsIncluded>	
<CountriesExcluded>AS AU CA GU MP NZ PH PR US VI ZA </CountriesExcluded>	
</Territory>	
</Market>	
<MarketPublishingDetail>	
<MarketPublishingStatus>04</MarketPublishingStatus>	市场出版状态为活跃状态
<MarketDate>	
<MarketDateRole>01</MarketDateRole>	市场日期作用为图书在该市场的出版日期，日期格式为 YYYYMMDD
<Date dateformat="00">20060807</Date>	该市场的出版日期为 2006 年 8 月 7 日
</MarketDate>	
</MarketPublishingDetail>	
<SupplyDetail>	
<Supplier>	
<SupplierRole>01</SupplierRole>	供应商角色为出版者直供
<SupplierIdentifier>	
<SupplierIDType>06</SupplierIDType>	供应商标识类型为 GLN
<IDValue>5051366000000</IDValue>	
</SupplierIdentifier>	
<SupplierIdentifier>	
<SupplierIDType>07</SupplierIDType>	供应商标识类型为 SAN
<IDValue>0091073</IDValue>	
</SupplierIdentifier>	

续表

#		备注
368	<SupplierName>HarperCollins Publishers</SupplierName>	
369	<TelephoneNumber>+44 1417 723200</TelephoneNumber>	
370	</Supplier>	
371	<ReturnsConditions>	
372	<ReturnsCodeType>02</ReturnsCodeType>	
373	<ReturnsCode>Y</ReturnsCode>	
374	</ReturnsConditions>	
375	<ProductAvailability>21</ProductAvailability>	有库存
376	<PackQuantity>16</PackQuantity>	一箱 16 本
377	<Price>	英国适用的价格
378	<PriceType>02</PriceType>	价格类型为含税建议零售价
379	<DiscountCoded>	
380	<DiscountCodeType>01</DiscountCodeType>	折扣代码类型为 BIC 折扣代码
381	<DiscountCode>AHACP029</DiscountCode>	
382	</DiscountCoded>	
383	<PriceStatus>02</PriceStatus>	价格为固定价格
384	<PriceAmount>7.99</PriceAmount>	
385	<Tax>	
386	<TaxType>01</TaxType>	税金类型为增值税
387	<TaxRateCode>Z</TaxRateCode>	采用零税率
388	<TaxRatePercent>0</TaxRatePercent>	税率为 0%
389	<TaxableAmount>7.99</TaxableAmount>	
390	<TaxAmount>0.00</TaxAmount>	
391	</Tax>	
392	<CurrencyCode>GBP</CurrencyCode>	货币代码为英镑
393	<Territory>	价格适用的地域
394	<CountriesIncluded>GB</CountriesIncluded>	
395	</Territory>	
396	<PrintedOnProduct>02</PrintedOnProduct>	价格印刷在产品上
397	<PositionOnProduct>01</PositionOnProduct>	
398	</Price>	
399	<Price>	欧元区市场适用的价格
400	<PriceType>01</PriceType>	价格类型为不含税建议零售价
401	<Discount>	
402	<DiscountPercent>37.5</DiscountPercent>	37.5% 折扣
403	</Discount>	

续表

#		备注
404	<PriceStatus>02</PriceStatus>	价格为固定价格
405	<PriceAmount>8.99</PriceAmount>	
406	<CurrencyCode>EUR</CurrencyCode>	货币为欧元，适用于使用欧元的欧
407	<Territory>	洲国家
408	<CountriesIncluded>AT BE CY FI FR DE ES GR IE IT LU MT NL PT SI SK AD MC ME SM VA</CountriesIncluded>	欧洲使用欧元的国家
409	</Territory>	
410	<PrintedOnProduct>01</PrintedOnProduct>	产品上无印刷价格
411	</Price>	
412	<Price>	其余市场适用的价格
413	<PriceType>01</PriceType>	价格类型为不含税建议零售价
414	<Discount>	
415	<DiscountPercent>42.5</DiscountPercent>	42.5%折扣
416	</Discount>	
417	<PriceStatus>02</PriceStatus>	价格为固定价格
418	<PriceAmount>7.99</PriceAmount>	
419	<CurrencyCode>GBP</CurrencyCode>	货币代码为英镑
420	<Territory>	价格适用的地域
421	<RegionsIncluded>WORLD</RegionsIncluded>	去掉英国及欧元区之外的市场
422	<CountriesExcluded>GB AT BE CY FI FR DE ES GR IE IT LU MT NL PT SI SK AD MC ME SM VA AS AU CA GU MP NZ PH PR US VI ZA</CountriesExcluded>	
423	</Territory>	
424	<PrintedOnProduct>01</PrintedOnProduct>	产品上无印刷价格
425	</Price>	
426	</SupplyDetail>	
427	</ProductSupply>	区块 6 结束
428	<!-- aggregator could add other ProductSupply sections here, for AU/NZ and ZA distributors -->	
429	</Product>	
430	</ONIXMessage>	

8.4　图书 ONIX 的应用前景

采用图书 ONIX 标准，有利于出版发行行业的发展，具体表现在以下几个方面[1]。

1. 有利于促进传统观念转变，提高行业对发行信息标准化的认识

通过出版物发行信息的基础研究、标准化开发和利用，提高对出版物信息价值、地位、作用的认识，认识出版物信息加工工作在出版发行中的基本地位，认识出版物信息组织管理标准化的必要性，促进传统观念转变，树立从客户和读者需要出发的理念，既注重出版物内容的编辑加工，又重视出版物发行基础信息的加工；既注重专业人员的信息需求，又重视非专业人员的需求；既注重硬件和软件等信息基础设施、技术等硬环境开发和维护，又重视信息资源标准化等软环境开发和维护；既注重出版物销售物理网络的开发和维护，又重视出版物信息网络的开发和维护等。

2. 有利于实现出版物发行信息资源整合

通过标准化手段，改变出版物发行信息资源零碎和分散的局面，整合多种传统介质出版物信息，如图书、期刊、报纸、音像制品、电子出版物；整合出版物的形态特征信息、内容特征信息和可获得性信息；整合出版物从选题策划、编辑加工、市场供应、营销、退出市场等供应链各环节的信息；整合出版发行单位内部分散的信息，整合整个行业的出版物信息。

3. 有利于实现信息资源共享、网络互联互通

通过标准化的信息描述，实现信息数据的标准化。而信息数据标准化又是实现各种各样的信息技术设备协同工作的基础和前提，是保障电子商务各方面业务信息沟通的基石，使信息能够互联互通、信息资源得到有效应用。

4. 有利于优化作业流程，提高信息资源的利用效率

将为我国出版物信息加工提供规范化依据，保证出版物描述和记录结果的一致性。为出版物信息的一次加工、重复利用的机制创新奠定技术基础，优化出版物供应链上信息加工作业流程。

在标准化之前，由于出版单位未能向中下游客户提供加工好的出版物信息，各大总发行商、批发商、连锁书店总部、图书馆供应商、网上书店、专业书目数据公司等，不得不各自加工所采购的新版出版物信息，给整个供应链管理增加了

[1] 程丽红. ONIX：我国书业发行信息标准的钥匙 [N]. 中国图书商报，2007.

难度，带来了混乱。如果有了可以依据的标准，促进作业标准化，并通过市场化手段催生信息一次加工、重复利用机制的建立。保守估计行业因减少信息重复录入而节约的人力成本数以亿元计。

5. 有利于促进流通，增加销售，降低库存，减少浪费

标准化的信息数据通过互联网传播，能跨越时空的局限，有利于发展连锁经营和电子商务现代商业模式，打破垄断和地方保护。信息畅通是商流、物流、资金流和信息流四流一体化的前提条件。科学组织、管理有序的信息是信息畅通的基础。

现在的出版发行单位大多实现计算机信息系统管理。如果信息系统中有关出版物的信息记录不全面、不充分、不准确及更新维护不及时，客户和读者就有可能从系统中查不到该书的信息，而放弃购买意愿，从而失去销售机会。在实际发行业务中通常会遇到这样的情况：有的书明明有库存，却因系统数据库信息记录不完整和不规范，业务员按欲买书的读者提供的信息线索，在信息系统中搜索不到该书，导致销售不成功。

6. 有利于提高行业整体服务能力、质量和水平

在国际经济贸易交往中，出版发行业属于服务贸易。向客户和读者提供出版物发行基础信息是服务的主要形式之一，也是发行单位竞争力的一个基本要素。信息服务质量是衡量发行单位服务能力和竞争力的一个重要尺度。出版物是一种特殊的商品，且其品种繁多，如何让读者找到合适的书，让书找到合适的读者，在两者之间搭建沟通的桥梁，是出版发行业的一个难题。解决的办法是利用信息化的技术手段。建立标准化的出版物发行基础信息，以满足客户和读者多层次、多样化、多方面的信息需求。

7. 有利于为“走出去”战略提供技术基础

采用国际出版业通用的国际标准，能促进出版物信息的国际化交流，为中国出版物走向世界、传播中国文化架设信息通道；能加快我国出版与国际市场接轨，沟通与国际市场的联系，提高产品和服务在国际市场的竞争力，提高中国出版的国际竞争力和中国文化的国际影响力，加强对外宣传、展示、推广、销售工作，扩大我国出版物出口。

8. 有利于出版物发行行业标准化工作与国际接轨

我国发行行业标准化虽刚起步，但定位高，从开始就瞄准国际水平。如通过引进、消化、吸收、再创新，将 ONIX 转化成我国发行行业的《出版物在线信息交换标准》，并以此为契机，开展书业标准化的国际交流与合作，对国外书业先进标准进行研究，追赶国际书业标准化水平，学习借鉴国外书业标准化工作方法和标准化市场化运行机制，提高行业标准化水平。出版物发行基础信息的标准化是中外书业共同面对的问题，是标准化对象之一。通过采用国际上成熟的标准，将其转化成我国的行业标准，可以缩短自主研制的时间，减少费用，避免设计开发的技术力量跟不上的局面。

9. 有利于推动行业标准化的基础研究

对 ONIX 的研究，必将推动相关课题研究，如中外书业的比较研究，出版发行信息资源价值、作用、重要性研究，国内出版发行业信息资源开发利用现状调查，国外书业标准化研究，出版发行业相关领域信息资源组织管理标准研究，出版物发行元数据研究，XML 技术及应用的研究，经济效益和社会效益的分析，采标工作经验调查和交流等。

第9章

Chapter 9

元数据转换

本书在前面几章介绍了数字出版相关的若干元数据标准，这些元数据标准各侧重于数字出版的不同业务环节或应用场景，在数字出版资源的描述、管理等方面发挥着重要作用。但是这些元数据标准在内容、结构等方面存在差异，要克服这些差异，实现出版资源的有效共享与利用，离不开元数据的互操作。

9.1 元数据互操作问题的提出

元数据作为描述信息资源或数据本身特征和属性的数据，可以帮助人们对资源进行标识、描述与组织，帮助用户发现与获取所需要的资源，支持资源的存储、检索、评价、选择和利用，支持对资源进行长期保存。目前为适应数字资源多样化的需要，在不同应用领域和应用层次存在多达40余种元数据格式，未来还可能有更多的元数据格式出现。这些元数据是由不同专业领域的人员针对不同的领域研究出来的，如图书馆领域、地理研究领域、档案领域、教育领域、出版领域等。这些元数据应用的范围和目的也不同，如用于图书馆书目数据制作的 MARC、用于地理空间资源的FGDC、用于手稿和档案资源的EAD/EAC、用于可视资源的VAR Core、用于艺术作品的 CDWA、用于教育资源的 GEM、用于论文资料的 IEEELOM 和 ETDMS、用于出版的 ONIX 等。

虽然不同元数据标准的制定者、应用范围和目的不同，但它们都是对资源或数据进行描述，而即使是不同领域的资源或数据也有相互重叠的地方。用户能够对不同系统进行整合检索以获取对于所需信息的关联组合，得到相关机构的集成服务，正是元数据标准制定和使用的最终目的。从这个角度来看，在使用不同元数据格式描述的资源体系之间进行资源检索、描述和利用时，必须解决元数据的互操作性问题。

9.2 解决元数据互操作问题的技术途径

元数据互操作本身涉及元数据各个结构层面的互操作，通常包括交换格式的互操作、标记格式的互操作、元素内容结构的互操作、元素语义的互操作、编码规则的互操作和数据内容的互操作。作为一个完整的系统，互操作还需要通信层的支持，诸如 HTTP 协议标准。元数据互操作作为分布式环境下数字信息服务的关键技术，其主要实现方法包括：采用统一的元数据标准，进行元数据映射和元数据转换，建立资源描述框架，建立元数据应用纲要，采用元数据交换协议等[1]。这些方法可以概括为语义互操作、语法互操作、结构互操作及基于协议的互操作等。

[1] 申小娟，高红．从元数据映射出发谈元数据互操作问题［J］．国家图书馆学刊，2006（4）：51-55.

9.2.1　语义互操作

解决元数据语义互操作性问题的一种常见方法是元数据转换，也称元数据映射（Metadata Mapping，Metadata Crosswalking）。它指两个元数据标准间元素的直接转换，实质就是为一种元数据标准中的元素和修饰词在另一种元数据标准里找到相同功能或含义的元素和修饰词，建立映射关系，如图 9-1 所示，该图给出了多种元数据标准的两两映射关系。

目前已有大量的转换程序存在，供目前常见的元数据标准之间进行相互映射，如 DC 与 MARC、DC 与 EAD（Encoded Archival Description，编码文档描述）、DC 与 GILS（Government Information LocatorService，政府信息定位服务）、GILS 与 MARC 等。通过建立元数据映射，符合一种元数据标准的数据或查询需求，可以自动转换为符合另一种元数据标准的数据或查询需求，从而从语义角度提供元数据的互操作并实现跨资源库的统一检索。

但是，当参与映射的元数据标准增多时，建立两两映射关系所需要的工作量会急剧上升，因此映射方法进一步发展为选择一种元数据标准作为映射的中心，其他的标准都向这一种中心标准映射，形成星形映射，从而降低复杂性。参与映射的元数据标准越多，这种方法带来的优点就越明显，如图 9-2 所示。

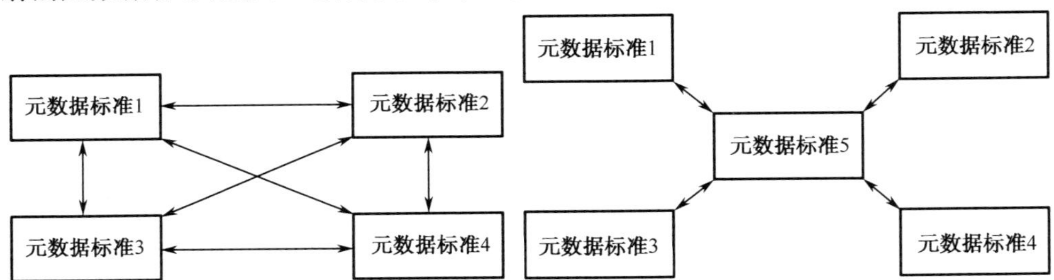

图 9-1　多种元数据标准的两两映射示意图　　图 9-2　元数据标准星形映射示意图

星形映射方式跟两两映射相比较，更方便扩展，因而更加实用和易于管理。在不同的应用领域，作为中心的元数据标准也不同。例如，在 CDWA（Categories for the Description of Works of Art）的网站上，有 CDWA 将自身作为中心向其他 8 种元数据间的映射。而在 VRACore3.0 的说明书中，在每一个元素的定义下面都给出了对应的另外两种元数据标准中的元素，这里 VRA（The Core Categories for Visual Resoucus）又作为了映射的中心。

从理论上讲，如果不同系统能够在元数据间创建映射，那么每一个系统都可以查找其他系统的元数据；如果所有的系统都创建了通用的映射，那么就可以实现跨系统的互操作。

元数据转换方法也存在一些不足，最主要体现在不精确性。映射是要找出两种元数据标准中含义和功能相同的元素或修饰词，而在实际映射中，很难找到两个一一对应且含义和功能完全相同的元素或修饰词，很多时候是一对多或多对一的关系，如 VRA 里面的元素“Creator”对应 DC 元数据的“Creator”和“Contributor”两个元素，VRA 的“Technique”和“Material”都对应 DC 的“Format”元素，VRA 的元素“Measurements”包括其修饰词“Dimensions”、“Format”和“Resolution”，都映射到 DC 的“Format”元素。还有一些元素根本找不到对应项，即使建立起对应关系的元素或修饰词，其含义或功能也不完全相同。

9.2.2 语法互操作

扩展标记语言 XML（eXtensible Markup Language）是一门面向 Internet 应用的标记语言，它是由 W3C（World Wide Web Consortium）组织于 1998 年 2 月制定的一种通用语言规范。XML 是 SGML（标准通用标记语言）的一个子集，其最大优点在于适合网上发布。作为对 SGML 语言标准的一种改良，XML 具有异构应用间数据共享、进行数据检索和提供多语种支持等优点。

由于 XML 技术具有结构严谨、计算机易“理解”且被广泛采用的优点，它成了描述元数据标准的首选模式语言（Schema Language）。国际上有一定影响力的元数据标准几乎都采用 XML 作为其模式语言，如生态学元数据语言（Ecological Metadata Language，EML），以及美国联邦地理数据委员会（Federal Geographic Data Committee，FGDC）制定的一系列元数据标准等。

XML 作为一种界定文本数据的简便而标准的方法，使用标记来说明用户所描述的概念，使用属性来控制数据的结构，用户可以自由地定义各自的语法、结构。XML 通过其标准的 DTD /Schema 定义方式，允许所有能够解读 XML 语句的系统辨识用 XML_ DTD /Schema 定义的元数据格式，能够有效地解决对不同元数据格式的释读问题。

用 XML 来定义的元数据标准，结构、语法和内容都十分清晰，能够更高效地被计算机处理；通过 XML 来定义元数据的语法，也被认为是实现元数据语法互操作的途径。XML 从语法层面解决互操作问题，实现不同元数据之间简单的转换，如图 9-3 所示。

要实现元数据标准 1 和元数据标准 2 之间的转换，首先要用 XML 对元数据记录进行编码，利用 XSLT 扩展样式转换语言实现元数据之间的转换，在转换过程中涉及的结构、语义、应用等方面的映射关系，可以通过建立语义词典来解决，而语义词典是基于概念集的。

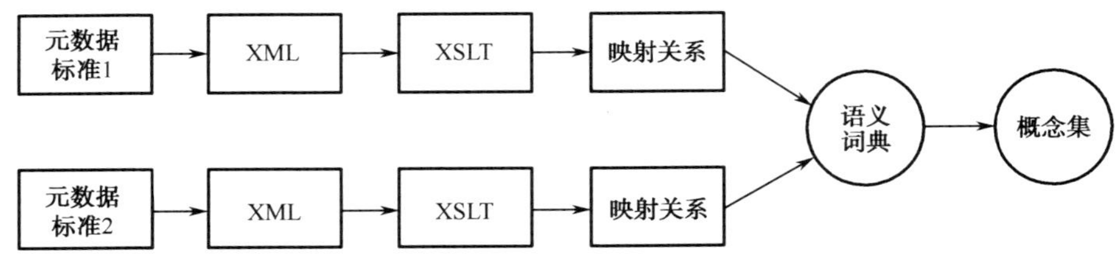

图 9-3　基于 XML 实现不同元数据标准之间的转换[1]

9.2.3　结构互操作

解决元数据互操作性的另一种思路是：在元数据语义和语法层次之上建立一个标准的描述框架，用这个框架来描述所有的元数据标准。那么只要一个系统能够解析这个描述框架，就能解读相应的元数据。严格而言，元数据标准框架是规范设计定制某类特定资源所用的元数据标准时需要遵照的规则和方法，它是抽象化的元数据。它从更高层次上规定了元数据的功能、数据结构、格式、设计方法、语义、语法规则等多方面的内容。

W3C 提出 RDF（Resouree Description Framework），提供了 Web 数据集成的简单元数据解决方案，将资源以一种机器可理解的方式表示出来，可以很方便地进行数据交换。这种体系结构通过对通常意义上的语义、语法和结构的支持，提供了在各种不同的元数据体系之间的互操作。RDF 采用 XML 作为交换和处理元数据的通用语法体系结构，在 RDF 语句中允许引用特定的 RDF 词汇或“模式”，这不仅减少了创建新元数据模式的工作量，而且保证了高度互操作性，同时又不牺牲各相关系统的特点。目前已成为 Web 上实现元数据互操作的标准。

资源描述框架（RDF）通过对结构化的元数据进行编码、交换及再利用，提供了各种不同的元数据体系之间的语义、语法和结构的支持。RDF 由 3 个部分组成: RDF Data Model，RDF Schema 和 RDF Syntax。RDF Data Model 提供了一个简单但功能强大的模型，通过资源、属性及其相应值来描述特定资源；RDF Schema 则对 RDF 的语义进一步扩展，提供描述相关资源及这些资源之间关系的机制，并提供 RDF 核心类（Class）、核心属性（Attribute）和核心限制（Constraint）等机制来定义资源的类；RDF Syntax 则构造了一个完整的语法体系以利于计算机的自动处理，它以 XML 为其宿主语言，通过 XML 语法实现对各种元数据的集成。

采用 XML 和 RDF 进行开放性描述和标准化封装，并在其中通过“命名域”的方式注明元数据来源，使元数据格式在经过这样的描述和封装之后，可以方便

[1] 孔庆杰，宋丹辉. 元数据互操作问题技术解决方案研究[J]. 情报科学，2007，25（5）：754-758.

地被其他系统兼容。

在具体实现中，基于 RDF 的元数据转换是通过 RDF 架构，把所有的元数据集中到一起，交换对 Web 资源服务的描述，从而实现多种元数据在异构系统之间的共享的。是上海数字图书馆在实践基础上提出的通过 RDF/XML 实现的元数据转换方案如图 9-4 所示。

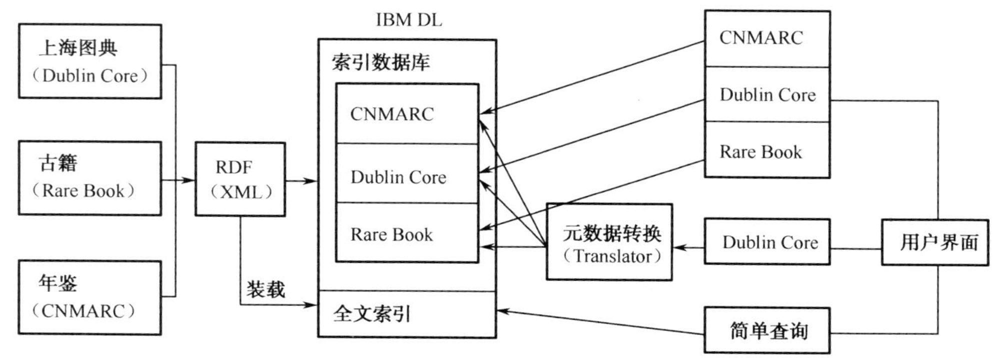

图 9-4 上海数字图书馆基于 RDF 架构的元数据转换方案[1]

方案的重点就是基于 XML 结构的 RDF 描述体系，它将多种元数据封装在一起，这样既保证了针对不同资源类型描述的元数据要求，也充分利用了图书馆原有的元数据资源。同时，基于 XML 的 RDF 描述体系也实现了开放标准，统一的内容管理使数字图书馆的资源建设能在相当长的时间内得到保护，为未来向新的体系与标准迁移提供了便利。

9.2.4 基于协议的互操作

基于协议的互操作技术是指共同遵守标准协议来约束分布环境下各个异构信息系统进行信息表达、交换和处理的方法。Z39.50 与 OAI 正是这样两个国际上为解决元数据互操作而提出的协议。

1. Z39.50 协议

Z39.50（Informational Retrieval Service Definition and Protocol Specifications for Library Applications，信息检索应用服务定义和协议规范）是由美国图书馆界创立、针对图书馆界 MARC 数据共享而开发的有关检索的标准，通过对编码方式和内容语义的标准化来实现不同系统间的互操作，用户可以通过统一的接口查询所有

[1] 李广建，孟丹，张晓林，等. 数字图书馆环境中异构系统的开放封装问题 [R]. 国家科学数字图书馆项目管理中心，2002.

Z39.50 服务器，屏蔽掉了不同服务器提供者的数据库间的异构性。Z39.50 协议已被 ISO 正式确定为信息检索的国际标准（ISO 23950:1998 Information and documentation—Information retrieval（Z39.50）—Application service definition and protocol specification）。

Z39.50 协议是开放系统互联参考模型（OSI—RM）的应用层协议，它支持计算机使用一种标准的、相互可理解的方式进行通信，并支持不同数据结构、内容、格式的系统之间的数据传输，实现异构平台异构系统之间的互联与查询，使用户在一台计算机（Client 端）上检索存储在另一台计算机（Server 端）中的信息时，不必关心这些信息是如何存储和组织的。Z39.50 还是一种基于网络的信息标准，它允许用户检索远程数据库，但不局限于检索书目数据，在理论上可用于检索各种类型的数据资源。

Z39.50 已经广泛地被图书馆界作为一种访问分布式数据库的方法。协议规范分为两个部分：由客户机（Z-Client）实现的协议过程和由服务器（Z-Server）实现的协议过程。

Z39.50 能够表述抽象复杂的搜索，使 Z-Client 可以提交复杂的数据、记录和语法来实现信息检索功能。它可以实现文件排序、数据库更新、查询条件的定义、查询控制和结果存储等功能。Z39.50 的基本技术构架简单，但分支相对复杂，涉及面比较广。Z-Client 能同时发送给几个图书馆相同的或不同的查询，并可以合并相似结果，当使用者查找偏僻的主题，或者查到大量记录结果时，这种特点可以极大地节省时间。通过 Z39.50 规定的基本的查询和检索功能，可以实现图书馆之间各种方式的数据交换。通过使用 Z39.50，许多图书馆的业务可以实现公开化和标准化。

Z39.50 不仅应用于数字图书馆，还可以作为 Web 网关，为公众提供跨平台、跨服务器的虚拟目录检索服务。Z39.50 网关以双重身份提供信息检索服务，用户利用网关检索信息时，网关所连接的众多数据库被视为一个综合信息库，通过统一的检索界面发出检索请求后，可以得到很多服务器返回的结果，从而实现不同服务器的互操作。

Z39.50 产生于图书馆界，最初的目的是为了提供联机公共书目数据检索。至今，图书馆界仍然是 Z39.50 的主要应用领域之一。在互联网上，存在着大量的 Z39.50 服务器，这些服务器连接着世界上许多大型图书馆的馆藏书目数据。用户只要采用一种基于 Z39.50 的检索软件，就可以在自己的计算机上同时对世界上多种异构平台数据库进行检索，共享信息资源。

2. OAI 协议

OAI-PMH（Open Archive Initiative for Protocol Metadata Harvesting），简称 OAI 协议，是近几年在数字图书馆界引起广泛关注的新技术。它具有简单性、开

放性与灵活性等特点，可以很好地解决数字图书馆的互操作问题。它通过定义一个标准的接口，使服务器能将其存储的元数据信息有选择地提供给外部应用程序服务器或其他服务器，也可以认为是解决不同资源的元数据互操作，有效挖掘、发布和利用互联网上数字信息资源的协议。目前，该协议可通过 http://www.openarchives.org/OAI/openarchivesprotocol.html 获取最新信息。

OAI 系统主要由数据提供者（Data Provider，DP）、服务提供者（Service Provider，SP）组成。数据提供者一般拥有一个或多个仓储，负责将自己拥有的元数据用公共元数据格式（Dublin Core）表达，并通过 OAI 协议提供统一的标准化接口，向外部揭示自身的元数据，供服务提供者采集元数据。服务提供者通过 OAI 协议向数据提供者发出元数据采集的请求，接收返回的元数据并存储在本地数据库中，在对接收的元数据进行加工处理后，向用户提供浏览与统一检索等增值服务。该方法有效地解决了各资源库在元数据格式上可能存在的异构性问题，实现了跨资源库的检索。整个过程如图 9-5 所示。

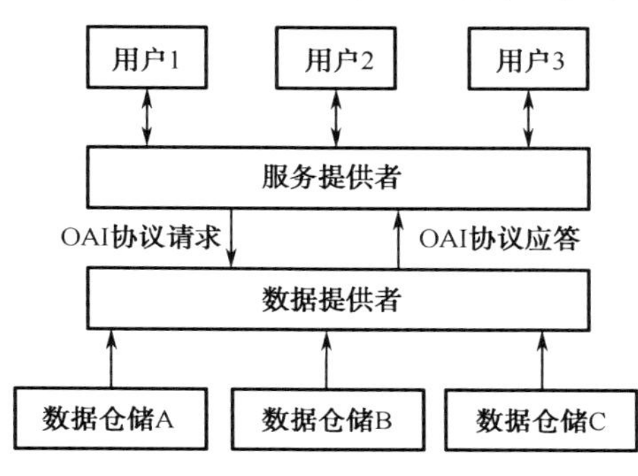

图 9-5　OAI 协议模型图

一个数据提供者可以向多个服务提供者提供元数据，一个服务提供者可以从多个数据提供者获取元数据。数据提供者和服务提供者只是角色的划分，一个组织既可以是数据提供者，也可以是服务提供者。OAI 对数据提供者提供的元数据格式作了一定的规定：数据提供者必须能提供 DC 格式的元数据，即以 DC 格式作为转换板。除此之外，它还可以根据服务提供者的要求提供其他格式的元数据。

该方法有效地解决了各种资源库在元数据格式上可能存在的异构性问题，实现了跨资源库检索功能。目前，基于 OAI 协议的元数据采集方法已成为数字图书馆研究与开发的热点之一，一些著名的数字图书馆项目，如 NDLTD（Networked Digital Library of Theses and Dissertations）和 NSDL（National Digital Library for Science Education）都是采用了此种方法作为实现互操作的解决方案。

9.3 数字出版元数据的转换

作为一种出现最早、实践最为广泛的互操作解决方法，元数据转换在数字出版元数据的互操作中仍然非常关键，引起很多研究机构和专家的重视。研究内容主要包括 MARC 的 XML 交换格式，DC 与 MARC 的转换，ONIX 与 MARC 的转换、元数据与本体的映射等。

9.3.1 MARC 的 XML 交换格式及其应用

MARC 是全世界图书馆普遍用于描述馆藏文献资源和联机检索的一种较为复杂的元数据标准，它可以描述任何类型的图书，包括各种电子图书，在出版领域中也得到广泛应用。作为一种元数据标准，MARC 具有两个层面的含义。语义上 MARC 是元数据元素集，用于标记各种文献的书目信息及与书目信息关联的其他对象；语法上 ISO 2709 是一种数据交换格式，这是所有 MARC 格式共同遵守的数据传递与交换标准。ISO 2709 格式文件是文本文件，可通过任何硬件及操作系统读取，但由于它采用头标区、目次区及数据区的顺序排列方式，作为元数据标识的字段名与字段数据分列在目次与数据区，要获取有意义的数据，需要专用软件进行处理。若不经专用软件转换和处理，ISO 2709 格式的 MARC 数据明显地存在以下缺陷[1]：

（1）若直接上网显示，读者将无法识读，也不能使用通用的搜索引擎进行有效的检索；

（2）不能通过新的 XML 通信协议交换和传输；

（3）不能与其他的 XML 格式元数据无障碍地整合在一起；

（4）不能直接将 MARC 数据扩展到 METS 中作为描述元数据，与数字对象一起打包保存；

（5）不便于与其他元数据进行格式转换；

（6）不能利用大量的通用和成熟的 XML 或文本工具对数据进行处理等。

要做到既保持传统的 MARC 数据，又能使之适应新的数字化环境，并与其他格式的元数据有机地整合在一起，可行的办法是建立一个用 XML 描述的 MARC 数据交换格式。

1. MARCXML

最成功、影响最广泛的 MARC 数据交换格式是美国国会图书馆发布的 MARCXML。

1995 年，美国国会图书馆开始尝试把 2709 格式的 MARC 数据转换为可直接在互联网上应用的数据，先后推出 SGML DTD 和 XMLDTD。2001 年至 2002 年，美国国会图书馆与 OCLC、RLG 一起协作，开发了 MARC 数据在 XML 环境下工作的框架，框架的核心是 MARCXML 模式，它允许在 ISO 2709 的 MARC21 记录

[1] 延卫平. MARC 的 XML 交换格式研究 [J]. 现代图书情报技术，2006（8）：31-36.

和用 XML 编码的 MARC21 记录之间无损地相互转换。MARC XML 采用记录集、记录两个层次，一个 XML 文件可以包含多条记录，既可表达一般的检索结果集，也可表达 FRBR（书目记录功能需求）关系。国会图书馆还在它的标准网站上提供了 MARC21（2709）记录和 MARC21（XML）记录的相互转换，以及 MARC21（XML）记录和其他 XML 格式元数据（MODS 等）的免费转换工具（Toolkit），促进 MARCXML 的应用。

2. MARCXchange

在国际标准方面，2008 年，ISO 25577:2008 Information and documentation—MARCXchange 正式发布，MARCXchange 既作为 XML 描述的 MARC 数据的格式交换工具，也作为 ISO 2709 格式的 MARC 数据交换的一种补充。这个标准说明了通用的、基于 XML 交换格式的书目记录和其他类型元数据的功能需求；它没有定义单个记录的长度或内容，也没有为字段标识、指示符、标识符及执行格式的功能说明赋予任何定义；它描述了一个一般结构，即主要设计目的是作为数据处理系统中进行通信的框架，同时也可以作为系统内部的处理格式进行使用。

MARCXchange 可以应用于如下领域[1]：

（1）用 XML 描述一条完整的 MARC 记录或者一系列的 MARC 记录；

（2）用 XML 语法描述原始资源；

（3）作为 METS（元数据编码和传输标准）的扩展模式；

（4）用于 MARC 数据的 XML 交换格式；

（5）在类似 SRW（查询或检索网络服务）等网络服务中进行 MARC 数据的传输；

（6）作为 OAI-PMH（开放档案元数据收割协议）的元数据；

（7）在各种类型的数据变换和处理中充当临时格式，如转换、发布、编辑、验证等；

（8）作为与电子资源一起打包的 XML 元数据。

3. MODS

MARCXML 使 MARC 数据得以在 XML 环境中操作，虽然解决了 MARC 互通性的问题，却无法克服 MARC 过于复杂的障碍。因此，美国国会图书馆于 2002 年 6 月发布了 MODS（Metadata Object Description Schema，元数据对象描述模式）。目前 MODS 的最新版本是 3.4 版，发布于 2010 年[2]。

MODS 是以 MARC21 的元素和语义学为基础，用 XML 语言描述的元数据规则，并非简单地将 MARC XML 化，而是在 MARC 基础上的一种创新。MODS 可

---

[1] 苏博川．MarcExchange 交换格式的应用［J］．情报探索，2008（7）：79-81．

[2] http://www.loc.gov/standards/mods/v3/mods-3-4.xsd．

以用来对各类传统资源和数字资源进行描述，主要应用于图书馆，也可在其他领域使用。

MODS 继承了 MARC 相同数据的语义，它的语义定义由元素、子元素和属性三层结构组成。在 MODS3.4 版中总共设有 20 个顶级元素和 2 个根元素，顶级元素见表 9-1，根元素是 mods 和 modsCollection。每一个元素由若干个子元素组成，元素一般都具有元素属性，但个别元素没有子元素和属性。

表 9-1　MODS 顶级元素表

元素名称	含义
titleInfo	题名信息
note	附注
name	名称
subject	主题
typeOfResource	资源类型
classification	分类
genre	体裁形式
relatedItem	相关文献
originInfo	来源信息
identifier	标识符
language	语言
location	馆藏位置
physicalDescription	载体形态描述
accessCondition	检索环境
abstract	摘要
part	部分
tableOfContents	目次
extension	扩展
targetAudience	读者对象
recordInfo	记录信息

MODS 元素在使用中，所有的顶级元素及子元素都是可重复的，但所有属性不可重复。MODS 中所有元素的次序都是不固定的，其记录显示次序由 StyleSheet[1] 来控制，属性间次序也不固定。每个 MODS 记录至少要有一个元素，顶级元素“title Info”和子元素“title”是每个 MODS 记录必备的，它的所有元素及其属性都是可选的。MODS 的所有顶级元素都是全局性的，在实际编目中，顶级元素可

[1] 具体见 http://www.loc.gov/standards/mods/v3/MARC21slim2MODS3-4.xsl.

以成为具体文档中的根元素，可以输入到其他 Schema 中。

MODS 的元素与 MARC 的字段和子字段在语义上有良好的对应关系，绝大多数的 MODS 元素、子元素及其属性都能在 MARC 中找到与之相对应或部分对应的字段。在二者转换过程中，语义信息的损失较小，转换也简单方便，这样就能更容易、更方便地把 MODS 元数据和图书馆已有的馆藏 MARC 数据整合在一起。由于 MODS 元素是以 MARC 格式为基础，又使用了 XML 的句法规则，因此，MODS 的元素既可以描述 MARC 复杂的数据，也可以描述 DC 核心元数据那样最小的数据字段形式，于是 MODS 与 MARC、DC 元数据之间的转换就很容易实现，为实现数据交换提供了前提和条件。

MODS 与 MARC 之间的映射是它们互相转换的前提和基础，MODS 包含了 MARC 字段的子集，其语义定义基本上继承了 MARC 中对应元素的语义，但 MODS 采用的是基于语言的标识符，而不像 MARC 是基于数字的标识符，而且 MODS 对 MARC 格式中的一些元素进行了重新的组合，对于创建者和使用者都比较容易学习和掌握。从 MODS 和 MARC 之间元素的关系来说，多数 MODS 元素在 MARC 中都可以找到对应，但有些元素却在 MARC 中找不到对应的字段，因为 MODS 中增加了一些描述数字资源的元素，如 physicalDescription 下的 digitalOrigin。由于 MODS 不如 MARC 数据详细，所以在映射时就存在一对多的情况，一个 MODS 元素对应多个 MARC 字段或子字段，如果有几个重复性的 MARC 字段被映射到同一个 MODS 元素上，那其中有些就只能被映射到更为一般化的 MODS 元素上，那些无法被映射的元素就将被抛弃。因此，二者的转换并不是完全对等的，会有一些数据内容的损失。

美国国会图书馆在 2012 年 10 月发布了 MODS3.4 与 MARC21 的互相转换映射规则。MARC to MODS 的映射见 http://www.loc.gov/standards/mods/mods-mapping.html，MODS to MARC 的映射见 http://www.loc.gov/standards/mods/v3/mods2marc-mapping.html。

表 9-2 和表 9-3 分别为 MODS to MARC 的映射示例和 MARC to MODS 的映射示例（以<titleInfo>为例）。

表 9-2　MODS to MARC 映射示例

<title>*with* no <titleInfo> type attribute *and*		245 $a *with* ind1=1
	<subTitle>	245 $b
	<partNumber>	245 $n
	<partName>	245 $p
	<nonSort></nonSort>	ind2=number of characters in content;
		ind2=0 *if*<nonSort>*not* present

续表

<title>*with*<titleInfo> type="abbreviated" *and*		210 $a *with* ind1=1 ind2=blank
	<subTitle>	210 $b
<title>*with*<titleInfo> type="translated" *and*		246 $a *with* ind2=1
	<subTitle>	246 $b
	<partNumber>	246 $n
	<partName>	246 $p
<title>*with*<titleInfo> type="alternative" *and*		246 $a ind1=3 ind2=blank
	<subTitle>	246 $b
	<partNumber>	246 $n
	<partName>	246 $p
	displayLabel="content"	246 $i
<title>*with*<titleInfo> type="uniform" *and*		240 $a *with* ind1=1
	with<name><role><roleTerm>*with* type="code"	
	cre *or*	
	<name><role><roleTerm>*with* type="text"	
	creator *and*	
	<partNumber>	240 $n
	<partName>	240 $p
	<nonSort></nonSort>	240 ind2=number of characters in data;
		240 ind2=0 *if*<nonSort>*not* present
<title>*with*<titleInfo> type="uniform" *and*		130 $a *with* ind2=blank
	<partNumber>	130$n
	<partName>	130 $p
	<nonSort></nonSort>	130 ind1=number of characters in data;
		130 ind1=0 *if*<nonSort>*not* present
<titleInfo altRepGroup=" "> transform field as above *with* altRepGroup and add matching altRepGroup to equivalent MARC 880 field		880$6 = 245，210，246，130，240，730，740（with subfields as above）

表 9-3 MARC to MODS 映射示例

titleInfo	<titleInfo>
245 afgk$s	<title> *with* no <titleInfo> type attribute *and*
245 $b	<subTitle>
245 $n （*and* fg$k following $n）	<partNumber>
245 $p （*and* fg$k following $p）	<partName>

续表

titleInfo	<titleInfo>
245 ind2 is not 0	<nonSort> around characters excluded from sort as indicated in indicator value
[If fg$k follow $b they go with <subTitle>. If they follow $a they go with <title>.]	
210 $a	<title> *with*<titleInfo> type="abbreviated" *and*
210 $b	<subTitle>
210 $2	*add* attribute authority="content of subfield"
242 $a	<title>*with*<titleInfo> type="translated" *and*
242 $b	<subTitle>
242 $n	<partNumber>
242 $p	<partName>
242 $y	*add* attributelang="content of subfield"
246 $a *with* ind2=1	<title>*with*<titleInfo> type="translated" *and*
246 $b	<subTitle>
246 $i	displayLabel="text of $i"
246 $n	<partNumber>
246 $p	<partName>
246 af	<title> *with*<titleInfo> type="alternative" *and*
246 $b	<subTitle>
246 $i	displayLabel="text of $i"
246 $n	<partNumber>
246 $p	<partName>
130，240 adfklmor$s 730 adfklmor *if* ind2 is not 2	<title>*with*<titleInfo> type="uniform" *and*
130,240,730 $n（*and* other subfields following as above）	<partNumber>
130,240,730 $p（*and* other subfields following as above）	<partName>
130，240，730 $0	*add* xlink="contents of $0" （as URI）
240	*add* nameTitleGroup
700，710，711 at	*add* nameTitleGroup
740 ah *if* ind2 is not 2	<title>*with*<titleInfo> type="alternative" *and*
740 $n	<partNumber>
740 $p	<partName>
880$6=245，210，246，130，240，700，710，711，730，740（with subfields as above）	Repeat <titleInfo>，transform field as above *with* altRepGroup and add matching altRepGroup to equivalent element

由表 9-2 和 9-3 可以看出，MODS 元数据和 MARC 之间的映射具有两个特点：

（1）映射是双向的，可以由 MODS 数据转换成 MARC 数据，也可以实现 MARC 数据向 MODS 数据的转换。

（2）在映射过程中，数据并不是完全匹配的，因为 MARC 字段比 MODS 元数据丰富，在映射中，一些 MARC 子字段聚集在一起成为一个 MODS 元素，如果有几个重复性的 MARC 字段被映射到同一个 MODS 元素上，其中有些 MARC 字段在 MODS 中就找不到对应元素或对应元素语义不确切，于是这些无法映射的元素只能被抛弃，这样就会导致部分数据的丢失。

从理论角度上，MODS 与 MARC 之间的映射说明二者之间的转换是完全可行的；但从技术角度上分析，MODS 与 MARC 之间的转换并不是直接"面对面"进行的，而是需要一个中间层的支持和帮助，即 MARCXML。

MARCXML 作为 MODS 与 MARC 之间转换的中间层起着举足轻重的作用。MARC 数据经过 MARCXML 的中间处理后，就转变为以 XML Schema 表达的记录，再通过 XSLT 转化成 MODS。反之，MODS 记录可以先转换成 MARCXML 形式，再转化成 MARC 格式。MARCXML 就如同一个"桥梁"，通过它，MARC 记录可以进一步转化成 MODS、DC，或者对 MARC 进行某些处理。在 MARCXML 中所有的控制字段（包括头标区）都被当成字符串，字段相当于元素，子字段相当于子元素，子字段标识符及指示符是属性。MARC 记录中所有必要的数据都可以转化，进而用 XML 表达。MARCXML 可以做到与 MARC 的无损转化，因此可以使用 MARCXML 记录重造或者新生完整的 MARC 记录。

9.3.2 DC 与 CNMARC 的转换

DC 与 MARC 作为两种描述信息资源的元数据标准，在各自的领域都是必不可少的。因此，自 DC 元数据发展以来，关于 DC 与 MARC 的转换也有很多的研究与实践。

1. DC 与 MARC 对比分析

DC 与 MARC 作为元数据标准，其设计的目的均是以格式化的方式对资源进行描述，由字段中所著录的数据提供使用者检索的依据，以及说明信息资源的主题、内容特征等属性。两者的差异主要体现在：

（1）著录项目不同。DC 包含 15 个基本著录项，可重复使用或有选择地使用，而且还可以拥有子类型和子模式。数据可通过直接利用 XML、HTML、RDF 等标记语言或通过使用本地或网络数据库应用软件制作而成。MARC 格式主要由头标区、目次区、数据区组成。头标区位于每条记录的开端，共有 24 个字符，提供此记录的必要参数；目次区是 MARC 记录中每个可变长字段的索引，由一系列固定长数据项目组成，包括每个可变长字段的字段标识符、字段长度和字段起始字符位置，每项 12 个字符位，在终端上不显示；数据区由多个可变长字段组成，每个字段间由字段分隔符隔开，是著录资料信息的具体体现。MARC 格式的著录就是将图书馆的各种信息资源进行综合分析处理，提取主要的信息要素，按一定的规范格式组织起来，提供给人们检索，数据可使用能生成 ISO 2709 格式的各种软件来制作。

（2）著录的对象不同。DC 是为网络资源或者说是数字资源的著录而制定的，其设计原则具有可扩展、可选择、可重复和可修饰的特征，有利于揭示各类型电子文献的内容和其他特性，以达到对网络资源的组织操作最方便、成本最小的目的。MARC 格式比较适用于印刷型出版物、图像、缩微、视听、资料、软件、数据库等，MARC 格式的改进可以使其用于网络信息资源的编目，主要是采用 5 字段、753 字段和 856 字段等。5 字段用于记录网络资源信息的格式，753 字段提供读者对该资源进行检索所必备的计算机环境的技术要求，856 字段主要记录被著录对象的存储地址和存储方式，它能提供关于网络信息资源的超级链接，即实现书目记录向全文、多媒体电子资源的链接，用户利用超文本链接能快速找到网络信息资源本身。

（3）著录的目的不同。DC 元数据已被结构化并支持字段查询，从根本上解决了网络信息资源组织与整理问题。它使创建者和信息提供者无须经过特别培训就能进行资源的描述。而 MARC 需经过专门的培训才能进行著录。因此记录本身有很高的权威性，但海量的网上信息资源使得加工标引工作费时费力。

（4）易操作程度不同。DC 的著录相对比较简单，DC 是以建立一套简洁有弹性、非专业人员也能掌握和使用的资源著录格式，提供一种比 MARC 更有效率的编目方法，因而整个框架特点是简洁明了，任何制作者无须经过专门培训就可以创建自己文件的元数据。MARC 经过多年的发展，成为系统较完善、字段较完备、标准较严密的一种数据描述格式，由于 MARC 格式需要在专门的系统中使用，追求的是详尽细致的著录，因而对用户要求较高[1]。

从目前来看，大量的元数据还是以 MARC 格式来描述的。DC 与 MARC 并不兼容，给互操作带来了相当大的困难。从理论上来说，从 DC 到 MARC，甚至到其他元数据格式的映射并不是一件很困难的事情，任何一种结构化的数据都能转换成另一种数据结构。然而，随着 DC 元数据描述细节的日渐完善，DC 元数据元素在现行的 MARC 格式中可能找不到对应部分。也就是说，在很多方面，DC 已经超越了 MARC。因此，这种转换不可避免地会造成一定程度的数据损失，这是

[1] 龙立霞．网络资源组织格式 MARC 与 Dublin Core 比较探讨［J］．重庆图情研究，2009（1）．

在建立DC与MARC映射过程中的一大难题。目前，美国国会图书馆和拥有全球最大的MARC编目资源数据库的OCLC都一直积极致力于这个方面的研究，并且越来越多的图书馆加入到这方面的研究中来。

2. DC与MARC转换的国内研究现状

伯琼在《组织中文资源的元数据DC和CNMARC的映射及匹配》[1]一文中综述了在DC与MARC转换方面的国内研究现状。

"在国内，对于DC和CNMARC的映射，目前还没有正式机构颁布一个标准映射表。最早的是1998年中国台湾地区的吴政睿所做的DC到中国台湾机读目录格式的映射，刘嘉在此基础上简单归纳了一个DC到CNMARC的映射表。程变爱于2001年首次试做了CNMARC到DC的较为详细的映射，同年许四洋也做了一个比较详细的DC到CNMARC的映射，该映射表比刘嘉的映射表更详细，但两者内容出入比较大。在许四洋映射表的基础上，徐健于2003年做了进一步细化，该映射表应该是目前笔者查到的DC到CNMARC最全面、最细化的映射表，但它没有指出字段或元素是否可以重复或者必备，应用匹配程度揭示得不够深入，而且他的论文成文于2003年，DC一些修饰词的更改，如license（rights修饰词）、accessright（rights修饰词）等都没有罗列出来。另外，《新版机读目录格式使用手册》2004年才出版，所以无法准确采用CNMARC。沈芸芸在数字图书馆标准规范建设项目的研究成果《基本元数据与映射指南》（2005年推荐稿）里面提供了DC到CNMARC、MARC21的映射表及映射分析，并给出了CNMARC常用字段到DC的映射。笔者认为该映射表显得略微有些粗略，而且没有给出可否重复和是否必备。刘圆圆分析了在CNMARC和DC实际转换中存在的问题并列出一个大致的映射表，该映射表同样没有给出两种元数据的应用匹配情况。申晓娟、高红也给出了一个简单的CNMARC、MARC21和DC之间的互换表。"

3. 元素的双向映射

参考吴建中《DC元数据》、赵亮《网络资源元数据规范》、楼向英《网络资源元数据著录规则》，以徐健《基于XML的CNMARC元数据网络发布》、李睿华《DC与CNMARC》等提供的映射表为基础，伯琼制作完成了DC到CNMARC的映射表[2]。表9-4到表9-10列出了伯琼所完成的重要的DC元素到CNMARC的映射表。表格第一列列出了DC的15个元素；第二列的15个元素均分为未修饰词（Unqualified）和修饰词（Qualified）两部分，有词表的给出词表，并译成中文；第三列列出在资源描述特征上与DC元素对应的CNMARC字段，并指出该字段是否必备或可否重复，R表示可重复，NR表示不可重复。有些元素和字段无法找到

[1,2] 伯琼. 组织中文资源的元数据DC和CNMARC的映射及匹配. 情报杂志，2009（2）：76-80.

完全对应的内容，只列出元素或者字段名称。

DC 元素、修饰词和词表依据 2008 年 1 月 14 日颁布的元数据术语（metadata terms），增加了 license（rights 修饰词）、accessright（rights 修饰词）等术语。CNMARC 字段依据 2004 年《新版中国机读目录格式使用手册》，表中 608、660、856 字段均为 2004 年《新版中国机读目录格式使用手册》新增加的字段。

（1）DC 的 Title 元素和 CNMARC 相关字段的映射见表 9-4。

表 9-4 DC 的 Title 元素和 CNMARC 相关字段的映射

<table>
<tr><th>DC 元素</th><th colspan="2">DC 修饰词、词表</th><th>CNMARC 字段 / 子字段</th></tr>
<tr><td rowspan="14">题名
Title
（必备、R）</td><td colspan="2" rowspan="3">Unqualified</td><td>200$a 正题名（R、必备）</td></tr>
<tr><td>304 题名与责任说明附注（R）</td></tr>
<tr><td>312 相关题名附注（R）</td></tr>
<tr><td rowspan="11">Qualified</td><td rowspan="5">Alternative
交替题名
（可选、R）</td><td>200$c 其他责任者的正题名（R）</td></tr>
<tr><td>200$d 并列正题名（R）</td></tr>
<tr><td>200$e 其他题名信息（R）</td></tr>
<tr><td>530$a 识别题名（NR）</td></tr>
<tr><td>517$a 其他题名（NR）</td></tr>
<tr><td>Translated
（翻译题名）</td><td>510$a 并列题名（NR）</td></tr>
<tr><td rowspan="3">Long
Uniform
统一题名</td><td>532$a 展开题名（NR）</td></tr>
<tr><td>500$a 统一题名（NR）</td></tr>
<tr><td>501$a 作品集统一题名（NR）</td></tr>
</table>

DC 的 Title 元素和 CNMARC 的 200 字段都代表题名，语义匹配好，且都具可重复、必备的特点，说明两者之间的应用匹配也非常好，易转换。

（2）DC 的 Right 元素和 CNMARC 相关字段的映射见表 9-5。

表 9-5 DC 的 Right 元素和 CNMARC 相关字段的映射

<table>
<tr><th>DC 元素</th><th colspan="2">DC 修饰词、词表</th><th>CNMARC 字段 / 子字段</th></tr>
<tr><td rowspan="4">权限
Right
（有则必备、R）</td><td colspan="2">Unqualified</td><td>300 一般属性（R）</td></tr>
<tr><td rowspan="3">Qualified</td><td>URI</td><td>856$ u 统一资源标识（NR）</td></tr>
<tr><td>Access
访问权限
（可选、R）</td><td>337 系统需求附注（电子资源）（R）</td></tr>
<tr><td>License</td><td></td></tr>
</table>

表 9-5 中的 856 字段是 2004 年版机读目录新增字段，License 是 DCMI2008

年最新术语表上修饰词（2004.6.14 发布），但目前暂没有 CNMARC 对应字段。

（3）DC 的 Relation 元素和 CNMARC 相关字段的映射见表 9-6。

表 9-6　DC 的 Relation 元素和 CNMARC 相关字段的映射

DC 元素	DC 修饰词、词表			CNMARC 字段 / 子字段
关联 Relation （可选、R）	Unqualified			225 丛编项（R）
	Qualified	Is Version of 版本继承		305 版本与书目沿革附注（R）
				451 同一载体的其他版本（NR）
				454 译自（NR）
				455 复制自（NR）
		Has Version 版本关联		451 另一载体的其他版本（NR）
				453 译为（NR）
				456 复制为（NR）
		Is Replaced By 被替代		442 由……替代（NR）
				443 由……部分替代（NR）
			URI	856$u 统一资源标识（NR）
		Replaces 替代		432 替代（NR）
				433 部分替代（NR）
			URI	856$u 统一资源标识（NR）
		Is Required By 被需求		488 其他相关作品
		Requires 需求		337 系统需求附注（电子资源）（R）
		Is Part of 部分为		462 分集（NR）
				463 单册（NR）
				444 并入（NR）
				445 部分并入（NR）
			URI	856$u 统一资源标识（NR）
		Has Part 组成部分		461 总集（NR）
				423 合订、合刊（NR）
				446 分成…、…和…（NR）
			URI	856$u 统一资源标识（NR）
		Is Referenced By 被参照		321 被外部文献索引、摘要和引用附注（R）
		Reference 参照		320 文献内书目、索引附注（R）

续表

<table>
<tr><th>DC 元素</th><th colspan="3">DC 修饰词、词表</th><th>CNMARC 字段／子字段</th></tr>
<tr><td rowspan="5">关联
Relation
（可选、R）</td><td rowspan="5">Qualified</td><td colspan="2">Conforms to
遵循</td><td>488 其他相关作品</td></tr>
<tr><td rowspan="2">Is Format of
格式转换于</td><td></td><td>452 另一载体的其他版本（NR）</td></tr>
<tr><td>URI</td><td>856$U 统一资源标识（NR）</td></tr>
<tr><td rowspan="2">Has Format
格式转换为</td><td></td><td>452 另一载体的其他版本（NR）</td></tr>
<tr><td>URI</td><td>856$u 统一资源标识（NR）</td></tr>
</table>

CNMARC 提供了 856$u 子字段为 Relation 元素著录对应的统一资源标识，为网络电子资源的著录提供可能。

（4）DC 的 Type 元素和 CNMARC 相关字段的映射见表 9-7。

表 9-7 DC 的 Type 元素和 CNMARC 相关字段的映射

<table>
<tr><th>DC 元素</th><th colspan="2">DC 修饰词、词表</th><th>CNMARC 字段／子字段</th></tr>
<tr><td rowspan="4">类型
Type
（必备、NR）</td><td colspan="2" rowspan="2">Unqualified</td><td>200$b 一般资料标识（R）</td></tr>
<tr><td>336 电子资源类型附注（R）</td></tr>
<tr><td rowspan="2">Qualified</td><td>DCMI Type</td><td>608 形式、体裁、物理特征主题（R）</td></tr>
<tr><td>AAT</td><td>200$b（R）</td></tr>
</table>

表 9-7 中的 608 字段为机读目录 2004 年版新增字段，包含描述文献形式、体裁和物理特性、用作主题的词语，可重复。其对应 DC 元素为 Type 元素，必备、不可重复。

（5）DC 的 Identifier 元素和 CNMARC 相关字段的映射见表 9-8。

表 9-8 DC 的 Identifier 元素和 CNMARC 相关字段的映射

<table>
<tr><th>DC 元素</th><th colspan="3">DC 修饰词、词表</th><th>CNMARC 字段／子字段</th></tr>
<tr><td rowspan="8">标识符
Identifier
（必备、NR）</td><td rowspan="4">Unqualified</td><td colspan="2">URI</td><td>8564 $u 统一资源标识（NR）</td></tr>
<tr><td colspan="2">EAN</td><td>073 $ a 国际论文号（NR）</td></tr>
<tr><td colspan="2">ISBN</td><td>010 $ a 国际标准书号（NR）</td></tr>
<tr><td colspan="2">ISSN</td><td>011 $ a 国际标准连续出版物号（NR）</td></tr>
<tr><td rowspan="4">Qualified</td><td>Canceled</td><td>ISSN</td><td>011 $ y 注销的国际标准连续出版物号（R）</td></tr>
<tr><td rowspan="3">Bibliographic
Citation Incorrect
错误的资源标识符</td><td>ISBN</td><td>010$ z 错误的 ISBN 号（R）</td></tr>
<tr><td>ISSN</td><td>011$ z 错误的 ISSN 号（R）</td></tr>
<tr><td></td><td>020$ z 错误的国家书目号（R）</td></tr>
</table>

表 9-8 中的 856 字段是 2004 年版机读目录新增的字段，主要用于网络及电子资源的著录，8564$u 子字段为著录统一资源标识符，即提供网址 URL 的标准句法。

（6）DC 的 Subject 元素和 CNMARC 相关字段的映射见表 9-9。

表 9-9　DC 的 Subject 元素和 CNMARC 相关字段的映射

<table>
<tr><th>DC 元素</th><th colspan="3">DC 修饰词、词表</th><th>CNMARC 字段 / 子字段</th></tr>
<tr><td rowspan="15">主题
Subject
（必备、R）</td><td rowspan="5">Unqualified</td><td colspan="2" rowspan="3"></td><td>313 主题检索附注（R）</td></tr>
<tr><td>610 非控主题词（R）</td></tr>
<tr><td>606 讨论主题（R）</td></tr>
<tr><td colspan="2">LcSH</td><td>606 讨论主题（R）</td></tr>
<tr><td colspan="2">MeSH</td><td>606 讨论主题（R）</td></tr>
<tr><td rowspan="10">Qualified</td><td rowspan="5">Class</td><td>DDC</td><td>676 杜威十进分类法（R）</td></tr>
<tr><td>UDC</td><td>690 中国图书馆分类法（R）</td></tr>
<tr><td>CLC</td><td>680 美国国会图书馆分类法（R）</td></tr>
<tr><td>NLM
美国国家医学
图书馆分类号</td><td>686 其他分类法分类号（R）</td></tr>
<tr><td>LCCAS</td><td>692 科图法分类号（R）</td></tr>
<tr><td>Geographic</td><td></td><td>607 地理名称主题（R）</td></tr>
<tr><td>Name Personal</td><td></td><td>600 个人名称主题（R）</td></tr>
<tr><td>Name Corporate</td><td></td><td>601 团体名称主题（R）</td></tr>
<tr><td>Name Conference</td><td></td><td>6011 会议名称主题（R）</td></tr>
<tr><td>title Uniform</td><td></td><td>605 题名主题</td></tr>
</table>

（7）DC 的 Creator 元素和 CNMARC 相关字段的映射见表 9-10。

表 9-10　DC 的 Creator 元素和 CNMARC 相关字段的映射

<table>
<tr><th>DC 元素</th><th colspan="2">DC 修饰词、词表</th><th>CNMARC 字段 / 子字段</th></tr>
<tr><td rowspan="6">创建者
creator
（可选、R）</td><td colspan="2">Unqualified</td><td>200$ f 第一责任说明（必备、R）</td></tr>
<tr><td rowspan="5">Qualified</td><td>alternative</td><td>200$ g 其他责任说明（R）</td></tr>
<tr><td rowspan="2">Personal</td><td>700$a700$b 个人名称
——主要知识责任者（NR）</td></tr>
<tr><td>701$a701$b 个人名称
——等同知识责任（NR）</td></tr>
<tr><td rowspan="2">Corporate</td><td>710$a710$b 团体名称
——主要知识责任（NR）</td></tr>
<tr><td>710$a710$b 团体名称
——等同知识责任（NR）</td></tr>
</table>

续表

DC 元素	DC 修饰词、词表		CNMARC 字段 / 子字段
		Conference	7111$a7111$b 会议名称
		E-mail	700$P 任职机构 / 地址（NR）
		Role	720$a 家族名称 ——主要知识责任者（NR）
			721$a 家族名称 ——等同知识责任者（NR）

由表 9-10 可知，一个 DC 元素并不是一一对应，有可能对应多个 CNMARC 字段，如 Personal 对应了 CNMAMRC 的四个子字段，DC 的 Creator 元素可选，而 CNMARC 的 200 字段为必备。

（8）DC 的 Coverage 元索和 CNMARC 相关字段的映射见表 9-11。

表 9-11　DC 的 Coverage 元素和 CNMARC 相关字段的映射

DC 元素	DC 修饰词、词表			CNMARC 字段 / 子字段
覆盖范围 Coverage （可选、R）	Unqualified			300 $a
	Qualified	Spatial 覆盖的空间 （可选、R）		607$a 地理名称主题（R）
			ISO3166	660 地区代码（R）
			DCMI box	123 编码数据字段：测绘资料——比例尺和坐标（R）
			DCMI point	123 编码数据字段：测绘资料——比例尺和坐标（R）
			TGN	607 地名主题（R）
		Temporal 覆盖的时间 （可选、R）		122$a 文献内容涵盖时段（R）
			DCMI period	
			W3c-DTF	
				661 年代范围代码（R）

表 9-11 的 660 字段是机读目录 2004 年版新增字段，表示地区代码，当文献涉及地理方位时就可以使用本字段著录地区代码。其对应的 DC 元素修饰词为 Spatial，两者均为可重复。

（9）DC 的 Format 元素和 CNMARC 相关字段的映射见表 9-12。

表 9-12　DC 的 Format 元素和 CNMARC 相关字段的映射

DC 元素	DC 修饰词、词表	CNMARC 字段 / 子字段
格式 Format （可选、R）	Unqualified	337 系统需求附注（电子资源）（R）
		856$q 电子文件格式类型 （NR）
		230$a 电子资源特征（R、必备）
		300 一般性附注（R）

续表

DC 元素	DC 修饰词、词表			CNMARC 字段 / 子字段
格式 Format （可选、R）	Qualified	Extent 格式范围 （可选、R）		215$a 特定文献类型标识和数量（R）
				215 S d 尺寸（R）
		Medium 媒介格式 （可选、R）		307 载体形态附注（R）
			IMT	8564$q 电子文件格式类型（NR）

856$q 子字段为电子文件格式类型，对应 DC 元素的 Medium 修饰词，提供电子资源 DC 著录格式向 CNMARC 的转换映射。

4. CNMARC 与 DC 的转换方式及存在问题

有了 CNMARC 与 DC 的详细映射关系，就可以逐步实现两者之间的转换了。CNMARC 与 DC 间的相互转换可以有两种方式：一是动态的 MARC 转换，即根据 DC 元素与 CNMARC 字段映射表，把 DC 元数据转换成 CNMARC 格式记录，再返给用户。另一种是静态的 CNMARC 转换，在数据库中另外设计 CNMARC 数据记录表，利用 DC 元素和 CNMARC 字段映射表，通过单独的转换程序把元数据表中的数据转换成 MARC 记录。也就是在数据库中，对同一文档的元数据描述保存 DC 元数据与 MARC 记录两种描述格式，这两者之间存在一一对应关系。当服务器端接收到来自用户的查询请求时，查询到所需的 DC 元数据，并直接从 MARC 表中返回对应的 MARC 记录[1]。

由于 CNMARC 的结构严密性比 DC 完备，CNMARC 的描述能力也远远丰富于 DC，所以在两者实际转换过程中就存在一些亟待解决的问题，刘圆圆[2]等对此总结如下：

（1）CNMARC 与 DC 元素的对应。

在 CNMARC 中，正式定义的字段有 176 个，每个字段下面一般又含有几个子字段。DC 虽然只有 15 个元素，但它具有可扩展性，并且每个元素、子元素都可以选择和重复。因此，要把 CNMARC 中各个字段与 DC 中的元素准确地一一对应，显然是一个难题。而且，由于 CNMARC 与 DC 的结构差异较大，所以在 CNMARC 与 DC 的转换中，就存在许多一对多的问题。比如，DC 中的 Creator 元素就对应 CNMARC 中 200＄f、200＄g 和 7--字段（个人责任者及团体责任者说明）。而且，并非所有的 DC 元素都是可以通过映射关系转换的，比如，Coverage（覆盖范围）、Rights（权限管理）这两个元素目前在 CNMARC 字段中就很难找到对应的部分。

---

[1] 杨小云. CNMARC 与 DC 的相互转换［J］. 科技情报开发与经济，2005（11）：262-263.

[2] 刘圆圆，刘军华. 有关 CNMARC 与 DC 元数据之间的对应转换［J］. 图书与情报，2007（3）：103-106.

这是因为 DC 是为网络资源的著录而制定的，其对象是电子资源，而 CNMARC 主要针对的是传统信息资源，有印刷型出版物、本地存取的计算机文件等，所以两种资源的具体类型、使用的编排格式、编码标准等均不同，二者的设计主导思想也不完全相同。因此，上述两个元素就无法在 CNMARC 中找到对应的映射，所以只好暂时将这两个元素放入 300 字段（一般性附注）中。

（2）CNMARC 与 DC 的记录转换。

在字段对应的基础上，还存在着记录转换的问题。DC 的特点是简洁，但简洁也容易造成字段定义概念模糊，这种模糊说明容易造成使用者对字段的不同理解，很容易使 DC 与 CNMARC 在转换过程中产生歧义和不确定性。比如，Creator 和 Contributor 应该如何划分，DC 中并没有一个明确详细的说明，不同的使用者就可能有不同的理解。在 CNMARC 与 DC 记录转换中还存在一个实际问题，那就是国内图书情报机构在进行 CNMARC 的著录时，绝大多数都没有把 CNMARC 的所有字段进行著录，而只是著录一些基本的项目和字段。这样，CNMARC 中的一些与 DC 对应的字段就无法找到。比如，与 DC 中 Format（格式）对应的 336 字段（计算机文件类型附注）、337 字段（计算机文件技术细节附注）基本没有著录，这在记录转换中是一个需要考虑的问题。

（3）DC 的本土化。

DC 是国外提出的一种元数据标准，应用到国内必然有一个本土化的问题。第一个面临的问题是：究竟是采用 DC 的英文元素名称进行著录比较好，还是用中文译名来进行著录比较好？目前，DC 的中文译名还没有统一，比如，Description 就有摘要、说明、内容描述 3 种译名；Creator 就有创作者、创建者、作者或创造者 4 种译名。至于 DC 的扩展集的译名就更多了，这种译名的不统一势必会影响 DC 的使用和发展，所以最好统一规范 DC 的元素译名。

（4）转换过程中的数据缺失。

从理论上讲，从 DC 到 CNMARC 的转换并不是一件很困难的事情，任何一种结构化的数据都可能转换成另一种数据结构，但是这种转换不可避免地会造成一定程度的数据缺失。国外有研究成果表明，在合适的条件下，一个 DC 记录有可能转换成一个比较全面的 MARC 记录，但该记录可能不是一个有效的 MARC 记录，因为它丢失了一些强制字段，如记录标签、001 记录标记符、100 通用处理数据等，而构造“记录标签”和“通用处理数据”却是其中最难解决的问题。如何避免这种转换中的数据缺失呢？美国国会图书馆和拥有全球最大的 MARC 编目资源数据库的 OCLC 正在积极致力于这一方面的研究。目前，越来越多的图书馆和研究机构都加入到这个课题的研究行列，取得显著成绩的有北欧的 Metadata 计划小组和英国的 ROADS 计划小组等。

综上所述，CNMARC 与 DC 元数据的转换在理论上具有必要性，在实践中具有可行性，在这种理论指导的前提下，最重要的就是根据我国的实际情况研制和开发出成熟的转换软件，并解决好转换过程中存在的问题，快速、批量地完成CNMARC与DC元数据间的数据转换，并发布到网络上供用户使用。

9.3.3 ONIX与MARC的转换

在传统的图书文献领域，MARC记录格式已被长期实践证明是一种行之有效的描述文献的工具，是一种比较成熟稳定的元数据。它的特点主要在于能够全面、细致、准确地揭示文献本身信息。而ONIX标准旨在向图书批发商、零售商、网络书商以及产业链的所有参与者提供统一的图书产品信息格式，解决行业各机构间多种数据格式并存给信息交换带来的困扰，以在线信息交换的方式满足和丰富图书出版发行行业在互联网时代的需要。

ONIX和MARC具有一定的相似性，因为两项标准的目标都是将出版物的信息提供给用户。但这两项标准在结构上和语义上都存在区别，所针对的目标用户和业务需求也不同。与MRAC相比，ONIX不仅可以描述文献的ISBN、题名、著者、内容提要、作者简介等信息，还能够反映图书的版权、发行、定价、促销等动态信息。

虽然ONIX和MARC两项标准存在结构和语义上的不同，但两者的转换却具有重要意义。众所周知，图书馆所购买的出版物在出版市场中占有很高的份额。目前ONIX标准的应用越来越广泛，如果能够将所购图书的ONIX信息自动转换为MARC格式的书目记录，将会为图书馆节省大量的时间，并能最大程度保存书目数据的一致性。因此，关于ONIX和MARC的转换也引起了很多机构的重视。

2000年12月，美国国会图书馆完成了ONIX1.2版本与MARC21的转换，主要工作是从ONIX中生成一个包含全部MARC记录的记录生成器。而这个记录生成器最早是由OCLC完成的。2004年9月，美国国会图书馆完成ONIX2.1与MARC21之间的映射表（Mapping Table）[1]。

2012年5月，OCLC发布了ONIX3.0 for Books与MARC21的映射[2]。ONIX3.0 for Books与MARC21的映射由一份pdf文档（报告）和一份xls文档（映射）构成，其中xls文档给出了ONIX3.0 for Books中的元素到MARC21元素的映射关系，报告对映射关系做了进一步的说明，并给出了映射表的应用介绍。

通过利用ONIX3.0 for Books与MARC21的映射，可以将ONIX2.1或ONIX3.0

---

[1] Network Development and MARC Standards Office Library of Congress. Onix to MARC21 mapping [EB/OL]. http://www.loc.gov/marc/onix2marc.html.

[2] Godby, Carol Jean. A Crosswalk from ONIX Version 3.0 for Books to MARC 21 [EB/OL]. Dublin, Ohio: OCLC Research. http://www.oclc.org/research/publications/library/2012/2012-04.pdf (report) and http://www.oclc.org/research/publications/library/2012/2012-04a.xls (crosswalk).

格式的书目记录转换为 MARC21 格式的书目记录。下面给出该报告中的 2 个示例。

（1）ONIX 主题元素到 MARC 的映射示例 1 如图 9-6 所示。

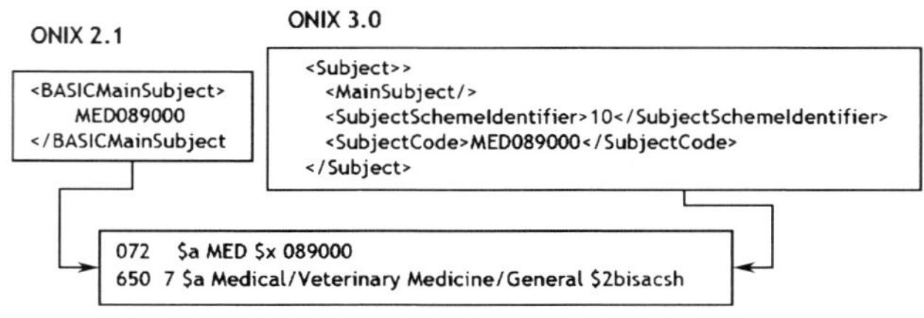
ONIX 2.1
ONIX 3.0
<BASICMainSubject>
MED089000
</BASICMainSubject
<Subject>>
<MainSubject/>
<SubjectSchemeIdentifier>10</SubjectSchemeIdentifier>
<SubjectCode>MED089000</SubjectCode>
</Subject>
072 $a MED $x 089000
650 7 $a Medical/Veterinary Medicine/General $2bisacsh

图 9-6 ONIX 主题元素到 MARC 的映射示例 1

（2）ONIX 主题元素到 MARC 的映射示例 2 如图 9-7 所示。

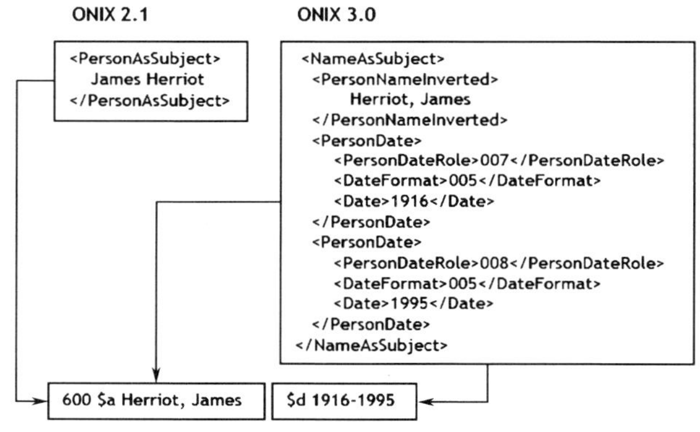
ONIX 2.1
ONIX 3.0
<PersonAsSubject>
James Herriot
</PersonAsSubject>
<NameAsSubject>
<PersonNameInverted>
Herriot, James
</PersonNameInverted>
<PersonDate>
<PersonDateRole>007</PersonDateRole>
<DateFormat>005</DateFormat>
<Date>1916</Date>
</PersonDate>
<PersonDate>
<PersonDateRole>008</PersonDateRole>
<DateFormat>005</DateFormat>
<Date>1995</Date>
</PersonDate>
</NameAsSubject>
600 $a Herriot, James
$d 1916-1995

图 9-7 ONIX 主题元素到 MARC 的映射示例 2

图 9-7 给出的示例中，ONIX 2.1 和 ONIX 3.0 在人名的处理方式上是不同的，造成的结果是它们所转换而来的 MARC 记录也存在不同。

在该报告的第 4 章，给出了利用映射规则从一个完整的 ONIX 3.0 记录生成完整的 MARC 记录的示例。总的来说，利用 ONIX 3.0 到 MARC 21 的映射表，能够自动生成符合 AACR2 语义的 MARC21 记录，对自动生成的 MARC 记录进行完善之后，就可以作为正式记录加入到图书馆的数据库中。

9.3.4 元数据与本体之间的映射

DC、MARC、ONIX 等作为出版领域广泛应用的元数据标准，有其特定的发展背景及应用领域，虽然通过前述的映射转换能在一定程度上实现互操作，但考虑到各个标准之间在结构、关系、体系等各方面的差异，目前通过映射实现的互操作方案还只是一种折中方案。有专家认为，系统互操作性问题的彻底解决有赖于高层互操作协议，包括元数据交换协议和相关本体标准的建立[1]。近年来，关于利用本体技术进行元数据深层次互操作的研究逐渐增多。

日本 Nagaya 大学的 M. Yoshikawa 教授研究了一种将 OWL 本体语言与 XDD 语言融合解决元数据互操作问题的方法，其允许元数据的元素带有变量，并且元素间关系可以通过限制条件和规则加以表达。OWL 是用来描述本体及其体系的语言，它可以非常形式化地、准确地定义概念、词汇及它们之间各种不同的关系。但它不能表达复杂的限制条件和规则。而 XDD 是一种基于 XML 的信息描述语言，具有定义良好的语义和表达限制条件和规则的能力，OWL/XDD 将 OWL 融入 XDD，有效地发挥了两者的优势，并且在一定程度上解决了语义和描述规则的差异问题[2]。

历史语义网（Semantic Web forHistory，SWHi）项目设计了将 MARC 格式元数据转化为本体的框架[3]。该框架完成映射的过程共分为 3 个步骤：第一步是处理和清除数据，它包括线处理、公式规则化和文本标准化，其中线处理主要是将时间间隔细分化，并且剔除元数据冗余；第二步是元数据映射，要从 4 个角度来进行，分别是一对一映射、多对一映射、一对多映射和过滤冗余与非描述信息；第三步是时间和事件的设定，由于是对历史信息进行映射，时间和事件是至关重要的因素。实验结果表明，将 MARC 元数据映射为本体可以使信息更加充实，也使用户获取信息更加容易。

Kakali C 等学者提出基于本体的概念参考模型（Conceptual Reference Model，CRM），在文化遗产领域中对不同文化元数据进行语义综合、消除它们之间的语义异构。Kakali C 构建了从 DC 元数据映射到 CRM 的框架。由于这个概念模型是由实体组成的，所以这些实体按照层级结构进行组织，并与实体的属性有着语义联系。其具体步骤是：CRM 定义了历史文化遗产领域中人物、事件、地点和目标等概念之间存在的复杂的相互关系，并利用活动和事件实体来描述目标和人物元数据之间的关系。而用户可以用本地元数据描述方式进行提问，查询机制将问题传送到 CRM 中间器。该中间器将问题通过映射转化为本体，与资源进行匹配，最后将符合条件的资源反馈给用户。Kakali C 认为，实现从本体到 DC 元数据的逆映射，以及如何实现两者间的互相查询是未来的研究方向[4]。

---

[1] 张东．论元数据互操作的层次［J］．情报理论与实践，2005，28（6）：648-650.

[2] Wuwangse V，Yoshikawa M. Towards a Language for Metadata Schemas for Interoperability［EB/OL］．http://dc2004.library.sh.cn/english/prog/ppt/towards%20.ppt.

[3] Zhang Junte，Fahmi I，Ellermann H，etal．Mapping Metadata for SWHi: Aligning Schemas with Library Metadata for a Historical Ontology［G］．Proceedings of the International Workshop on Collaborative Knowledge Management at WISE 2007．German：Springer，2007：103-114.

[4] KakaliC，LourdiI，StasinopoulouT，etal．IntegratingDublinCore MetadataforCulturalHeritage CollectionsUsingOntologies［G］．Proceedings International Conferenceon Dublin Core and Metadata Applications．Holand：Elsevier，2007：128-139.

第 10 章

Chapter 10

数字出版元数据的趋势与未来

出版是一个古老而历久弥新的行业。从农业社会至今，它从一个独立的行业，不断地被纳入更庞大的产业之中并得到新的发展。出版业的发展，遵循了“出版业——传播业——内容产业”的三级演进模式[1]。

在网络时代，数字技术打通了各种媒介的隔阂，并且实现了双向互动交流的功能。出版行业的外延不断扩大，尤其是数字出版，随着产业链的逐渐形成，其所带来的行业变化已从简单的介质革命转变为出版流程乃至整个出版业的革命。传统意义上互相分离的作者、出版者、销售者、读者融为一体，出版的概念也由此发生根本变化，进入了“大出版”的时代[2]。在产业转型的数字出版时代，数字出版元数据的未来又是怎样的呢？

---

[1] 徐丽芳．产业背景变迁与网络出版的必要性［J］．出版科学，2002(4)．

[2] 周蔚华，等．数字传播与出版转型［M］．北京：北京大学出版社，2011．

10.1 元数据标准的协调与互操作

本书介绍的各种元数据标准都是基于特定的需求研制出来的，在一定范围内、对一定业务或场景适用。它们各有侧重，互相作用，共同支撑数字出版的发展。随着标准化的发展，某一个或几个元数据标准也许会占据较为主导的地位，但是由于不可能存在一种标准能适合所有场景和需求，因此各种元数据标准将长期共存，它们之间的协调与互操作也将持续受到关注。

以标识类标准为例，在目前的信息化环境下，出版物的数字化已成为不可逆转的大趋势，为了顺应这种趋势，ISBN、ISSN 等很多传统的出版物标识标准开始考虑与采用条形码、RFID 技术的物品编码体系，业界对各类标识符之间的互操作研究日渐重视。

为了更好地发挥信息资源标识符的功能，2006 年，ISO TC46/SC9 成立了标识符互操作特别工作组，探讨了 ISOTC 46/SC9 家族标识符间的互操作的具体含义，提出解决信息资源标识符互操作的几种逻辑方式：元数据互操作、建立不同标识符间的逻辑关系、为不同标识符用户提供一体化综合服务。标识符互操作特别工作组还提出应用 ISO/IEC 21000-6 的本体数据字典实现标识符互操作的机制。2007 年，标识符互操作工作组汇报了其工作进展，包括建立标识符核心元数据映射模型，关注 SC9 标识体系中未制定的静止图像标识符标准的行业进展等。2008 年，互操作工作组就标识符与产权信息管理问题与世界知识产权组织举行了研讨会，并继续致力于建立各种类型的 TC46/SC9 标识符间关系模型。2009 年，标识符互操作工作组向 SC9 汇报了工作进展，工作组专家 FXNuttall 提出了一个现实的、简单的 SC9 标识符互操作框架：ISBN 与 ISSN 间可用 ISTC 进行关联，CISAC（国际作者和作曲者协会联合会）建立的中心数据库 CSI 用来链接 ISWC 和 ISRC，视听作品国际数据库 IDA（the International Database on Audiovisualworks）可链接 ISAN 和 ISRC，国际权利人信息号 IPI（Interested Party Identifiers）可链接 ISNI 及 ISWC，进而实现所有 SC9 标识符的链接。SC9 主席 Samoh 提议进行标识符的主题图研究。DOI 国际基金会主席 Norman Paskin 建议将标识符互操作与 RDA/ONIX 框架融合。2010 年，标识符互操作工作组报告，其正在建立不同标识符间的元数据结构的语义链接来实现标识符的互操作[1]。

[1] 刘春燕，沈玉兰，张薇，等. 数字环境下国际信息资源标识的新进展 [J]. 情报杂志，2011，30(6)：98-102.

10.2 元数据服务的强化

在出版领域，元数据标准得到了广泛应用，出版内容的元数据数据库不仅是一种产品，而且作为一种服务得到强化，其服务的范畴不仅仅局限在出版领域，更是向传统图书馆、内容资源服务等领域渗透。例如，由学术出版商组成的CrossRef联盟提供的参考文献链接服务，OCLC 在 2009 年上半年推出的为出版单位强化的 ONIX 元数据服务，都是元数据服务的很好例证。数字出版元数据服务的强化目前主要体现在以下几个方面：

1. 元数据注册库的建立与发展

在提供元数据服务方面，很多元数据标准的管理维护机构借鉴了物品管理的思路，众多的内容资源标识符标准除了对标识符本身进行规范外，大都要求提供相关的元数据，并建立元数据注册系统，对内容资源标识符及其相关的元数据进行专门管理和维护，并且一般采取国际、国家、区域分级管理模式。

以 ISBN 为例，为适应应用领域的扩展，ISO 2108:2005 中增加了关于 ISBN 元数据的相关要求，标准实施后，ISBN 国际中心要求 ISBN 国家中心和个人中心上传 ISBN 号的全部元数据资料，以便建立统一的中央数据库。GB/T 5795—2006 中国标准书号也在附录 E 中规定，“出版者应向中国 ISBN 管理机构提供准确的使用中国标准书号的出版物元数据（描述性信息）。”[1] 至 2012 年，国际 ISBN 机构已发展了 170 多个国家 ISBN 中心及 160 多个国家级或区域注册机构，第 18 版的国际标准书号目录（Publishers’ International ISBN Directory，PIID）列有 200 多个国家或地区的 90 多万个出版商及其 ISBN 前缀信息[2]。

与 ISBN 类似，ISAN、ISSN 等管理中心也都建立了元数据库。截至 2012 年 10 月，ISAN 数据库中有超过 73 万条注册记录。这些记录来自世界 57 个国家的 5500 多个活跃的注册者。2011 年，大约有 8 万个新的作品使用了 ISAN 系统进行了标识[3]。2011 年，ISSN 中心注册库新增记录 68,259 条，使其中心注册库的记录总数增加到 1,623,566 条[4]。此外，ISWC、ISTC 等标识标准的管理维护机构也都建立了元数据注册库，对其登记的内容资源及附带的元数据信息进行管理并提供服务。

---

[1] GB/T 5795—2006 中国标准书号［M］. 北京：中国标准出版社，2006.

[2] Publishers' International ISBN Directory［EB/OL］. http://www.isbn-international.org/page/directory.

[3] ISAN: the central repository［EB/OL］. http://www.isan.org/portal/page?_pageid=164,40204&_dad= portal&_schema=PORTAL.

[4] http://www.issn.org/files/issn/statistiques/Total-number-of-records.pdf.

2. 元数据标准与应用信息系统的互动

数字化技术的应用，使得元数据标准的应用场景不再局限于印刷书目、文摘等传统的出版形式，越来越多的元数据标准应用到信息系统中。

国际信息资源标识组织很早就开始了标识符的应用研究，ISSN 国际中心利用 ISSN 和 URN 功能上的相似性，已于 2000 年实现了 ISSN 的 URN 的功能，通过查找按 URN 语法标记的 ISSN，可以返回符合条件的元数据及摘要信息，或连续性资源的数字版本。ISBN 也于 2001 年实现了其 URN 功能。但这些努力在随后的网络资源中并未得到大规模的应用。近年来，随着 DOI 在网络文本资源的成功应用，ISBN、ISSN 开始与其进行兼容尝试。为了在网络环境下更好地发挥 ISBN 的功能，如定位最佳的下载电子图书的地址，动态跟踪数字产品的销售情况等，DOI 中心与 ISBN 国际中心于 2009 年达成采用 ISBN-A 来标识电子图书。ISBN-A 由 DOI 维护机构分配，采用将 ISBN 号包含在 DOI 中的结构方式。

为支持 OpenURL 服务及与 DOI、URN 等进行互通，ISO 3297:2007 标准中规定了 ISSN-L 这一在不同介质的连续性资源之间建立联系的功能或机制，并在附录 E 描述了 ISSN 在 DOI、OpenURL、URN、SICI、EAN bar codes 等标识体系中的应用语法。同时，ISSN-L 使得 ISSN 作为 ONIX for Serials 的识别码成为可能，在电子刊物的销售中将更大限度发挥其功能[1]。

3. 提供关联数据服务

关联数据的总体目标在于帮助数据的重用、交叉关联、整合及共享。关联数据通过网络把以前没有关联的相关数据连接起来，可以更好地提供元数据服务，得到了图书馆、政府部门、企业等多方面的重视和关注，是近年来的研究热点。

关联数据的概念来自于 W3C，Tim Berners-Lee 于 2006 年首次提出关联数据的基本思想及四条原则[2]：

- 使用 URI 作为任何事物的标识名称；
- 使用 HTTP URI，让任何人都可以访问这些标识名称；
- 当有人访问某个标识名称时，提供有用的信息（采用 RDF、SPARQL 标准）；
- 尽可能提供相关的 URI 链接，使人们可以发现更多的信息。

关联数据是互联网发展到语义网时代、提供对任何网上资源和数字对象进行“编目”和“规范控制”的基础性技术，是信息资源发布和服务的核心技术之一。关联数据可以看成是语义万维网的一种简化实现，作为一种语义信息的编码、发布和利用方式，它的作用是基础性的和多方面的。从目前的研究开发项目来看，对关联数据的应用主要体现了两个方面的作用：一是提供“可信网络”的语义要

---

[1] 刘春燕，沈玉兰，张薇，等. 数字环境下国际信息资源标识的新进展［J］. 情报杂志，2011，30(6)：98-102.

[2] Tim Berners-Lee. Linked Data［EB/OL］. http://www.w3.org/DesignIssues/LinkedData.html.

素；二是作为跨网域数据整合的通用 API。它最终是为了用户更准确地、从更大范围、适时适地（just-in-time and just-in-case）地获取信息而服务的[1]。

目前，把各类数据发布为关联数据是一个热点，很多图书馆不仅将本行业的各类概念体系受控词表发布出来（即将各类知识组织体系发布成 SKOS），越来越多的元数据方案、本体，乃至图书馆传统的各类规范文档（如书目记录、人名、地名、机构名等）都在探索以关联数据的形式发布，而且在发布过程中探索了领域本体（如 FRBR）的应用。

对图书馆来说，应用关联数据这种数据整合和发布的优点，能在图书馆的资源整合、语义服务等方面提供技术支撑和帮助，可以预见，随着关联数据在各行各业的广泛重视和应用，考虑关联数据具有的坚实的技术基础、完整的系统结构和简便的发布方式等优点，关联数据在图书馆的应用将有广阔的前景。

10.3 元数据工作的专业化、自动化和社会化

在传统出版产业中，大多数的元数据工作主要是在图书馆由编目人员完成的。而在数字出版中，元数据工作具备了 3 个新的特点。

1. 元数据工作的专业化

在网络环境下，元数据的质量对于出版商和销售商的业务成功非常关键。为了保证提供准确一致的元数据，目前很多出版商自己不制作出版物的元数据，而是由第三方的专业机构来提供和维护书目信息等元数据。传统的图书馆编目工作也发生了根本的改变，依托联机编目的优势，编目业务外包逐步取代图书馆编目人员的工作，成为图书馆采编工作的发展趋势。

Priscilla Caplan 早在 2002 年就提出，我们应当将基础的元数据看作是一种商品，该商品由众多的公司机构进行生产和交换，以满足不同的目标[2]。

元数据工作的这种专业化趋势体现了社会分工的细致化，由专业机构中受过专门元数据培训的人员来负责编目工作，有助于提高元数据的质量，并减少重复劳动，同时保证内容资源元数据的一致性。

2. 元数据的自动抽取

面对数字化环境下海量的内容资源，如何快速、高效地生成元数据一直是人们想要解决的一大难题，这就迫切需要元数据自动生成技术的支撑。目前，国内

[1] 刘炜. 关联数据：概念、技术及应用展望 [J]. 大学图书馆学报，2011，29(2)：5-12.

[2] Priscilla Caplan. International Metadata Initiatives: Lessons in Bibliographic Control [EB/OL]. http:// lcweb.loc.gov/catdir/bibcontrol/caplan_paper.html.

外学者在对电子文档元数据自动抽取的研究中，大都关注对英文文献的抽取，对中文文献的元数据抽取的研究较少。在格式方面，基本上都支持对 PDF、DOC、PPT 等通用格式的文档进行自动抽取，对其他格式的电子文档的研究较少。从内容上看，元数据自动抽取器对电子文档进行元数据自动抽取，基本上都是从电子文档的头文件中抽取，抽取的字段以文档的形式特征（类型、生成时间、软件相关信息等）为主，而关键的内容特征的相关元数据则难以获得。从应用方面来说，现有的相关研究中还没有将元数据自动抽取器与数据库系统集成的实例[1]。

3. 社会元数据及大众标注的发展

近年来，OCLC 对于社会元数据非常关注，并成立了一个社会元数据工作组（The RLG Partners Social Metadata Working Group）对此进行专题研究。该工作组的研究报告[2]指出，在传统出版时代，图书馆、档案馆及博物馆的工作人员创建他们所管理的内容元数据。然而，随着数字化网络化的发展，社会元数据——由用户贡献的元数据——正逐渐演变成为加强传统元数据功能的有力方式。社会元数据能够提高用户搜索结果的质量和相关性，并帮助用户更好地理解和评价内容。

2005 年，Gruber T. 提出一种人们用自己的语言描述网络资源的机制，称为大众标注（Folksonomy）[3]。它容许用户采用任意自由词对资源进行标注，将描述内容主题的权利赋予一般使用者，使用户在查找资源的时候不再完全依赖分类法。但是，这些任意词是非结构、非组织的，这导致人们很难对被其标注的各类资源进行组织与检索。2007 年，Al-Khalifa H. S. 与 Davis H. C. 提出了将大众标注标签转化为语义元数据的设想，他们开发了一种称为大众标注工具架构（Folks Annotations Tool Architecture，FAsTA）的映射工具。该工具处理匹配的过程一共有两步：一是标签抽取；二是传递的标准化与语义注释的标准化[4]。具体过程为：

（1）从书签网络资源中抽取大众标注的标签。

（2）将这些标签传递到标准化过程中，并对它们进行一系列的过滤，以达到清理标签的目的。其中，过滤的程序包括小写标签过滤、非英语标签过滤、词干过滤、歧义标签过滤、标签分组过滤。

（3）标准化的过程是自动完成的，对清理标签冗余非常有用。

---

[1] 曾苏，马建霞，张秀秀．元数据自动抽取研究新进展［J］．现代图书情报技术，2008(4).

[2] Smith-Yoshimura，Karen. Social Metadata for Libraries, Archives, and Museums: Executive Summary［EB/OL］. Dublin，Ohio：OCLC Research. http://www.oclc.org/research/publications/library/2012/2012-02.pdf.

[3] Vander Wal，T.Explaining and Showing Broad and Narrow Folksonomies. http:// www.vanderwal.net/random/entrysel.php?blog=1635，2005-02-21.

[4] Al-Khalifa H.S.，Davis H.C.. FAsTA：A Folksonomy-Based Automatic Metadata Generator［G］. Proceedings of EC-TEL 2007 – Second European Conference on Technology Enhanced Learning. German：Springer，2007：414-419.

（4）对标准化的标签进行语义注释处理，即每个标准化的标签被映射成相应的语义元数据，该语义元数据可以作为网络资源的描述符。

10.4 结束语

数字出版产业的发展，需要规模化的数字出版内容资源，无论是集中式或分布式的内容资源整合，都离不开标准化的元数据。出版元数据标准化是支撑数字出版内容资源整合的必要条件。出版业向现代服务业和数字化方向的转型，及推进出版产业的可持续发展，都需要元数据标准的支持。

目前，国内外对数字出版元数据标准极为重视，我国这几年也加强了相关的研究，并在很多标准上与国际标准保持兼容一致。但总体来说，我国数字出版的很多标准尚落后于产业发展的需求，应加紧更新或建设。在研制元数据标准的时候，既要考虑国内数字出版产业的现状，又不能忽视与国外数字出版的接轨。同时，标准的实施应用也很重要，数字出版产业应尽可能地采用国际、国内相关标准，加强行业内容资源的交换和整合，促进数字出版产业的快速发展。

参 考 文 献

[1] 郝振省．2005-2006 中国数字出版产业年度报告[M]．北京：中国书籍出版社，2007．

[2] 张立，陈含章．数字技术与数字出版[J]．编辑学刊，2006(3)：4-9．

[3] 郝振省．2007-2008 中国数字出版产业年度报告[M]．北京：中国书籍出版社，2008．

[4] 郝振省．2010-2011 年中国数字出版年度报告（摘要）[J]．出版参考，2011(21)：9-10．

[5] 程变爱，郑小惠，童庆钧，姜爱蓉．国际数字图书馆长期保存元数据标准规范应用指南[EB/OL]．http://www.nlc.gov.cn/newstgc/gjsztsggc/bzgf/201101/ W020120412526555524627.pdf．

[6] 朱诠，李中．转型时期出版科技创新的基础——出版元数据标准化[J]．编辑之友，2008(1)：16-18．

[7] 庞丽川．FRBR 模型应用于信息资源描述的研究[J]．图书馆工作与研究，2009(4)：40-42．

[8] Book indurtry study group．Roadmap of identifiers[EB/OL]．http:// www.bisg.org．

[9] 周怡，胡大卫，段学俭，等．元数据：数字出版发展的根基[J]．编辑学刊，2011(5)：30-33．

[10] 刘春燕，沈玉兰，张薇，等．数字环境下国际信息资源标识的新进展[J]．情报杂志，2011，30(6)：98-102．

[11] GB/T 5795—2006 中国标准书号[S]．北京：中国标准出版社，2006．

[12] GB/T 9999—2001 中国标准连续出版物号[S]．北京：中国标准出版社，2001．

[13] GB/T 23732—2009 中国标准文本编码[S]．北京：中国标准出版社，2009．

[14] GB/T 23733—2009 中国标准音乐作品编码[S]．北京：中国标准出版社，2009．

[15] GB/T 13396—2009 中国标准录音制品编码[S]．北京：中国标准出版社，2009．

[16] ISO 10957:2009 Information and documentation—International standard music number (ISMN)[EB/OL]．http://www.iso.org/iso/home/store/catalogue-tc/catalogue-detail.htm?csnumber=43173．

[17] GB/T 23730.1—2009 中国标准视听作品号第 1 部分：视听作品标识符[S]．北京：中国标准出版社，2009．

[18] GB/T 23730.2—2009 中国标准视听作品号第 2 部分：版本标识符[S]．北京：中国标准出版社，2009．

[19] ISO 26324:2012 Information and documentation—Digital object identifier system[EB/OL]．http://www.iso.org/iso/home/store/catalogue-tc/catalogue-detail.htm?csnumber=43506．

[20] WH/T 0503-1996 中国机读目录格式[S]．北京：中华人民共和国文化部，1996．

[21] GB/T 25100—2010 信息与文献都柏林核心元数据元素集[S]．北京：中国标准出版社，2010．

[22] GB/T 12451—2001 图书在版编目数据[S]．北京：中国标准出版社，2001．

[23] CY/T 62-2009 中文图书标识规则[S]．北京：中国书籍出版社，2010．

[24] CY/T 39-2006 图书流通信息交换规则[S]．北京：中国标准出版社，2006．

[25] 新闻出版总署条码中心（中国 ISBN 中心）．《中国标准书号》修订说明．中国新闻出版报，2006-12-20．

[26] 崔明明．连续性资源编码 ISSN 与 ISSN-L 的分配与管理[J]．中国编辑，2011(1)：30-33．

[27] 中国 ISBN 中心．《中国标准书号》使用手册（第三版）．2007．

[28] 张旭．建立中文 DOI 系统的意义和发展前景[J]．前沿探索，2007(10)：3-4．

[29] 龙健，赖茂生．DOI 的兴起与我国的对策[J]．情报杂志，2009(12)：159-161，166．

[30] 陈源蒸．推行 ECIP 计划实现中文图书“自动编目”[J]．图书馆学刊，2002，24(1)：2-6．

[31] 彭斐章．目录学教程[M]．北京：高等教育出版社，2004．

[32] Dorothy Anderson．Guidelines for cataloguing-in-publication[M]．Paris: UNESCO，1986．

[33] 苏广利．论中国图书在版编目工作[J]．图书馆学研究，2000(4)：70-74．

[34] 柴彦．简析我国图书在版编目[J]．河北科技图苑，2002，15(5)：62-63，65．

[35] 阎立中．图书在版编目——目录著录工作标准化的一项重要措施[J]．图书馆工作．1979(4)．

[36] 傅祚华．图书书名页标准解说[M]．北京：中国标准出版社，2007．

[37] 王净，赵黎黎．图书在版编目对编目工作的影响[J]．科学时代，2010(9)：257-258．

[38] 张燕．ECIP 计划与中文图书自动编目[J]．图书馆研究与工作，2011(4)：40-41．

[39] 陈源蒸．中文图书 ECIP 与自动编目手册[M]．北京：北京图书馆出版社，2003．

[40] GB/T 12450—2001 图书书名页[S]．北京：中国标准出版社，2001．

[41] GB/T 3792．2—2006 普通图书著录规则[S]．北京：中国标准出版社，2006．

[42] 陈源蒸．论“标识性编目”[J]．数字图书馆论坛，2007(6)：36～40．

[43] 潘明青．书业标准化探索——《图书流通信息交换规则》的制定、实施及思考[J]．出版发行研究，2006(12)．

[44] 潘明青．《图书流通信息交换规则》的出台和存在问题[EB/OL]．http://v2002.xwcbj.gd.gov.cn/ztbd/2006/11_xinxh/11.asp．

[45] 白晓伟．推动图书流通信息化的新成果——解读《图书流通信息交换规则》[J]．信息与电脑，2006(9)：35-40．

[46] 北京益华鼎泰科技发展公司．益华书业供应链解决方案[EB/OL]．http://www.yhsms.com．

[47] 广东省文献编目中心．中国机读目录格式(CNMARC)[EB/OL]．http://bmzx.zslib.com.cn/marc.htm．

[48] 马骊．中国机读目录(CNMARC)的研究[D]．天津师范大学，2004．

[49] 谢秦芳．CALIS 联机合作编目手册[M]．北京：北京大学出版社，2000．

[50] 潘太明，等．中国机读目录格式使用手册[M]．上海：科学技术文献出版社，2001．

[51] 周升恒．中文图书机读目录格式使用手册[M]．北京：华艺出版社，2000．

[52] 国家图书馆．新版中国机读目录格式使用手册[M]．北京：北京图书馆出版社，2004．

[53] 何小明，王韬．中文机读目录格式(CNMARC)分析[J]．农业图书情报学刊，2003(3)：64-66．

[54] 娄玉梅．浅论电子出版物的 CNMARC 格式著录[J]．图书馆学刊，2005(6)：66-68．

[55] 张德云，陈晓兰．图书馆电子资源及其著录字段的选取[J]．科技信息，2011(12)：748-749．

[56] 赵冬梅．复合图书馆环境下的信息资源编目[D]．山西大学学位论文，2005．

[57] 王剑波．论 CNMARC 编目网络信息资源：必要性、可行性及实践[J]．图书与情报，2006(2)：97-100．

[58] 胡晓菁，李凯．MARC 四十年的发展及其未来[J]．中国图书馆学报，2010(3)：83-89．

[59] 刘炜，楼向英，赵亮．DC 元数据的历史、现状及未来[EB/OL]．http://www.libnet.sh.cn/sztsg/fulltext/reports/2005/DC_overview.pdf．

[60] Nilsson M．Interoperability Levels for Dublin Core Metadata[EB/OL]．http://dublincore.org/documents/2009/05/01/interoperability-levels．

[61] 肖珑，陈凌，冯项云，冯英．中文元数据标准框架及其应用[J]．大学图书馆学报，2001(5)．

[62] 国家图书馆．中文元数据方案[EB/OL]．http://www.doc88.com/p-79421253027.html．

[63]《我国数字图书馆标准与规范建设》项目(CDLS)[EB/OL]．http://cdls.nstl.gov.cn/cdls2/w3c．

[64] 刘炜．DC 元数据年度进展[J]．数字图书馆论坛，2006(11)：24-28．

[65] 刘炜．DC 元数据年度进展(2007)[J]．数字图书馆论坛，2007(11)：19-22．

[66] 刘炜，夏海．DC 元数据年度进展(2008)[J]．数字图书馆论坛，2008(11)：46-49，63．

[67] 黄田青，刘炜．DC 元数据年度进展(2009)[J]．数字图书馆论坛，2009(12)：70-74．

[68] 沈芸芸，冯英，刘秀文，等．DC 元数据年度进展(2010)[J]．数字图书馆论坛，2010(12)：40-45．

[69] 赵以安．新版 DC 元数据抽象模型研究[J]．图书情报工作，2008，52(12)：129-132．

[70] Andy Powell，Mikael Nilsson，AmbjörnNaeve，etal．DCMI Abstract Model[EB/OL]．http://dublincore.org/documents/abstract-model．

[71] 马建玲．DC 元数据历史、现状及最新发展：2011 年 DC 与元数据应用国际研讨会见闻[EB/OL]．http://ir.las.ac.cn/handle/12502/4214．

[72] 王戈非，张秀兰．浅议 DC 修饰词[J]．图书馆学研究，2007(2)：83-87．

[73] 龚永红．DC 元数据及其在数字图书馆建设中的应用[J]．科技情报开发与经济，2010，20(31)：78-80．

[74] 董蓓．DC 元数据在专题特色数据库建设中的应用——以南开大学图书馆“跨国公司研究专题数据库”为例[J]．图书馆工作与研究，2010(4)：42-44．

[75] 包得海，刘昉．DC 元数据在旅游资源数据库中的应用研究[J]．现代计算机（专业版），2011(4)：15-17．

[76] 赵亮，杨佳．DC 元数据年会综述(2011)[J]．数字图书馆论坛，2011(12)：47-53．

[77] EDItEUR．ONIX for Books Product Information Format Specification(Release 3.0 revision 1)[EB/OL]．http://www.editeur.org．2012-01-27．

[78] EDItEUR．ONIX for Books Implementation and Best Practice Guide[EB/OL]．http://www.editeur.org．

[79] EDItEUR．ONIX for Books Codelists Issue 18[EB/OL]．http://www.editeur.org．

[80] 程丽红．国际书业电子商务标准体系概览[EB/OL]．http://www.dajianet.com/news/2007/1119/77673.shtml．

[81] 卫宇辉．数字出版的元数据标准概况[J]．全国新书目，2011(9)：32．

[82]《中国出版物在线信息交换》标准起草组．ONIX 研究报告[EB/OL]．http://124.205.92.12:8088/manager/Files/5fbc6e2d-06e7-4578-beb9-3bc0047408c7.ppt．

[83] MODS to MARC 21 Mapping-Version 3.3[EB/OL]．http://www.loc.gov/standards/mods/mods2marc-mapping.html．2009-09．

[84] MARC XML[EB/OL]．http://www.loc.gov/standards/marcxml．

[85] 刘圆圆，刘军华．有关 CNMARC 与 DC 元数据之间的对应转换[J]．图书与情报，2007(3)：103-106．

[86] 申小娟，高红．从元数据映射出发谈元数据互操作问题[J]．国家图书馆学刊，2006(4)：51-55．

[87] 杨小云．CNMARC 与 DC 的相互转换[J]．科技情报开发与经济，2005(11)：262-263．

[88] 孙更新，张兰．近年来我国国际性编目规则研究述略[J]．图书馆理论与实践，2012(5)：17-22．

[89] 高红，靖翠峥．图书馆 OPAC 的 FRBR 实践及相关思考：来自 RDA 标准的启示[J]．国家图书馆学刊，2011(2)：21-27．

[90] 毕强，朱亚玲．元数据标准及其互操作研究[J]．情报理论与实践，2007(5)：666-670．

[91] 林海青．元数据互操作的逻辑框架[J]．数字图书馆论坛，2007(8)：1-10．

[92] 延卫平．MARC 的 XML 交换格式研究[J]．现代图书情报技术，2006(8)：31-36．

[93] 伯琼．组织中文资源的元数据 DC 和 CNMARC 的映射及匹配[J]．情报杂志，2009(2)：76-80．

[94] 彭静，高林，等．元数据互操作技术研究[J]．信息技术与标准化，2008(11)：50-53．

[95] 苏博川．MarcExchange 交换格式的应用[J]．情报探索，2008(7)：79-81．

[96] 朱超．关于元数据互操作的探讨[J]．情报理论与实践，2005，28(6)：644-647，655．

[97] 郑志蕴，宋瀚涛，牛振东．数字图书馆元数据互操作机制的研究[J]．计算机应用，2005，25(3)：699-702．

[98] 孔庆杰，宋丹辉．元数据互操作问题技术解决方案研究[J]．情报科学，2007，25(5)：754-758．

[99] 张东．论元数据互操作的层次[J]．情报理论与实践，2005，28(6)：648-650．

[100] 沈芸芸，肖珑，等．元数据应用规范研究[J]．现代图书情报技术，2010，12：1-8．

[101] 范炜．走向开放关联的图书馆数据[J]．图书情报知识，2012(3)：94-102．

[102] Metadata Harmonization: Making Standards Work Together[EB/OL]．http://www.niso.org/news/events/2011/dcmi/metadata．

[103] 肖强，郑立新．关联数据研究进展[J]．图书情报工作，2011(13)：72-75．

[104] 马费城，等．基于关联数据的网络信息资源集成[J]．情报杂志，2012(2)：167-175．

[105] 刘炜，等．RDA 与关联数据[J]．中国图书馆学报，2012(1)：37-42．

[106] 肖颖．面向信息集成的异构信息描述方法研究[D]．国防科学技术大学，2003．

[107] 张敦仲．MARC21/B 与 CNMARC 格式特点比较分析[J]．图书馆论坛，2007(1)．

[108] Network Development and MARC Standards Office Library of Congress.Onix to MARC21 mapping[EB/OL]．http://www.loc.gov/marc/onix2marc.html．

[109] Carol Jean Godby．A Crosswalk from ONIX Version 3.0 for Books to MARC 21[R/OL]．http://www.oclc.org/research/publications/library/2012/2012-04.pdf (report) and http://www.oclc.org/research/publications/library/2012/2012-04a.xls (crosswalk)．

[110] 龙立霞．网络资源组织格式 MARC 与 Dublin Core 比较探讨[J]．重庆图情研究，2009(1)．

[111] 徐丽芳．产业背景变迁与网络出版的必要性[J]．出版科学，2002(4)．

[112] 周蔚华，等．数字传播与出版转型[M]．北京：北京大学出版社，2011．

[113] 梁蕙玮，萨蕾，曲云鹏，张文静，李成文．用户元数据初探[J]．图书馆杂志，2010(7)．

[114] Smith-Yoshimura，Karen．Social Metadata for Libraries，Archives，and Museums: Executive Summary[EB/OL]．Dublin，Ohio: OCLC Research．http://www.oclc.org/research/publications/library/2012/2012-02.pdf．

[115] 刘炜．关联数据：概念、技术及应用展望[J]．大学图书馆学报，2011，29(2)：5-12．